U0909184

福建省高校以马克思主义为指导的
哲学社会科学学科基础理论研究创新团队成果之一

福建師範大學 FUJIAN NORMAL UNIVERSITY | 史学文库

领先阁史学文萃 第三辑

福建名人卷

叶青 主编

社会科学文献出版社
SOCIAL SCIENCES ACADEMIC PRESS (CHINA)

编委会

前言
PREFACE

社会历史学院历史学系是福建师范大学最早设立的院系之一，可追溯至 1907 年福建优级师范学堂开设的史地科。1952 年，华南女子文理学院、福建协和大学和福建师范学院三校历史学系合并为一，承传至今。著名学者董作宾、卢兆荫、蔡维藩、傅衣凌、刘蕙孙、韩振华、陈增辉、陈矩孙、王文杰、熊德基、金云铭、朱维幹、陈贞寿、范传贤、林庆元等先后任教于此，积淀了厚重的学术传统。

在百余年的发展历程中，经过几代学人不懈的努力，福建师范大学历史学科紧紧围绕“立德树人”这一根本任务，在教学、科研、服务国家与地方需求、教育国际化拓展等方面，都取得了令人瞩目的成绩，得到社会各界的充分肯定。历史学本科教育是福建师范大学首批品牌专业，国家级特色专业，培养的学生在教育、科研及社会各界深受好评，毕业生遍布福建省内各中学，福建省中学历史特级教师、高级教师、省级骨干教师和教育硕士几乎全部毕业于我校历史学系。我系的研究生和本科生，在全国和全省的教育硕士、师范生教学技能大赛中，每年均能取得佳绩，荣获一二等奖。大批毕业生赴中国社会科学院、北京大学、复旦大学、南京大学、北京师范大学、南开大学、中山大学、武汉大学、厦门大学等著名学府及研究机构继续深造。历史学科现拥有中国史、世界史两个一级学科博士学位授权点和两个博士后科研流动站，拥有中国史、世界史一级学科硕士学位授权点，以及教育硕士学科教学（历史）专业学位研究生招生方向。世界史、中国史学科分别被确认为福建省一流学科建设的“高峰”“高原”

学科。世界史、中国史双双入选省级首批博士、硕士研究生导师团队。拥有国学研究中心、区域与国别研究院、印度尼西亚研究中心、闽台文化研究中心、华人华侨研究中心、中琉关系研究所、中外关系史研究中心、中国基督教研究中心、福建省闽台缘仿真项目实验中心、福建省传统文化研究基地等研究机构，形成了全日制本科教育、学术型和专业型硕士研究生教育、博士研究生教育以及博士后教育的完整人才培养体系。

福建师范大学历史学系科研成果丰硕。教师团队每年都会获得多项国家社科基金项目（含重大、重点）、教育部社会科学基金项目、省级社科规划办等课题，大批成果获教育部人文社会科学优秀成果、福建省人文社会科学优秀成果奖。学科还着眼于国家与地方发展需要，主动融入国家战略，服务地方经济发展，先后围绕中国—拉丁美洲国家人文交流与合作、钓鱼岛争端、闽台关系、福建与“海上丝绸之路”及福建侨乡侨务工作等问题积极建言献策，并与政府各级部门或民间机构展开专题合作研究。

改革开放已经走过了40多年的历程，新中国迎来了70周年华诞，为了更好地总结经验，面向未来，继续书写新的历史，我们有必要对历史学科的研究成果进行回顾。此次收录的论文，冠名“领先阁史学文萃”，主要是为感谢1978级系友贾小平先生捐赠学院“领先楼”的情怀和义举。新建的领先楼为广大教师提供了国内一流的学习、工作条件。领先阁系列文萃（首批）五辑，主要聚焦福建社会相关论题，涉及“名人与福建社会”“闽台与福建社会”“地方文化与福建社会”“民间信仰与福建社会”等方面的论文。今后，我们拟每年出版关于其他论题的文萃辑，推出学科团队新近的学术力作。

领先阁系列文萃所收录论文的作者都是对福建师范大学历史学科的建设付出了热情和心血的学者，其中有的现已荣退，收录他们的论文，是为了让我们铭记福建师范大学历史学科的源远流长，靠的是每一位历史学人的努力付出，后学者当感怀曾经为之贡献智慧和才智的前辈们。当然，我们也希望以此总结过去的成绩，进一步增进与学界同人之间的了解和交流，推动学术的进一步繁荣发展。

历史学是社会科学的基础，是人类文明的灯塔，是开辟未来的阶梯。我们清楚地意识到学科发展带给我们的压力和福建师范大学历史学建设一流学科的需求。我们会在现有的基础上孜孜不倦，砥砺前行，凝聚学科新一代骨干力量，继承老一辈开创的传统，并将其发扬光大，协力推进学科建设的蓬勃发展。

本文萃获得了福建省高校以马克思主义为指导的哲学社会科学学科基础理论研究创新团队项目的支持。“文化传承视野下福建社会史研究”创新团队，引进了一批毕业于北京大学、中国社会科学院研究生院、香港中文大学、南开大学、北京师范大学、中山大学等国内著名高校的新生代学者，他们在研究领域亦初露锋芒，创造了一批视野宽阔、理论深厚、特色突出的著述。团队中的陈友良、李永、陈晔、谢皆刚、江晓成五位博士在此次编辑系列文萃中，通力协作，审稿认真、严谨、专业，付出了艰辛劳动。系列文萃得以付梓，还得益于作者们特别是老先生们的鼎力支持，《领先阁史学文萃》工作委员会专家们具体的指导，以及学院党政领导的鼓励和鞭策。在此一并表示衷心的感谢！

编 者

2019 年 3 月 21 日

本辑内容提要

本卷收录论文 15 篇，分为学术人物、文化人物、涉外人物、宗教人物四编，希望从这四个领域展示福建名人的独特风采。

第一编“学术人物”收录的 6 篇论文，均围绕近代思想家严复展开。汪征鲁的《“侯官新学”述论——在地域文化视阈下的严复新学之解读》在地域文化视阈下重新解读了严复的侯官新学。作者首先引进区域地理因素揭示了新学发展的序列，其中以侯官新学集其大成，接着阐释其概念的学术必要性和合理性，以及为何侯官新学就是严复之学，最后简述了侯官新学的内容与意义。陈友良的《严复与清末“东学”——关于现代化思想模式的意见分歧》重在探究严复与“东学”派对于现代化思想模式的意见分歧。清末“东学”派主张以日文、东学来革新中国，作者通过对严复甲午前后的日本观和戊戌以后的“东学”观进行梳理对证，论述了严复对“东学”政策的强烈不满及他以西文、西学来改造中国的见识。陈友良的《“籀旧绎新以折中”——严复的文化会通理念》一文依据严复的实践和思想内容，重新梳理和评价了严复“会通”观的内涵、方法及经验。作者认为虽然严复中年和晚年对于中西学的态度逐渐从自由主义转向儒学的“中庸之道”的立场，但其中西学态度始终未有本质性的变迁，亦即“籀旧绎新以折中”的态度。陈友良的《严复与李鸿章关系释论——以“怀才不遇说”为中心的讨论》以“怀才不遇”说为中心，讨论了严复任职北洋水师学堂期间与李鸿章的关系。作者认为“怀才不遇”不能真实反映出严复的成长境遇，严李关系具有阶段性和层次性的特点，他们不仅是下属与上司的关系，而且是思想家与政治家的关系。周至杰的《严复人与自然关系思想探析——兼论天演范畴中现代哲学“天人关系”思想的建构》重在从天演视角探究严复的天人关系思想。作者认为严复的天人关系思想构建出了具有规律性和普遍性的客观存在的“天”，提出天演普遍法则是“天”的规律性的具体表现，并具体阐释了人的实践活动在天演法则下的主观能动性和受动性的相统一。周至杰的《严复宗教思想探析》以“人”为逻辑起点，阐释了严复对宗教起源、社会功能及其与社会发展的关系等问题的看法。作者首先从不同角度分析了宗教产生的根源，进而在中西对比中强调宗教调控人际关系和社会秩序的功能，最后通过分析宗教与学术的关系阐释了宗教的演变在人类社会发展过程中的作用。

第二编“文化人物”收录论文3篇。谢重光的《〈全唐文〉所收陈元光表文二篇系伪作考》从职官制度、犯讳情况、地名错误、文体和用语问题等方面对《全唐文》收录的两篇陈元光表文进行考证，揭出两文抄袭柳宗元表文的铁证。该文揭示出的伪作创作背景，对于推进闽粤之交历史进程和民族关系的研究具有重大意义。叶青的《知识分子的精神气质与历史贡献——在福建三坊七巷近现代先贤里寻找力量》以福州名街三坊七巷所走出的近现代名人群体为视角，揭示出中国知识分子“开风气之先”“谋天下永福”的精神气质与历史贡献，这与当下倡导的爱国、科学、开拓、创新的精神不谋而合。作者认为，正是福建独特的环境、区域文化的浸润和近代中西文化的碰撞交融，生成了他们高尚的思想行止和精神气韵。叶青《从传统走向现代——新式教育与闽籍女作家庐隐、冰心的角色转换》一文通过探寻庐隐、冰心从传统走向现代的人生轨迹，阐述了新式教育对庐隐、冰心“角色转换”产生的重要影响，这对于深刻了解五四时代中国知识女性和当下中国女性在现代化进程中的角色转化具有重大意义。

第三编为“涉外人物”，收录论文2篇。谢重光的《郑成功收复台湾的历史功绩与现实意义》成文于郑成功收复台湾350周年之际，文章从抗击西方殖民侵略、加强两岸联系和台湾社会进步、开启闽粤人民移民台湾潮以及实行开明民族政策四个方面阐释了郑成功复台的丰功伟绩与现实意义。潘崇的《蔡琦出洋考察与〈随使随笔〉》通过蔡琦其人及其出洋缘由、蔡琦眼中的日本及欧美世界形象、中西对比之下的所思所想三个方面对其人其书进行了详细梳理，这不仅对于我们深入认识清末五大臣出洋大有裨益，对于重新认识近代以来国人认识世界、反省自我的艰难历程亦有参考价值。

第四编为“宗教人物”，涉及佛教和天主教，收录论文4篇。林国平的《定光古佛信仰探索》梳理了定光古佛的名称、传说事迹、封赐、崇奉寺庙和明清信奉情况，探讨了定光古佛信仰与闽西客家这一特定人群的关系问题，并归纳出新编定光古佛神话的鲜明特点。林国平《清水祖师信仰探索》一文从人物生平、封赐、职能、神话传说、崇奉寺庙、迎春绕境活动等方面考察了闽南地区佛教俗神清水祖师信仰现象，这对于研究闽南文化和加强两岸交流具有重大意义。林金水的《何乔远——与艾儒略交游的泉州士大夫》通过对何乔远与《三山论学记》序作者、闽中理学家等泉州士大夫相交的探讨，揭示出泉州诸公获交艾儒略的原因，除了受同里同朝同籍同官同学影响外，更重要的因素是何乔远个人与耶稣会士结下的情结。林金水的《叶向高致仕与艾儒略入闽之研究》通过论述天启年间内阁首辅叶向高乞休事件始末和勾勒返乡归里路线，探讨了他途经杭州时邀请艾儒略入闽原因及其抵达福州的时间，并提出了新看法。

目录
CONTENTS

学术人物编

“侯官新学”述论
——在地域文化视阈下的严复新学之解读 …………………… 汪征鲁 3
严复与清末“东学”
——关于现代化思想模式的意见分歧 …………………… 陈友良 11
“簕旧绎新以折中”
——严复的文化会通理念 …………………………………… 陈友良 24
严复与李鸿章关系释论
——以“怀才不遇说”为中心的讨论 …………………… 陈友良 32
严复人与自然关系思想探析
——兼论天演范畴中现代哲学“天人关系”思想的建构 … 周至杰 44
严复宗教思想探析 ………………………………………… 周至杰 66

文化人物编

《全唐文》所收陈元光表文二篇系伪作考 ………………… 谢重光 85
知识分子的精神气质与历史贡献
——在福建三坊七巷近现代先贤里寻找力量 ……………… 叶 青 102

从传统走向现代
——新式教育与闽籍女作家庐隐、冰心的角色转换 ……… 叶　青 112

涉外人物编

郑成功收复台湾的历史功绩与现实意义 ……………………… 谢重光 125
蔡琦出洋考察与《随使随笔》 ………………………………… 潘　崇 131

宗教人物编

定光古佛信仰探索 ……………………………………………… 林国平 145
清水祖师信仰探索 ……………………………………………… 林国平 164
何乔远——与艾儒略交游的泉州士大夫 ……………………… 林金水 195
叶向高致仕与艾儒略入闽之研究 ……………………………… 林金水 218

学术人物编

“侯官新学” 述论

——在地域文化视阈下的严复新学之解读

汪征鲁

（一）新学及其在中国传统文化中的方位与意义

一般认为，中国主流学术思想或谓显学之序列发展，先后经历了先秦子学、两汉经学、魏晋玄学、隋唐佛学、宋明理学、晚清新学等几个阶段。晚清新学之从中体西用到中西学全方位交融的演化过程，既是中华文化薪传与发展的题中之义，也是这一发展链条中不可或缺的一环。

晚清新学的产生有其深刻的历史根源。18 世纪中叶，西方新兴的资本主义势力跨海而来，他们企图用基督教、贸易与鸦片，但最后是用坚船利炮，打开中国古老帝国的大门。腐朽的清王朝在西方新兴势力面前望风披靡，中国面临政治与文化的双重危机，也就是李鸿章所谓的“数千年未有之大变局”。伴随这一过程，还出现了西学东渐。正是在这种亡国亡种的危机感下，在中、西文化激烈的碰撞中，中国先进的知识分子开始学习西方以自强。新学作为晚清的主流思想，既是中西文化撞击与融合的产物，也是中国由传统农业文明向近代工业文明转型的思想先导与文化成果。

说到“新”与“新学”概念之界定，还是一个很有趣的话题。“新”的本意是“伐木，取新”。据甲骨文，其形为左边是木，右边是斧头。《说文》将其归为形声字，从斤，从木，辛声。“新”是“薪”的本字，引申为“始基”“开始”。古人造房子、制作工具，是从伐木开始的。一般其言，新旧相对，以新为佳。《诗·豳风·东山》：“其新孔嘉，其旧如之何？”新婚时非常美好，现在时间久了会怎么样呢？但在中国传统文化崇拜先圣、厚古薄今的语境下，在政治和文化领域，每每厚旧而薄新。如孔子尊周礼，两宋理学尊所谓的儒家道统，儒家总的说来是法古的。又有所谓的“新门”“新学”“新贵”“新党”，均含贬义。直至晚清新学，“新学”一词才真正有了正面的意义。

饶有趣味的是，戊戌变法时期，康有为为了反对古文经学，著《新学伪经考》，以“新学”指王莽时期的古文经学以示轻蔑。然而，出乎意料的是，维新运动之初，守旧派人士以同样的口吻称康有为倡导的学派为“新学”，以示鄙薄、嘲弄。令守旧派意想不到的是，被他们戏称的“新学”自19世纪末以来大行其道，成为朝野风尚。光绪皇帝支持的“维新变法”，慈禧太后推行的“新政”，无不以“新”字标榜，新学遂成为晚清学术的主流。王国维在述及中国300年学术文化之变迁时说：“国初之学大，乾嘉之学精，道咸以降之学新。”① 梁启超在其《中国近三百年学术史》中亦云：“有清一代，初期为程朱陆王之争，次期则为汉宋之争，末期为新旧之争。”②

（二）新学作为晚清时期的主流思想，发轫于内忧外患，演化于救亡图存，最终以侯官新学集其大成

晚清新学的建构是一个动态的发展过程，是一个中西碰撞、由西变中，再到由中变西的反复的文化交融过程。一般而言，晚清东渐之西学由表及里可分为三个层次，即：物质层面，亦为物质文化层面，如坚船利炮、工具器物等等；制度层面，亦为制度文化层面，如议会制度、君主立宪制等等；价值观层面，亦为精神文化层面，比如世界观和方法论。此亦晚清新学演化的三个阶段。若从历史地理、地域文化的角度，窃以为这三个阶段还可以这样表述：第一阶段是以张之洞为代表的南皮新学，其以“中学为体，西学为用”为宗旨，主要学习西方的器物技术，它的社会实践是洋务运动；第二阶段是以康有为为代表的南海新学，主张维新变法，学习西方的君主立宪、议会制度，它的社会实践是戊戌变法；第三个阶段

① 王国维：《沈乙庵先生七十寿序》，见《观堂集林》，河北教育出版社，2003，第720页。
② 梁启超：《中国近三百年学术史》，东方出版社，1996，第130页。

是以严复为代表的侯官新学，其揭橥“以自由为体，以民主为用”，主张学习西方的世界观和方法论，真正体现了中西文化在核心价值体系层面的交融，以现在的研究观之，它的社会实践是1919年发生的五四新文化运动。

（三）上面我们揭示并演绎了新学发展序列的张之洞的南皮新学、康有为的南海新学、严复的侯官新学，即引进了地理环境、区域文化的因素。这种揭示与演绎，有充分的学理与社会实践上的根据

人类社会是一个发展演化的系统，其上还有作为母系统的自然界，在这个系统架构中，我们可以在不同的层面、以不同的角度考察人类社会及其问题。历史地理与文化地理是一个很重要的角度。从发生学的角度看，人类与人类社会最初的性质是自然环境也就是自然地理赋予的。笔者还认为，在人类社会发展演化的后续阶段，历史地理与人文地理依旧起着某种塑造人与人的思想之作用，当然二者的关系又是相辅相成的。

就这一视角看，晚清时期，不同阶段新学代表人物和新学核心思想的产生，与其历史地理和区域文化是有很大的关系的。比如说，新学发展的第一阶段之所以被称为张之洞的南皮新学，一则张系“中学为体，西学为用”思想及洋务运动的集大成者。二则这一时期的新学代表人物如曾国藩、李鸿章、张之洞等有两个共性，其一是他们都是出自中国内陆地区或中原心腹地区，在当时与国外很难有交集，如曾国藩出自湖南湘乡，李鸿章出自安徽合肥，张之洞出自河北南皮，更是京师肘腋；其二是他们均为清朝重臣、封疆大吏，甚至儒学名家。三则他们是在太平天国运动、历次鸦片战争中，在洋人的坚船利炮下屡屡败北，在大清王朝风雨飘摇之际，而不得不痛苦地认识到要“师夷长技”以图存，但他们依旧顽固坚持中国传统儒学的本体地位，认为洋人可取者仅器物而已，故以“中学为体，西学为用”相标榜。

新学发展的第二阶段之所以被称为以康有为为代表的南海新学，一则，这一阶段新学的代表人物为康有为、梁启超，康摆在第一位，康是梁的老师。二则，他们都出自广东地区。康是广东南海县人，人称康南海；梁是广东新会县人。晚清时，广东为西来传教士活动频繁地区，又毗邻英人统治的香港，西风不替。康有为在其青年时代就阅读了《西国今事汇

编》《环游地球新录》等介绍西学的著作与游记。光绪五年（1879），23岁那年年底，康有为游历香港，“览西人宫室之瑰丽，道路之整洁，巡捕之严密，而始知西人治国之有法度，不得以古旧之夷狄视之”。“乃复阅《海国图志》《瀛环志略》等书，购地球图，渐收西学之书，为开西学之基矣。”① 梁启超的情况大致如是。这使他们有可能更进一步倡导政治体制的改革。须指出的是，在戊戌变法之前，他们都未出过国，所阅西学思想，大都由日本转手而来。三则，变法前后，康梁在很长一段时间内身份是士子、举人，处于统治阶层的下层，没有更多的既得利益与历史因袭，有较强的改革性。以上种种使他们有可能突破器物的层面，在政治体制领域实行具有资本主义性质的改革。

新学发展的第三阶段是以严复为代表的侯官新学。因这是我们的主题，故就其历史地理环境与区域文化多谈几句。

福建地处中国大陆的东南一隅，三面环山，一面临海，使其在中原板荡的岁月里，偏安一隅，在历史的激流中形成一个相对平静的港湾。在中国中世纪后，当北方游牧民族周期性地入主中原之际，中原地区的汉民族掀起一浪高过一浪的入闽移民潮。这一移民潮的主导者为北方的世家大族。于是，当游牧民族将草原上的剽悍与骁勇带到中原地区，成群结队为苟全性命于乱世而入闽的旧姓大族又将儒家文化的天人合一、中庸与温柔敦厚寄藏于闽山闽水之中。当然，在平时，南下的移民也不绝于路，只是数量上少得多，且大多非世家大族。于是，闽文化更多地保留了儒家文化的原教旨及古代中原地区的语言、艺术、风俗、戏曲的吉光片羽。

就侯官而言，“侯官”是福州的古称。两宋以来，中国经济重心南移，八闽文化昌盛，至晚清，侯官更是名人辈出，如“睁眼看世界的第一人”林则徐、“首任船政大臣”沈葆桢、中国近代“西学第一人”严复等，故当时有“晚清风流数（出）侯官”之说。更重要的是，侯官辖下的马尾是中国近代海军、造船业、船政学堂的发祥地。

侯官新学就是在上述历史地理环境和区域文化的滋养下生成的。侯官

---

① 康有为：《康南海自编年谱》，中华书局，1992，第9~10页。

新学特指严复的新学思想。溯其渊源，当时设在马尾的福州船政学堂为严复之所以是严复的发生提供了最初的平台。

福州船政学堂是闽浙总督左宗棠于同治五年（1866）在筹办福建船政局的同时创办的中国最早的海军学校。左宗棠在该年调离后，由沈葆桢接办。当时 14 岁的严复正是受沈葆桢赏识而成为该学堂的第一届学生。

该学堂设有完全西化的、完备的、航海与海军方面的专业设置和课程体系。学堂分制造和驾驶两个专业。因左宗棠认为英、法两国分别是当时世界上驾驶和制造最好的国家，故分别委两国专家以全责。制造业由法国人主持，用法国教师、法国教材，用法语教学，其主要课程有法文、算术、几何、透视绘图学（几何作图）、物理、三角、解析几何、微积分、机械学等，因相对船政局坐落的方位，其学舍在前，故又称前学堂，或法国学堂。驾驶专业由英国人主持，用英国教师、英国教材，用英语教学，其主要课程有英文、算术、几何、代数、直线和球面三角、航海天文、航海测量和地理等，因其学舍在后，又称后学堂，或英国学堂。在课程上，除西学之外，每日还须讲读《圣谕广州训》《孝经》，兼习策论，但已为末流。

同治五年（1866），严复入后学堂修业。同治十年（1871），19 岁的严复以最优等学业成绩毕业。在海军服役 6 年之后，于 1877 年严复被选派入英国格林尼治皇家海军学院留学两年。1878 年，严复等 6 人以优异成绩完成了海军学院学业。其中方伯谦、何心川、叶祖珪、林永升、萨镇冰等 5 人到皇家海军舰船上实习，而严复因已被中国官方安排为教职，继续在格林尼治皇家海军学院学习一年。在英国多待的一年里，严复遍访大英图书馆、博物馆，深入探研了西方的政治、经济、文化等经典及社会问题。

严复之负笈英伦，使他有可能直入西方文化之堂奥，深得个中三昧，最终漂洋过海，将之植根中土。如果说，当年唐僧玄奘，不惮万里荒漠，赴印度取得真经，那么，严复犹如海上玄奘，远涉重洋，学习西方先进技术从而真正开启了中国传统社会现代化转型的曲折漫长进程。

总之，严复之所以成为严复，是在于他自 14 岁起就接受英式教育，深谙英语、西学，后能留学英国，研习资本主义原典。之所以能如此，就只能归结为当时福建侯官区域组建了海军、福州船政局与福州船政学堂，这一独特的历史地理环境与区域文化氛围，熏陶、造就了严复。这一历史地理与区域文化的条件在当时的中国是唯一的，也就是说，只有“侯官”才能产生“严复”。严复一生喜用“侯官”署名，在《天演论》各章题目下，即署“侯官严复达旨”。世人也习惯称其为严侯官。

（四）提出“侯官新学”概念的学术必要性和学术史研究方法上的合理性

严复是中国近代著名思想家，但他在晚清新学中的地位与具有的意义始终不确定，即其是否形成了一个学派，是否代表了新学发展的一个阶段，其学派之于整个新学发展演化究竟处于何种地位、具有何种意义，这一学派之发轫是否有特定的历史地理、区域文化予以观照，等等。在这种情形下，我们提出“侯官新学”以及与之相匹配的“南皮新学”“南海新学”等概念，尝试形成一个新的叙事与阐释框架。当然，这一新框架与原来的框架不是相悖的，而是相辅相成的。

为什么要称之为“侯官学派”？因为严复籍贯福建侯官，且一生喜用“侯官”署名，在《天演论》各章题目下，即署“侯官严复达旨”。世人也习惯称其为“严侯官”。是故，以“侯官新学”命名严复新学或严复学派，内涵更丰富，地域特色更鲜明，即突出了其与福建的历史地理、区域文化和地方话语的关系，形成了一个新的视域与维度。其实这种学术梳理与命名，在中国学术史上已有成规。《宋元学案》《明儒学案》首创其例。全祖望认为，“学案”亦即“学派”①。仅以黄宗羲原著《宋元学案》为例，其三分之一的学案名是以地域命名的，其中有学者的出生地，也有客居地，而且大多作了新的梳理与命名。如北宋张载之学派，当时称为关学，而《宋元学案》称之为“横渠学案”，即“横渠学”或“横渠学派”。② 又如南宋胡安国之学派，当时称为“湖湘学派”，而《宋元学案》称之为“武夷学案”，即“武夷学”或“武夷学派”。③ 又如范仲淹在北宋时并无所统学派，而《宋元学案》特为之命名了“高平学案”，即“高平学派”。④

---

① 《宋元学案》卷三。

② 《宋元学案》卷十七。

③ 《宋元学案》卷三十四。

④ 《宋元学案》卷三。

(五)侯官新学就是严复之学

狭义而言，侯官新学特指严复的新学思想，它是晚清新学体系的重要组成部分，也是晚清新学的极致。用"侯官"指称，是突出其历史地理与区域文化的特质。

广义而言，侯官新学是指在福建历史地理和区域文化的大背景下，在宋明以来闽学的浸润与观照下，以及清朝末季这一地区中西文化之激荡交流中，形成的一个文化学派，其中包括林则徐、沈葆桢、严复、林纾等。应当看到，这一学派，一方面是晚清以来，福州乃至福建地区爱国志士为挽救民族危亡、探求救国真理，主动向西方学习，致力于中西文化交流的士大夫群体的思想结晶；另一方面，也应当看到，它也是西方传教士在福建地区传播基督教和西方文化以及创办教育、开展慈善活动产生重要的社会效果而催生的产物。这就决定了侯官新学学理的开放性、先进性，方法的守中性。

(六)侯官新学的具体内容

侯官新学内容宏富，这里只能作极为简要的概括。

首先，严复译介了当时西学的八大名著，即赫胥黎的《天演论》、亚当·斯密的《原富》、斯宾塞的《群学肄言》、约翰·穆勒的《群己权界论》、甄克思的《社会通诠》、孟德斯鸠的《法意》《穆勒名学》、耶芳斯的《名学浅说》。以《天演论》《原富》《法意》《名学浅说》意义最巨。

严复将其翻译称为"达旨"，即其所追求的不是形似，而是神似。他是在西方文化与中国传统文化的两个语境中进行翻译的，表现一种文化的融合。另外，在"达旨"过程中，他还写了大量的按语，这之中不乏再创造的成分。如《天演论》一书约5.7万字，严复的"按语"约1.9万字，约占原文的1/3。

此外，严复还写了大量的政论文章、序、跋等，阐述其思想。

要言之，侯官新学的精粹表现为：以自然科学为本的思想；以进化论为核心的自然观与以社会进化论为核心的历史观；以数理逻辑为核心的方法论；以"自由为体，民主为用"为核心价值体系；政治上以"三民论"

为核心的救国方略。

侯官新学的特质还表现为思想的先进与方法的中庸。

另外，笔者与方宝川、马勇先生联合主编了《严复全集》，是迄今为止搜集严复文稿最全的集子，于此可以一窥严复思想的全貌。

（七）侯官新学的历史地位与当代意义

严复的侯官新学作为新学的殿军，是新学的集大成者，在张之洞南皮新学、康有为南海新学的基础上，终归摆脱旧学的羁绊，全面引进了西方资产阶级世界观、方法论和价值观，或者说是在世界观、方法论和价值观的层面进行了中西文化的融合。这为中国传统社会的现代化转型奠定了思想理论的基础，或成为思想理论基础的重要组成部分。这一思想的社会实践部分表现为后来发生的五四新文化运动。五四运动所倡导的科学、民主，与侯官新学所倡导的科学、民主，是一脉相承的，是同质同源的。

当然，严复后来在政治上站在了五四运动的对立面，在文化上有“回归”中国传统文化的倾向，这是由于其渐进改良的方法与五四运动方法上的激进相颉颃。其中也包括在20世纪初，西方资本主义思潮、马克思主义风靡中土，中西学地位易位的情况下，如何保护国粹，如何进一步使外来思想中国化而作的思考与努力。

严复辞世近一个世纪了。其思想在其生前身后，对中国现代思潮的演化及对中国传统社会现代化路径的选择，都起着重要的、不可替代的作用，有重要的意义。尤其在今天，当我们廓清历史的迷雾，走出转型的曲折，一个较为清晰的转型模式初步呈现时，我们看到其中侯官新学的影子，其突出表现为“思想的先进与方法的中庸”。这也是“侯官新学”在新中国成立前后一度沉沦于今又为显学的根本原因了。

未刊

严复与清末“东学”

——关于现代化思想模式的意见分歧

陈友良

日本学术思想和留日学生是晚清改革和现代化运动的原动力和中坚力量。[①] 尤其是戊戌以后，清政府倡导向日本派遣留学生，翻译日译西书，并聘请大批日本教习及顾问来华指导改革运动，遂使留日生和“东学”成为清末社会政治学术思潮的主导力量。所谓“东学”，指的是晚清国人以日本为中介摄取西洋文化，以推动中国改革。严复作为少数可以直接取径西学的翻译家和思想家，面对汹汹而来的“东学”思潮，采取何种姿态，又以什么基轴来阐扬他的西方学术理念呢？学者关于严复严守“西学”立场，批评“东学”派的研究，大多集中在讨论严复与梁启超的思想交锋上面，一致认为严、梁所承继的学术源流明显不同。[②] 严、梁思想的分歧和论争确实代表了清末新思想界两大流派之间的互动，但学者未必注意到，“东学”思潮在清末的兴起，在朝以张之洞为中心，在野则以梁启超为重镇，朝野交互作用推动了向日本取法的改革。而清末严复的意见，毋宁说是对于张之洞倡导的“东学”政策的强烈不满及与日本因素的格格不入。本文检讨甲午以后严复对中国社会中日益渗透的日本因素的思想认识，以

① 梁启超：《清代学术概论》，东方出版社，1996，第89页。

② 这方面的研究已经不少，参见蔡乐苏《严复拒卢梭意在讽康、梁》，《近代史研究》1998年第5期，第20~50页；李宝红《严复苛锐评骘梁启超原因分析》，《华中师范大学学报》（人文社会科学版）2003年第6期，第50~57页；缪志明《从热赞到冷讪——严复对梁启超评议之演变》，《史学研究》2002年第12期，第22~26页；班玮《论严复与梁启超的思想交锋》，《天津师范大学学报》（社会科学版）2007年第4期，第42~47页。

及对张之洞所主导的改革政策的批评意见，以此显豁出严复改革思想的特色。

一 甲午前后严复的日本观

早在甲午战争爆发前的二十年，严复就已经有了与日本交涉的经历，却是不愉快的经历。1873 年，严复等学员在马尾船政学堂已经学完了所有的理论课程，并且完成实践课程的训练。沈葆桢即于是年底奏请派马尾船政前、后学堂的学生分赴法、英两国学习制造驾驶。但次年 5 月即发生了日本侵台事件，沈葆桢本人受命赴台湾筹划防务，派遣学生的计划被推迟，而且财政上因此不可能支持派遣留学生。[①] 所以这次日本的挑衅事件使得严复等人的留学欧洲计划至少推迟了两年。不过，从这次事件中严复亦有收获，他作为海军实习生，乘坐“扬武”号军舰，跟随沈葆桢赴台，“测量台东旗来各海口，并调查当时肇事情形，计月余日而竣事”。[②] 这次经历使严复切身感受到作为一名国防兵，对于国家应具备的勇气和责任感。

随后沈葆桢奏请改“扬武”号为练习船，重聘英国水师总兵德勒塞为总教习，严复与“建威”号实习生被改派上“扬武”号实习，该舰先是北上巡历黄海，又于 1876 年 2 月由烟台前往日本访问。据《万国公报》记载：“扬武”号“至日本洋，日人颇生艳羡。嗣入内港，气势昂藏，足令日人骇异……此举殊足壮中朝之威，而使西人望风额庆也。且此班生童其精进正未可量，虽此行为中朝所仅有，而中外咸欢欣鼓舞而乐观厥成焉”。[③] 时严复虽资历尚浅，但对于日本的潜在威胁和黩武扩张的一面认识得很清楚。他后来常以日本“径剪琉球”一事警告他人：“不三十年藩属

---

① 巴斯蒂：《清末留欧学生——福州船政局对近代技术的输入》，高时良编《中国近代教育史资料汇编·洋务运动时期教育》，上海教育出版社，1992，第 985 页。

② 严璩：《侯官严先生年谱》，王栻主编《严复集》第 5 册，中华书局，1986，第 1546 页。

③ 《万国公报》第 373 卷（1876 年 2 月 5 日），转引自孙应祥《严复年谱》，福建人民出版社，2003，第 27 页。

且尽，缳我如老牸牛耳。”[①] 却因此给他的上司李鸿章以处事激烈的不良印象，始终不能在淮系集团里得到特别重用。[②]

严复在北洋水师学堂任职，说到底只是“不预机要，奉职而已”[③]，有时仍表现出少年留学时的那种锋芒毕露的“狂傲矜张之气”[④]，有时又自叹自艾，感怀学不见用，怀才不遇[⑤]；而在津处事，在“诸事虽无不佳，又无甚好处”[⑥] 的精神状态下，他又不幸染上了鸦片烟瘾，成了瘾君子[⑦]；同时为博得一个科第出身的名号，在甲午前的八九年间一直参加科举，皓首穷经，闭门读书，走过一段他后来批评的“道学家”的路子。可知严复在甲午以前的精神状态和人生目标相当的失落和茫然。

但是甲午炮火完全震醒了严复。甲午后一年，郑孝胥记下见到严复时的形象：“幼陵已留须，尚不甚摧颓。”[⑧] 看来近一年的写作和译述工作，使得严复虽觉憔悴，但已开始从过去的颓废状态里走出来了。随着民族危机的加剧，严复所宣讲的西学得到了更多的知音。夏曾佑提到一次与严复交谈后的触动，说：“到津之后，幸遇又陵，衡宇相接，夜辄过谈，谈辄竟夜，微言妙旨，往往而遇。……孤识宏寰，心通来物，盖吾人自言西学以来所从不及此者也。”[⑨] 这里可见严复掌握的西学已成为时代所需要的知识和思想。1898 年初吴汝纶更是预言严复就是时代所需的人才，绝不应该被埋没，“天下有集中西之长，而不能当大事者乎？往年严公多病，颇以

---

① 陈宝琛：《清故资政大夫海军协都统严君墓志铭》，王栻主编《严复集》第 5 册，第 1541 页。

② 严复在北洋任职终不得李鸿章的重用，原因颇为复杂，学者论之已详，参见汪荣祖《严复新论》，《从传统中求变——晚清思想史研究》，百花洲文艺出版社，2002，第 136~143 页；马自毅《“总教习”还是“洋文正教习”——严复任职北洋水师学堂期间若干史实考证》，《历史研究》2004 年第 2 期，第 68~84 页。

③ 陈宝琛：《清故资政大夫海军协都统严君墓志铭》，王栻主编《严复集》第 5 册，第 1541 页。

④ 此为曾纪泽对严复的评语，见马自毅《“总教习”还是“洋文正教习”——严复任职北洋水师学堂期间若干史实考证》，《历史研究》2004 年第 2 期，第 68~84 页。

⑤ 陈宝琛与严复交往仅半月不足，即发现严复的这种个性，赠诗说：“慷慨怀大志，平生行志哀。”见《郑孝胥日记》，转引自孙应祥《严复年谱》，第 58 页。

⑥ 严复：《与四弟观澜书五封（第四）》，王栻主编《严复集》第 3 册，第 731 页。

⑦ 据汪荣祖考察，虽然严复何时开始吸食鸦片不可考，但至少自 1890 年后，已经以吸烟为常课，烟瘾甚重。参见前引汪荣祖《严复新论》一文。

⑧ 《郑孝胥日记》，转引自孙应祥《严复年谱》，第 80 页。

⑨ 《汪康年师友书札》，转引自孙应祥《严复年谱》，第 86 页。

病废事，近则霍然良已，身强学富识闳，救时之首选也”。[①] 1899 年，时日本知名记者内藤湖南于 9 月访问天津，特地宴请王修植、严复等天津名士，他也记下见到严复时的印象：“他眉宇间透着一股英气，在这个政变以后人们噤若寒蝉的时期，言谈往往纵横无碍，不怕忌讳，当是这里第一流的人物。”[②]

事实非常明显，甲午前后，严复判若两人。对于民族和国家的前途，甲午以后他已有了明确的改革意识。对于个人的人生目标，他也有清醒和自信的努力方向。这种意识清楚地体现在他 1894 年以后的许多书信和政论文中。

朝鲜战事一起，身处学堂后方的严复对中日战局和参与战斗的“同学诸友”的命运异常关切，现存的几封书信可以说明。[③] 严复在给陈宝琛的书信中指出，自甲申（1884）中法战争以来十载，本应该举国未雨绸缪，一心图富强，结果朝野仍是内外倾轧，各立门户，人人自私，“羌无一人为四千年中国之所以为中国地道者”，徒耗费千万白银，却不能解今日之危局。中国人战前泄沓虚矫，盲目怠傲，而日本之谋中国已久，仅以区区之兵，便彻底打垮清朝的军队，“畿辅门户洞开，门焉宫焉皆无人，且枪弹告乏，军储四万杆，有事以来已亡其半”。令人痛心的是，面对危局，“尤在当路诸公束手无策，坐待强寇之所欲为”。虽然内外大臣翁同龢、文廷式、张謇等叫嚷弹劾李鸿章及其淮系集团，并请启用刘坤一的湘军，“但言者所论，则不足以服其心，且刘岘庄何如人，岂足以夷大难，徒增一曹人献丑而已！”因为面对日本这样已经准西化的强国，仍用当年荡平太平军、捻军的土法子，无论如何都不能奏效；哪怕是重走洋务老路子，“借洋债、募洋匠、购洋械”，也会因为主事者心怀私心，“其所为只以自固位，于国之休戚，秦越肥脊，则又何髀耶?”所以，“中国今日之事，正坐平日学问之非，与士大夫心术之坏，由今之道，无变今之俗，虽管、葛

① 严复：《吴汝纶致严复书》，王栻主编《严复集》第 5 册，第 1561 页。

② 〔日〕内藤湖南：《燕山楚水》，吴卫峰译，中华书局，2007，第 30 页。

③ 现存严复甲午年信函共有四封谈论他对甲午战局的判断，其中三封写给陈宝琛，一封寄给长子严璩。参见严复《与陈宝琛书五封（第一、二、三）》《与长子严璩书十七封（第一）》，王栻主编《严复集》第 3 册，第 497~502、779~780 页。

复生，亦无能为力也"。[①] 可见严复肯定了日本的强盛，亟思寻找中国执行洋务路线却不能达致富强的原因。

三十余年的洋务运动，经不起几乎同时向西方学习的小岛国日本的一击而化为乌有。但与大多数维新士人不同，严复睹此情景，却没有做出效法日本变法维新的倡议。他在写给长子严璩的信中，却是谆谆教导以勤治西学为人生要务："我近来因不与外事，得有时日多看西书，觉世间惟有此种是真实事业，必通之而后有以知天地之所以位、万物之所以化育，而治国明民之道，皆舍之莫由。"[②] 这恐怕是甲午以后严复首次表露出用西方的学术思想拯救国家的理念。

1895 年初严复先后推出了《论世变之亟》《原强》《救亡决论》《辟韩》四篇政论文。这四篇文章，以《原强》为最重要，其余三篇或为《原强》补充，或为演绎。中心内容就是检讨洋务运动路线，寻求西方富强的根源，其结论是西方的学术思想奠定了西方富强的基础。而洋洋数万言，提到日本的地方非常之少。但日本亦有令严复印象深刻的地方，就是它以上下一心求知于西方科学，而大踏步地甩开了中国。在《救亡决论》中，严复提出中国要救亡就必须彻底地学习西学："彼日本非不深恶西洋也，而于西学，则痛心疾首、卧薪尝胆求之。……日本年来立格致学校数千所，以教其民，而中国忍此终古，二十年以往，民之愚智，益复相悬，以与逐利争存，必无幸矣。"[③] 日本人对西方科学的态度，在严复看来是值得取法的。但从根本上说，严复认为，既然是寻求富强的根源，应该直接取法西方，而日本仅仅是得到西方的"余绪"而已。[④] 中国今日虽败于日本，但是战场上的事情是此一时彼一时的，中国经过若干年的讲求西法以后，未必非如欧洲法、德的情形，"（德国）不二十年，救敝扶伤，褎然称富，论世之士，谓其较拿破仑之日为逾强也"。[⑤]

倒是稍后严复写了《原强续篇》，通篇都是为了分析中日形势而作的。

---

① 以上参见严复《与陈宝琛书五封（第一、二、三）》《与长子严璩书十七封（第一）》，王栻主编《严复集》第 3 册，第 498、499、500、501、780 页。

② 严复：《与长子严璩书十七封（第一）》，王栻主编《严复集》第 3 册，第 780 页。

③ 严复：《救亡决论》，王栻主编《严复集》第 1 册，第 49~50 页。

④ 严复：《与长子严璩书十七封（第一）》，王栻主编《严复集》第 3 册，第 780 页。

⑤ 严复：《原强》，王栻主编《严复集》第 1 册，第 9 页。

他指出中国战败之过在于中国自身，因为本身已经是政治松弛、朝纲不振、秩序混乱的局面，国内稍有一二枭雄，持有一支训练有素的军队，就可以酿成陈胜、吴广式的大祸，更别说近邻早已虎视眈眈的日本，“况乎倭处心积虑十余年，图我内地之山川，考我将帅之能否，举中国一切之利病，微或不知之。此在西洋为之则甚难，彼倭为之则甚易者，书同文而壤地相接故也”。

对于日本学西方的战略远谋，严复用“将兴亚以拒欧”六个字来描述。日本为了达到与西方列强平起平坐的目的，十几年来“变服式，改制度”，并处心积虑地不惜与中国一战，以探虚实。中国若强，日本就联合中国以拒英、俄；中国若败，则可奴役或控制中国。所谓“为合为役，皆以拒欧”。这种抱负不能不说远大。但在严复看来，日本还是走了弯路，它的维新变法不是从根部做起的，犹如《原强》篇里提出的“鼓民力、开民智、新民德”的根本措施，日本一样未做，所以从根本上说，日本在取法西方的手段上已属谬误。“虽然，倭之谋则大矣，而其术乃大谬。夫一国一洲之兴，其所以然之故，至繁赜矣。譬诸树木，其合抱参天，阴横数亩，足以战风雨而傲岁寒者，夫岂一曙之事！倭变法以来，凡几稔矣。吾不谓其中无豪杰能者，主权势而运国机，然彼不务和其民，培其本，以待其长成而自至，乃欲用强暴，力征经营以劫夺天下。其民才未长也，其民力未增也，其民德未和也，而唯兵之治，不知兵之可恃而长雄者，皆富强以后之果实。无其本而强为其实，其树不颠仆者寡矣。”因此，日本学西法却不注意培植国本，算不得成功，更不足为中国榜样。

其实在严复看来，日本的变法还有急于求成的毛病，“学西法徒见皮毛”，及倒行逆施和杀鸡取卵式的手段，完全无法达到达尔文、斯宾塞的进化论所规定的强国的条件，“故吾谓教顽民以西法之形下者，无异假轻侠恶少以利矛强弓，其入市劫财物、杀长者固矣。然亦归于自杀之驱而已矣。害农商，戕民物，戾气一消，其民将痛。倘军费无所得偿，吾不知倭之所以为国也”。日本师法西方，却并未修成正果，“顾倭狠而贪，未厌厥欲”，日本以邻为壑，“是盗贼之行也，何西法之不幸，而有如是之徒也”。[①]

---

① 以上三段引文均见严复《原强续篇》，王栻主编《严复集》第1册，第36~39页。

从上述可见，严复脑中似乎带有一种文明的标准，这种标准隐含着他对于西洋文明的基本见解——只有英国才是正宗的近代文明。[1] 中国败于日本，并不能说服他去肯定明治时期的日本已经步入近代文明的行列，从而成为中国师法的榜样。他是用文明的标准来衡量中、日两国的进化过程，中国的近代化成果虽然不如日本，但那是中国自身问题造成的，而日本的维新本身也有问题，未必尽符合他的文明标准。这个思想意识，严复在甲午中日战争期间就已经定下了调子，尽管戊戌以后清政府以日本为榜样的改革取向十分明显，但严复的这种基本认识仍然没有改变。

二 戊戌以后严复的“东学”观

就当时大多数维新知识分子而言，甲午战败彻底改变了他们对敌国日本的认识，从以前的轻视、低估日本迅速转为师法日本，纷纷留学日本，翻译日书，走上了学习日本、变法图强的道路。[2] 随着对日本关注的深入，效法日本明治维新、变法图存的思想忽焉勃兴，一种借途日本、学习西洋的途径被普遍提倡。这种主张不仅表现在康有为、梁启超等维新志士的思想中，就连清廷的一些高级官僚如张之洞等也持相同观点。在他们的提倡下，中国在“师法西方”的道路上产生了一个划时代的变化，一种以日本为中介来摄取西洋文化的所谓“东学”应运而生。[3]

向去芜存菁的日本学习，比直接向本家学习简便而有利得多。1898 年湖广总督张之洞著《劝学篇》内、外篇，大力倡导留学日本之效，其外篇《游学》篇指出：“至游学之国，西洋不如东洋：一路近省费，可多遣；一去华近，易考察；一东文近于中文，易通晓；一西书甚繁，凡西学不切要者，东人已删节而酌改之。中东情势风俗相近易仿行，事半功倍，无过于此。”《广译》篇则力言翻译日本书籍之必要，“至各种西学书之要者，日

① 班玮先生首先对此有所论述，见班玮《论严复与梁启超的思想交锋》，《天津师范大学学报》（社会科学版）2007 年第 4 期，第 44 页。

② 虞和平、谢放：《中国近代通史》第 3 卷，江苏人民出版社，2007，第 476 页。

③ 郑匡民：《梁启超启蒙思想的东学背景》，上海书店出版社，2003，第 4 页。

本皆已译之，我取径于东洋，力省效速，则东文之用多”。[①] 梁启超则在《大同译书局叙例》中响应了张的宣言书，声称他创办译书局的宗旨是："联合同志，创为此局。以东文为主，而辅以西文，以政学为先，而次以艺学。”可见，翻译日本书籍和留学日本两项主张确是当时领导阶层的共同呼声。[②]

但严复在张之洞《劝学篇》发布的同年就有感于市面上的译品乏善可陈，撰《论译才之难》一文，指出士大夫欲通西学，先学习西文是最佳办法，可惜士大夫仍持旧观念，不愿俯就学习西文，只好依赖译书。但译书的数量总是有限的，“且西书万万不能遍译，通其文字，则后此可读之书无穷，仅读译书，则读之事与译相尽，有志之士，宜何从乎？”还有就是译才也不易得，所译之书，“皆纰缪层出，开卷即见”，“夫如是，则读译书者，作读西书，乃读中土所以意自撰之书而已。敝精神为之，不亦可笑耶”。[③] 该文尚未就张之洞等人提倡的译日书的政策做出批评，但已可清晰地看出严复与张之洞、梁启超对学习西方文化的基本态度有很大不同。

次年，严复在给张元济的信函中表示“此后正可不问他事，专心译书以饷一世人”，当回答张元济关于南洋公学设译书局如何译书问题时，他主张：聘请精通英文、法文、德文的译员直接翻译西书；所译之书要求按专门之学分类来选择，同时要求译员有相应的学科背景，“然译手非于西国普通诸学经历一番”；选译西学当中“最为出名众箸之编”；译员最好能够精通中国文学，或将中学人才请来，济济一堂，就译文的文字加以讨论和润色。唯有如此，译作才能成就不朽大业。[④] 比较而言，严复的译书旨趣大有区别于上述张、梁二氏的主张。

进入 20 世纪，由日本转译西书之业特别兴盛，“日本每一新书出，译

---

① 张之洞：《劝学篇》，苑书义、孙华峰、李秉新主编《张之洞全集》第 12 卷，河北人民出版社，1998，第 9738、9744 页。

② 转见〔日〕实藤惠秀《中国人留学日本史》，谭汝谦、林启彦译，三联书店，1983，第 16 页。

③ 严复：《论译才之难》，王栻主编《严复集》第 1 册，第 90~91 页。

④ 严复：《与张元济书二十封（第一、二）》，王栻主编《严复集》第 3 册，第 525、527~529 页。

者动数家。新思想之输入，如火如荼矣，然皆所谓‘梁启超式’的输入，无组织、无选择，本末不具，派别不明，惟以多为贵，而社会亦欢迎之”。[①] 这正是严复所坚决反对的做法，他对自己的译书的要求往往是精益求精：“鄙人于译书一道，虽自负于并世诸公未遑多让，然每逢义理精深、文句奥衍，辄徘徊踯躅，有急与之搏力不敢暇之概。”[②] 对于梁启超及留日生仅译日文出版的西书，他认为是尽失西学本意，不足为训，“颇怪近世人争趋东学，往往入者主之，则以谓实胜西学。通商大埠广告所列，大抵皆从东文来。夫以华人而从东文求西学，谓之慰情胜无，犹有说也；至谓胜其原本之睹，此何异睹西子于图画，而以为美于真形者乎？俗说之悖常如此矣！”[③] 说明严复对于译书作为传播西学的重要环节，看重的是分源别流的工作和严肃认真的取法态度。

1902 年初新政改革逐渐铺开，在教育方面，政府提出复振京师大学堂，严复接受管学大臣张百熙的邀请，出任大学堂译书局的总办。这一任命被梁启超认为是用人得法。[④] 但严复在任内并不如意，很大程度上是他对于译书局的工作想法和旨趣与译书局乃至大学堂的改革取向格格不入。他给门生熊元锷写信说：“大学堂之设，虽诏书前称至为隆重，然察其办法，成效正自难言。曩者尝感长沙之知，为之稍参末议。近觉同事宗旨与我绝殊，且不无媢嫉之意，则亦缄口不言，自了译书一事而已。”严氏明白指出译书局的整体指导思想与他的旨趣不合，且因为他译书的独特之处，颇遭他人嫉妒。他还告诫熊元锷，要努力学习英文及掌握英文语法，并用了一个颇为有趣的比喻，称学好英文对于学习西学就如同“入穴得子”。[⑤] 他同样借此语揶揄那些学习日文和“东学”的海内志士，说他们“力不足以谋西，则就近乞诸东邻。顾东邻

① 梁启超：《清代学术概论》，第 89 页。

② 严复：《与张元济书二十封（第八）》，王栻主编《严复集》第 3 册，第 537 页。

③ 严复：《与曹典球书十二封（第三）》，王栻主编《严复集》第 3 册，第 567 页。

④ 孙应祥：《严复年谱》，第 175 页。

⑤ 严复：《与熊季廉书三十八封（第六）》，孙应祥、皮后锋主编《〈严复集〉补编》，福建人民出版社，2004，第 233 页。

亦皮傅，不可谓入穴得子；特慰情胜无，为之犹愈于已耳”。[①] 显然严复不能胜任愉快，很大程度上是对清末新政以日本为榜样的不能适应。

同年，张百熙上奏《钦定学堂章程》，获上谕批准。该章程完全参照日本现代学制的格局，规定京师大学堂今后设政治、文学、格致、业、工艺、商务、医术七科。严复对此十分不满："京师大学堂其初颇欲大举，筑室道谋，卒无成算。乃今出其一厢情愿之章程，使天下奉为榘矱。至一切新学，则不求诸西而求于东。东人之子来者如鲫，而大抵皆滥竽高门，志在求食者也。"他已经看出这个大学堂章程基本上堵住了直接取法西方的路子。

他显然也把张百熙的章程视为张之洞《劝学篇》所倡导的"东学"政策的影响和贯彻，"吾不知张南皮辈率天下以从事于东文，究竟舍吴敬恒、孙揆陶等之骄嚣有何所得也"。[②] 他批评清政府的"东学"政策所培养的人才实际上与那些激进的革命党没有什么区别。这句话确是惊人的预言，因为辛亥革命的舆论宣传工作主要由留日学生来完成。[③] 甚至如实藤惠秀指出的，"在辛亥革命以前的革命活动，与其说是留日学生起了重大的作用，毋宁说是以留日学生为主体而实践了革命"。[④]

1904 年 1 月 13 日，张之洞、张百熙、荣庆将修订好的《奏定学堂章程》上奏，得到皇上谕旨的批准。这个章程所确立的学制即癸卯学制，也是以日本学制为蓝本，并结合中国具体情况加以改造而成，仍然以"中体西用"为基本精神。[⑤] 对此项重大的教育体制改革，严复担心："京中大学章程，经南皮更张，闻已以孔门四科为骨干。后此教育之政效可睹矣。"[⑥]又说："学界教育，自香涛宫保定章之后，大抵在禁学者勿治西文。即使

---

① 严复：《与熊季廉书三十八封（第五）》，孙应祥、皮后锋主编《〈严复集〉补编》，第 232 页。

② 严复：《与熊季廉书三十八封（第七）》，孙应祥、皮后锋主编《〈严复集〉补编》，第 235 页。

③ 李喜所：《近代中国的留学生》，人民出版社，1987，第 168 页。

④ 〔日〕实藤惠秀：《中国人留学日本史》，谭汝谦、林启彦译，第 345 页。

⑤ 李细珠：《张之洞与清末新政研究》，上海书店出版社，2003，第 125 页。

⑥ 严复：《与熊季廉书三十八封（第十六）》，孙应祥、皮后锋主编《〈严复集〉补编》，第 242 页。

治之，主试之人决不重也。此法一行，不识贤者所立培根学堂为所摇动否也。”① 可见这个章程的出炉，已经彻底使严复对于新政模式感到失望。教育改革一直是严复十分关切的领域，如今已尽为“东学”派作为求食、谋就之所，其改革成效可想而知。

对于“东学”派的得势，严复的态度是一种无可奈何，而对于留欧的“西学”派，他寄予了厚望，但也有许多担忧。1905 年严复到英国伦敦处理开平矿务的官司，顺便与当地的留学生会晤，颇得安慰，他写信给张元济说：“近来英法所最可喜者，东来学子日多，拔十得五，不乏有志之士，游欧所以胜于游日也。学子皆知学问无穷，尚肯沈潜致力，无东洋留学生叫嚣躁进之风耳。……后起有人，可为中国贺。”但想起朝廷以日语人才和“东学”派为贵，他又不免担心留欧生回国如何发挥特长，“所惜朝廷所用尚皆秦誓第二段人，后日回国，不知何以位置此等耳”。② 但于此可见，“东学”派与“西学”派在严复心中最大的区分，是他们对知识的态度。

新政改革时期，不仅是中国人对日本趋之若鹜，日本朝野亦主动介入清政府的改革进程，在各种各样的幌子下，中日之间进行了长达十年的密切合作。新政改革的各个领域如政治、军事、法制、教育等渗透着日本的因素，乃至当时的在华西人惊呼“中国的日本化”与“这个新的中国将是日本人的中国”。③ 或许这个局面并不是新政主导人物们所能预见到的，但是在举国汹汹以日本为榜样的改革运动下，日本势力的渗透事实上难以避免。严复又是清醒地看到了这一点，他担心的是中国思想文化渗透着日本因素，未必是国家之福，反而可能是一种威胁。他说：“须知今日天下汹汹，皆持东学；日本人相助以扇其焰。……往者高丽之事起于东学，中国为之续矣，可悲也夫！”④

---

① 严复：《与熊季廉书三十八封（第十八）》，孙应祥、皮后锋主编《〈严复集〉补编》，第 244 页。

② 严复：《与张元济书二十封（第十六）》，王栻主编《严复集》第 3 册，第 553 页。

③ 任达：《新政革命与日本——中国，1898～1912》，李仲贤译，江苏人民出版社，1998，第 10 页。

④ 严复：《与熊季廉书三十八封（第八）》，孙应祥、皮后锋主编《〈严复集〉补编》，第 237 页。

结　语

以鸦片战争为契机，晚清社会的内忧外患日益严重，西方思想和文化源源不断地涌入中国。在此背景下，所谓“西学”与“东学”各自扮演了启迪民智、传播文明和推动现代化的角色。二者对近代中国的历史影响及其成果，愈来愈为今日学者所认识。[①] 就“东学”而言，留日学生不断吸收当时日本的学问和思想，这些东西本来源自西洋，留日学生加以消化和改造，使之适合中国国情，并向中国国内大事宣传。这对于建设新中国的确产生很大作用。郭沫若在《中日文化的交流》一文中说：“中国就是这样地倾力向日本学习，更通过日本学西洋的文化。由于当时受到某种客观的条件的限制，中国的资本主义阶段的革命并未成功。但向日本学习的结果，却有巨大的收获。这个收获，既有助于打破中国古代的封建的因袭，同时又有促进中国近代化过程的作用。换言之，近代中国的文化，是在很多方面受了日本的影响的。”[②] 可以说，无论“西学”和“东学”，都是欧美的近代文明的历史产物，是东西方国家探求现代化过程的理论成果的总结。

严复受英国教育陶冶，深识英国的富强之道。有感于中国国势的凌夷，而发为西学救国之思，值得我们学习和借鉴。他的方案与以张之洞、梁启超为代表的“东学”派所倡议的改革蓝图和现代化规划，从开始即表现出不同的取径。但二者现代化思维本无可议，亦无实质意义上的轩轾之分。梁启超在《论中国学术思想变迁之大势》中高度评价严复对思想界的重要影响：“海禁既开，译事萌蘖，游学欧美者，亦以百数，然无分毫影响于学界，惟侯官严幾道，译赫胥黎《天演论》、斯密亚丹《原富》等书，大苏润思想界。十年来思想之丕变，严氏大有力焉。顾日本庆应至明治初元，仅数年间，而泰西新学，披靡全国。我国阅四五十年，而仅得独一无

① 班玮：《论严复与梁启超的思想交锋》，《天津师范大学学报》（社会科学版）2007年第4期，第46页。

② 〔日〕实藤惠秀：《中国人留学日本史》，谭汝谦、林启彦译，第204页。

二之严氏。虽曰政府不良，有以窒之，而士之学于海外者，毋亦太负祖国耶。”[①] 既然身为“东学”派代表的梁启超也承认严复的独一无二的贡献，可见这里并不是“东学”与“西学”之争的问题了，而是话语权势的问题了。晚清留学欧美的学子亦有数百人，可惜仅仅成就了容闳、严复等屈指可数的几位西学人才，乃至面对汹汹而来的“东学”潮流，“西学”派显得势单力薄，无以回应。不过，严复以其独到的学识和经验，在“学问饥荒”的时代背景下的势孤力单的呐喊声音，应可在晚清改革和现代化思考中占一席之地。

未刊

① 梁启超：《论中国学术思想变迁之大势》，上海古籍出版社，2001，第135页。

“籀旧绎新以折中”

——严复的文化会通理念

陈友良

晚清以降，中国与西方的接触日益广泛，中西文化交会的速度日益加快，思想界的最大特点就是呈现趋新和保守两端难以融通的情况。如严复在《主客平议》中所说：“于是党论朋兴，世俗之人从而类分之：若者为旧，若者为新。”① 自中国甲午战败以后，国家孱弱，社会凋敝，文化亦衰败不堪，如何重新振作国力，如何实现现代化，如何理解西学及引进西学以帮助中国文化更新，就成为摆在一度自责“当年误习旁行书”的严复面前的课题。这是清末中西交会之际，时代所赋予他的使命。

陈宝琛是最了解严复学术思想的学者之一。他为严复撰写墓志铭，其中指出：“君于学无所不窥，举中外治术学理，靡不究极原委，抉其失得，证明而会通之。”同样在墓志铭中，陈宝琛又用诗词表达严复的学术特点是“籀旧绎新以折中”。② “会通”无疑就是某种形式的“折中（衷）”。二者都非常深刻地道出了严复一生在治学中思考中西、新旧的学理如何融会贯通的问题。笔者以为，用今天的话语来理解，“会通”观是严复用其一生努力实现中国文化“两创”的一种自觉意识。其所表述的内涵、方法及经验，值得我们今天重新依据严复的实践和思想内容，加以整理和评价，以充实我们当下从事文化研究者的理论资源。

---

① 严复：《主客平议》，汪征鲁、方宝川、马勇主编《严复全集》第7卷，福建教育出版社，2014，第109页。

② 陈宝琛：《清故资政大夫海军协都统严君墓志铭》，王栻主编《严复集》第5册，中华书局，1986，第1542、1543页。

一 “以西文沟通中文”

《清史稿·严复传》中评论林纾、严复的中西会通的特点时指出：“世谓纾以中文沟通西文，复以西文沟通中文，并称林、严。”[①] 这说明严复的翻译事业是一项“援西入中”的工作，并得到时人的公认。我们可以从严复撰写的《译〈天演论〉自序》中发现他关于“沟通中西”的论述：

> 英国名学家穆勒约翰有言：“欲考一国之文字语言，而能见其理极，非谙晓数国之言语文字者不能也。”斯言也，吾始疑之，乃今深喻笃信，而叹其说之无以易也。岂徒言语文字之散者而已，即至大义微言，古之人殚毕生之精力，以从事于一学。当其有得，藏之一心则为理，动之口舌、著之简策则为词。固皆有其所以得此理之由，亦有其所以载焉以传之故。呜呼！岂偶然哉！自后人读古人之书，而未尝为古人之学，则于古人所得以为理者，已有切肤精怃之异矣。又况历时久远，简牍沿讹，声音代变，则通段难明；风俗殊尚，则事意参差。夫如是，则虽有故训疏义之勤，而于古人诏示来学之旨，愈益晦矣。故曰：读古书难。虽然，彼所以托焉而传之理，固自若也。使其理诚精，其事诚信，则年代国俗，无以隔之。是故不传于兹，或见于彼，事不相谋而各有合。考道之上，以其所得于彼者，反以证诸吾古人之所传，乃澄湛精莹，如寐初觉。其亲切有味，较之觇毕为学者，万万有加焉。此真治异国语言文字者之至乐也。[②]

严复在自序中开宗明义说出他处理中西文化关系时的学术取迳：“以

① 《清史稿本传》，王栻主编《严复集》第5册，第1545页。

② 严复：《译〈天演论〉自序》，《天演论》，商务印书馆，1981，第Ⅷ页。此版《天演论》中严复《译〈天演论〉自序》没有分段，应该是比较正确的处理。王栻主编《严复集》第5册将此段从“自后人读古人之书，而未尝为古人之学”句另起一段处理，新近出版《严复全集》所收各种版本《天演论》中的《自序》，全部依据王栻版处理方式。实际上，从第一句“英国名学家穆勒约翰有言”到最后一句“此真治异国语言文字者之至乐也”，应该是一段完整的意思。

其所得于彼者，反以证诸吾古人之所传。”亦即使用一种比较的方法，通过西方人用科学方法所获得的确实知识与普遍公理，重新理解中国古书中隐而难明的高深道理，其结果则是“澄湛精莹，如寐初觉”，对古人的道理得到前所未有的理解。

同时，他在序言中也对清代学者使用训诂学方法理解经典的学问提出质疑，因为古书至今历时久远，传承不易，加上语言、习俗嬗变等因素，仅仅勤于训诂，并不能保证古人的微言大义都得到清楚揭示。这又进一步强调了学习西学的有益性。

重要的是，严复指出西学“反证”中学，并不是为了证明西洋科学起源于中国，而是为了说明高深学理（严复称之为“理极”）本可相通，中国古典与西学中所包含的学理之间，“年代国俗，无以隔之”，“事不相谋而各有合”，它们都属于人类的最高智慧。也就是说，他做《天演论》的目的，就是要找出跨越地区、年代的人类文化的共通性。

二　“新学愈进则旧学愈益昌明”

庚子事变后，清廷改弦更张，重新启动变法，史称晚清“新政”，西方学说也由此大举进入中国，引起思想界趋新和保守两股思潮更为激烈的对抗。此时严复频频借助朋友所办的《大公报》《外交报》，苦口婆心，发出中肯的建言，帮助大众青年处理新旧思想和文化冲突之困惑和焦虑。《清史稿·严复传》曾肯定严复的努力，载曰：“是时人士渐倾向西人学说。复以为自由、平等、权利诸说，由之未尝无利，脱靡所折衷，则流荡放佚，害且不可胜言，常于广众中陈之。”① 其门生熊元锷亦专门叙述严复引导社会认识之功，他说：“于近今更新从旧二派，常下对症之方。我国学子，智识囿于一隅，得先生以救正之，补其阙而奠其倾，其亦曰新进化之君子所不以为谬悠而乐闻之者欤！”②

那么，这个时期严复究竟发表了什么样的重磅文章而得到如此强调

① 《清史稿本传》，王栻主编《严复集》第5册，第1543页。

② 西江欧化社：《〈国闻报汇编〉序》，王栻主编《严复集》第5册，第1557~1558页。

呢？恐怕最重要的文章当数发表于《外交报》上的《与〈外交报〉主人书》和发表于《大公报》上的《主客平议》二文。严复本人对于《主客平议》一文针砭时弊，尤其重视，他对《大公报》创办人英敛之说："《大公报》馆开，谨草《主客平议》四千余言，于此冀以通新旧两家之邮，亦以改旧日之党祸。此固日下最切之问题也。"① 果然，《主客平议》刊登以后，获得社会舆论的极大关注，《大公报》便二次发表该文。② 除此以外，诸如《〈英文汉诂〉卮言》等文也表现了严复的会通文化观。

这组文章表达的一个明确意见，在严复致吴汝纶的一封信中提出。当时很多人认为"西学"强盛会导致"中学"的衰退，连吴汝纶这位严复的恩师和知己也不免有这种担忧。严璩的《侯官严先生年谱》记载："吴丈深知中国之不可不谋新，而每忧旧学之消灭。府君曰：'不然，新学愈进则旧学愈益昌明，盖他山之石可以攻玉也。'"③ 严复自信西方文化的输入不会毁灭中国文化，反而可以昌明中国文化。

在《与〈外交报〉主人书》中，严复指出对待外国事物，如果采取"排外主义"，反而会使中国文化失去"天演"的考验，所谓走向"文明"更加不可能。他说："是故当此之时，徒倡排外之言，求免物竞之烈，无益也。与其言排外，诚莫若相勖于文明。果文明乎，虽不言排外，必有以自全于物竞之际；而意主排外，求文明之术，傅以行之，将排外不能，而终为文明之大梗。"④

在《〈英文汉诂〉卮言》中，严复指出当时社会中存在两种文化观：一种是西化论，认为抛弃中学，全盘接受西学；一种是国粹论，认为保留国粹，以西学补缺补漏。但他认为中国文化的未来发展肯定不会是这两种结果，或破坏，或保守，而是中学、西学并行平衡地发展，他说："果为国粹，固将长存。西学不兴，其为存也隐；西学大兴，其为存也章。盖中

---

① 严复：《与英华》，汪征鲁、方宝川、马勇主编《严复全集》第 8 卷，第 201 页。

② 《大公报》编者说："本报当出版之始，登有《主客平议》一篇。嗣以海内外索此稿者甚众，但余报存已无多，不能应命，今特再将该篇排登报端，并以供未见此篇者之览阅焉。"严复：《主客平议》，王栻主编《严复集》第 1 册，第 115 页。

③ 严璩：《侯官严先生年谱》，王栻主编《严复集》第 5 册，第 1549 页。

④ 严复：《与〈外交报〉主人书》，汪征鲁、方宝川、马勇主编《严复全集》第 8 卷，第 202 页。

学之真之发现，与西学之新之输入，有比例为消长者焉。不佞斯言，所以俟百世而不惑者也。百年以往，将有以我为知言者矣。"[①] 他坚信西学之输入，必定促进中学的发展。

在《主客平议》中，严复对时下最盛行的两派治国主张进行分析：一是旧派，他们主张固守六经、礼制等儒家治国理念，以不变应万变；一是新派，他们主张学习洋务西学，吸收自由、平等、民主的政治理念，以顺应天演之潮流。严复承认这两派的主张各有立场，皆有所明，也各有不足，但只要是出自诚心和爱国之情，二者对于国家都是有益的。他说："窃谓国之进也，新旧二党，皆其所不可无，而其论亦不可以偏废。非新无以为进，非旧无以为守；且守且进，此其国之所以骏发而又治安也。"所以，他赞成二者恪守自己的立场，不互相妨害，就是一种自由主义的态度，"惟新旧各无得以相强，则自由精义之所存也"。同时，他奉劝极端守旧者不应以权柄扼杀新机，而那些激进趋新者也不必太过着急改变社会，一切都要遵守渐进的原则。[②] 此篇虽然意在劝说社会上的保守派和激进派在社会改革上达成一定的共识，不要因为各自的行动造成社会更大的破坏，但严复论述在新、旧两者共存之中求"自由精义"的姿态，也正是他把握"西学"与"中学"关系的基本态度。

可见此时期严复努力从二者的夹缝之间，探索出了基于"自由""天演"原则的中西文化"会通"方法。他所主张的是，应该通过广泛深入地理解"西学"，而获得自我反省的契机，并通过汲取"西学"的智慧，给面临危机的"中学"注入新的生命。这就是借用外来智慧对"中学"进行创新性转化和创造性发展，就是他所谓的"新学愈进则旧学愈益昌明"，或者是"他山之石可以攻玉"。

三 "以奥博之学而能为致中和之论"

晚年严复思想和学术的重心有所调整，与晚清时期相比较，他更加推

---

① 严复：《〈英文汉诂〉卮言》，汪征鲁、方宝川、马勇主编《严复全集》第6卷，第86页。

② 严复：《主客平议》，汪征鲁、方宝川、马勇主编《严复全集》第7卷，第109~114页。

崇传统儒释道文化及其价值观。其思想变化大概由于两个外在因素：一是民国共和政治的失败及造成的社会动荡不安，二是第一次世界大战对人类社会的巨大破坏。他在写给门生的信中说道："不佞垂老，亲见脂那七年之民国与欧罗巴四年亘古未有之血战，觉彼族三百年之进化，只做到'利己杀人，寡廉鲜耻'八个字。回观孔孟之道，真量同大地，泽被寰区。"① 严复在价值观上"归宗孔子"② 的心意由此可见。

严复思想转变还表现在，他与康有为的政治立场，在张勋复辟事件前后，达到了惊人的一致，从晚清维新变法时期的"志同道不合"，到此时期的"志同道合"。他曾说："鄙人年将七十，暮年观道，十八、九殆与南海相同，以为吾国旧法断断不可厚非。"③ 实际上依据前后文的意思，大概是在君主立宪制和重视中国传统教化方面，严复与康有为是一致的。而康有为读了严复致熊纯如的数封信札后，也深为严复的见解和学养所倾倒，特作眉批指出："从前所知未深，读此诸札，深切著明，以奥博之学而能为致中和之论，尤为倾倒。"④

康有为这句"以奥博之学而能为致中和之论"，确能说明严复晚年的思想倾向。所谓"中和"，出自《中庸》："喜怒哀乐之未发，谓之中；发而皆中节，谓之和。中也者，天下之大本也；和也者，天下之达道也。致中和，天地位焉，万物育焉。""中和"是儒学"中庸之道"的主要内涵。这意味着晚年严复学术思想理念中确有着回向儒学的一面。

但是严复晚年在对待学术研究方面，仍一如既往地强调科学精神。这或许也是常从熊纯如处阅读到严复书札的康有为得出的一种很深刻的体

① 严复：《与熊纯如书第七十五》，汪征鲁、方宝川、马勇主编《严复全集》第 8 卷，第 369 页。注意，这段话其实是在谈到未来女婿熊洛生（严璸未婚夫）的话题时引出的议论。前面一句是："洛生气质极佳，今日出洋，学得一宗科学，回来正及壮年，正好为国兴业。然甚愿其勿沾太重之洋气，而将中国旧有教化文明概行抹杀也。"

② 康有为语，乃康有为眉批《严复致熊纯如书》，转见王刚《〈严熊书札〉三题》，（台湾）《东吴大学学报》2010 年第 23 期，第 123~157 页。

③ 严复：《致熊纯如书第四十八》，汪征鲁、方宝川、马勇主编《严复全集》第 8 卷，第 342 页。此句后文谈到了中国不适合共和制，应该走复辟道路，行君主立宪制，才符合"天演"的规律。同时，他强调："即他日中国果存，其所以存，亦恃数千年旧有之教化，决不在今日之新机，此言日后可印证也。"

④ 王刚：《〈严熊书札〉三题》，（台湾）《东吴大学学报》2010 年第 23 期，第 139 页。

会，他所谓的“奥博之学”大概指严复以科学精神为主要特征的西学学养。以下以此为线索，发掘严复《致熊纯如书》中反映科学与儒学关系的若干论述，以说明他的“致中和之论”的特点。

在致熊纯如的第三封信中，新任京师大学堂总监督的严复提到他准备按照学科分类的方式让旧学分途发展，他说：“比者，欲将大学经、文两科合并为一，以为完全讲治旧学之区，用以保持吾国四、五千载圣圣相传之纲纪彝伦道德文章于不坠，且又悟向所谓合一炉而冶之者，徒虚言耳，为之不已，其终且至于两亡。故今立斯科，窃欲尽从吾旧，而勿杂以新；且必为其真，而勿循其伪，则向者书院国子之陈规，又不可以不变，盖所祈响之难，莫有逾此者。”① 这里的重点是，严复似乎对以前的“中西会通”理念有所反思，以为将中、西学“合一炉而冶之”的做法有些臆想，毕竟传统学术的精神、目标、前提与方法均与西学尤其是科学有很大的不同。不如分而治之，方能各存其真。但从这里，我们可以看出，严复仍然持平等的观点，让中学、西学在研究中平衡发展，而没有厚此薄彼。

在第十六封信中，严复运用“中庸之道”向熊纯如传授处世之道，他说：“宗法之入军国社会，当循途渐进，任天演之自然，不宜以人力强为迁变，如敬宗收族固矣，而不宜使子弟习于倚赖；孝亲敬长固矣，而不宜使耄耋之人，沮子孙之发达。……士生蜕化时代，一切事殆莫不然，依乎天理，执两用中，无一定死法，止于至善而已！”② “执两用中”“止于至善”是儒家思想的基础性概念，严复用它们作为原则来处理在近代化的背景下中国新、旧两种观念的冲突和调和，毫无疑问，严复也会用同样的原则来处理中学与西学的关系，一如晚清时期他运用“自由精义”来处理二者的关系。

四　严复的理念在实践中

严复追求文化会通的理念所走过的历程，很能反映出中西学术及思想

① 严复：《致熊纯如书第三》，汪征鲁、方宝川、马勇主编《严复全集》第8卷，第288页。

② 严复：《致熊纯如书第十六》，汪征鲁、方宝川、马勇主编《严复全集》第8卷，第298页。引文中有“执两用中”一语，王栻编《严复集》将之误写为“执西用中”，意思完全不同，引起若干学者错误发挥，将“执西用中”视为严复晚年对待中西文化关系的新思考。

间的一些根本关系。他透过自己持续不懈的努力，得以深入中西学问的许多核心问题，并通过比较的方式，对两方面都得到极深刻的见解。就其个人的精神修养来说，严复的动力更多地来自儒家格致诚正修齐治平的传统，然而追求客观的知识与真理体系，对他而言也极为重要。因此，今日我们学习严复文化会通精神，其中最重要的两点：一是严谨治学的态度，二是保持中国文化的主体性。正如习近平总书记曾为严复精神题词：“严谨治学，首倡变革，追求真理，爱国兴邦。”

中西文化关系或者中学与西学的关系问题，自从近代中西交会以来，一直成为中国文化界的核心焦虑。近代时期它就一直关乎中国新教育发展、中国的政治制度等方面，时至今日，相关焦虑及争论仍未曾缓和，同样具体体现在各种学科的研究问题意识、研究旨趣，乃至制度建设等方面。习近平总书记在 2016 年哲学社会科学工作座谈会上指出：“我们要尊重文明多样性，推动不同文明交流对话、和平共处、和谐共生，不能唯我独尊、贬低其他文明和民族。……我们要倡导交流互鉴，注重汲取不同国家、不同民族创造的优秀文明成果，取长补短，兼收并蓄，共同绘就人类文明美好画卷。”“会通中西”是严复一生学思的理想，而他在深入钻研中西学理之后，对此问题也的确做出了卓越的贡献，并留下了宝贵的经验。

未刊

严复与李鸿章关系释论

——以“怀才不遇说”为中心的讨论

陈友良

严复是中国近代著名的启蒙思想家，但同时是一位大器晚成的思想家，其成长过程一直受到学界的关注。以往学者普遍认为作为第一届的留英学生严复的仕途不顺和大器晚成是由于他的顶头上司、大学士兼北洋大臣李鸿章的压制，故而有严复在北洋水师学堂期间的“怀才不遇说”。甚至有的学者坚持以新发现的“严复致梁启超”信函作为依据①，又主张严复、伊藤博文同学说，以强调严复“怀才不遇”的悲剧②。我们认为“怀才不遇说”不能准确概括出严复本人的人生境遇和思维发展的特点，但作为一种社会上流传广泛的说法又是可以理解的现象。本文从历史语境出发，在前人研究的基础上③，对严复与李鸿章的关系做一些历史的辨析和说明，同时对于一些陈说予以澄清。

---

① 这批新发现的信函，据学者考证，皆系他人伪作。参见孙应祥《严复致梁启超等书考辨》，孙应祥、皮后锋主编《〈严复集〉补编》，福建人民出版社，2004，第384~393页。

② 林平汉：《严复仕途刍议》，《福建师范大学学报》（哲学社会科学版）2003年第1期，第38~41页；马自毅：《严复、伊藤博文“同学”说考订》，《史学月刊》2006年第7期，第37~46页。马先生虽不赞同严复、伊藤博文有同学的可能性，却推断出民间之所以有“同学说”的传闻，可能与严复本人有关。

③ 严复在北洋水师学堂前后二十年的经历，是近年来讨论较为深入的话题，相关研究成果颇为丰富，以笔者所见，较为精审的作品有戴健《从新发现的史料看李鸿章与严复》，《历史档案》1988年第2期，第133页；姜鸣《龙旗飘扬的舰队：中国近代海军兴衰史》，三联书店，2002，特别是第四章；孙应祥《严复年谱》，1880年~1900年条，福建人民出版社，2003，第48~152页；马自毅《“总教习”还是“洋文正教习”——严复任职北洋水师学堂期间若干史实考证》，《历史研究》2004年第2期，第68~84页；马自毅《严复研究以“史料”还是“常理”为据——与史春林先生商榷》，《福建论坛》 （转下页注）

一

我们考察严复在李鸿章幕府中的"怀才不遇"的说法大概源自陈宝琛为严复所作的《清故资政大夫海军协都统严君墓志铭》，其中一段话说道："君慨夫朝野玩愒，而日本同学归者皆用事图强，径翦琉球，则大戚。常语人，不三十年藩属且尽，缳我如老牸牛耳！闻者弗省。文忠亦患其激烈，不之近也。法越事裂，文忠为德璀琳辈所绐，皇遽定约。朞言者摘发，疑忌及君，君亦愤而自踈。及文忠大治海军，以君总办学堂，不预机要，奉职而已。"①

陈宝琛这段话提示了两个原因，一是严复出言不逊，二是严复暗中捅娄子，使李鸿章不快，从此冷落了他。后来研究者据此认为严复在李鸿章幕府长期怀才不遇，郁郁不得志。唐德刚在《晚清七十年》中揶揄严复说："严复学贯中西，他压根儿瞧不起他那个臭官僚土上司李鸿章。鸿章也嫌他古怪，敬而远之。严宗光因而觉得要做官，还得走'正途'考科举。提调不干了，乃'捐'了个监生（秀才），参加福州乡试，想来个'一举成名天下知'，扬眉吐气一下。谁知三考不售。只好卖卖洋文，当当翻译，了其怀才不遇的一生。"②

这不仅仅是旁观者和后世学者的一致认识，就是严复本人对在北洋的仕途不顺遭遇的不满之情也是溢于言表。他在对四弟严传安（观澜）的书信中说道："兄自来津以后，诸事虽无不佳，亦无甚好处。公事一切，仍是有人掣肘，不得自在施行。至于上司，当今做官，须得内有门马，外有交游，又须钱钞应酬，广通声气。兄则三者无一焉，又何怪仕宦之不达

(接上页注③) 2006 年第 1 期，第 67~75 页；余英时《严复与中国古典文化》，《现代危机与思想人物》，三联书店，2005，第 104~121 页；黄克武《走向翻译之路：北洋水师学堂时期的严复》，《"中央研究院"近代史研究所集刊》2005 年第 49 期，第 1~40 页；王天根《严复与晚清幕府》，《史学月刊》2006 年第 8 期，第 28~35 页；姜鸣《严复任职天津水师学堂史实再证》，《历史研究》2008 年第 3 期，第 164~179 页；皮后锋《严复与天津水师学堂》，《福建论坛》2009 年第 1 期，第 71~79 页。

① 陈宝琛：《清故资政大夫海军协都统严君墓志铭》，王栻主编《严复集》第 5 册，中华书局，1986，第 1541 页。

② 唐德刚：《晚清七十年》，岳麓书社，1999，第 209 页。

乎？置之不足道也。”[①] 这段自述正好印证前述“不预机要，奉职而已”和“怀才不遇”的说法。

对于“怀才不遇”说，汪荣祖在《严复新论》中提出了新的解释，他认为李鸿章之所以不能重用严复，是因为严复本人有吸食鸦片的恶习，有此嗜好，最多只能坐而空谈，哪能振作起来做一番大事，实干见效?! 所以陈宝琛说严复“不预机要，奉职而已”，原是隐晦的笔法，并不是李鸿章敬他而远之，而是他自己不争气。[②] 这的确是一个新解释，然细究之下，汪先生的说法仍徘徊在严复个人的因素上。

不可否认，严复的古怪性格造成李鸿章敬而远之的说法有一定道理。严复性格自少年起就常常表现为“直言”、“狂态”和“自负”，在留英期间就已经被英国社会的平等、自由的社会价值观吸引了注意力。在晋见官阶比他高许多的郭嵩焘时，他已经没有了太多拘谨和忌讳，固然由于郭嵩焘能够谅解他，但是回国以后的这种秉性无疑是他仕途路上的一道难以逾越的门槛。如论者指出的，性格往往就是命运，在现实生活中，严复这种“不合时宜”的价值观及其清高自负的个性，决定了他根本不可能把自己融入蝇营狗苟、鬼蜮如林的腐恶官场。因此，尽管李鸿章位高权重，而且是自己的顶头上司，严复就是不愿放下架子去攀龙附凤。[③] 到中年的时候，他曾经承认自己不会应酬以致仕途艰难。[④] 直到晚年，他对人生和人事的感悟更加深刻，对于少年时候的意气用事和不谙情理的性格做了检讨，他说：“仆当少年，极喜议论时事，酒酣耳热，一座尽倾，快意当前，不能自制，尤好讥评当路有气力人，以标风概。闻者吐舌，名亦随之。顾今年老回思，则真无益，岂徒无益，且多乖违。”[⑤] 以上所述说明了严复性格乖张，的确不利于他在仕途上的发展。

但我们不禁要问：“性格乖张”而不得重用，就一定是“怀才不遇”吗？“怀才不遇”说认定严复早已经是学贯中西，满腹才气，却不得门而

① 严复：《与四弟观澜书（四）》，王栻主编《严复集》第3册，第731页。

② 汪荣祖：《严复新论》，汪荣祖《从传统中求变——晚清思想史研究》，百花洲文艺出版社，2002，第138页。

③ 皮后锋：《严复大传》，福州人民出版社，2003，第76~77页。

④ 严复：《与四弟观澜书（四）》，王栻主编《严复集》第3册，第732页。

⑤ 严复：《与侯毅书（一）》，王栻主编《严复集》第3册，第720页。

人。对这个预设不能不打上问号。在严复成长为一代名家以前，其实还有一段相当漫长的积累过程，其中就包括了十年寒窗苦读训练经史作文的能力以获取科举功名的经历。而初入北洋的严复充其量只是个英文能力强和西学知识较为广博的留学生。可生不逢时，当时社会对于留学生并不重视，甚至是“举世相视如髦蛮”①。但是李鸿章幕府中的人才构成是一个例外，其被委以外交助手和洋务者，恰以归国学生人数最多。由李主持派遣的学生远赴欧美学习海陆军、开矿、通信等等，学成回国后，许多人便入了他的幕府。在这个智囊团中，冯桂芬对李鸿章的影响可能最大，而稍后游历过欧洲的郭嵩焘和薛福成无疑是李鸿章西学知识的主要来源。② 这在某种程度上也说明严复此阶段的西学知识尚未达到厚积薄发的程度，并未引起李鸿章的兴趣；而已纳入李府的中西学兼具的人才如冯桂芬、薛福成等人明显比青年严复具有优势。

学者肯定，严复适宜担任外交官的角色。③ 但在李鸿章那里，严复仍然不是外交人才的最佳人选。从 19 世纪 80 年代中期开始，马建忠、罗丰禄和伍廷芳成为李鸿章的得力助手，这三人后来都在外交界发挥出重要作用。④ 尤其是罗丰禄（稷臣），还是严复福建船政学堂时期的同学，及留学时期的学生监督，回国后不久他被李鸿章调到北洋水师营务处工作，兼办洋务。由于精明强干，又熟谙英文，了解外情，罗氏实际上成了李鸿章与国外联系的牵线人物。因此也多次受到李鸿章的保举，到甲午战争爆发前一年，罗氏以关道记名简放。⑤

所以，我们认为严复所谓“怀才不遇”仅仅以性格古怪而得不到上司

---

① 严复：《送陈彤卣归闽》，王栻主编《严复集》第 2 册，第 361 页。

② 〔美〕K. E. 福尔索姆：《朋友 · 客人 · 同事：晚清幕府制度研究》，刘悦斌、刘兰芝译，中国社会科学出版社，2002，第 129 页。

③ 高增杰提出，陈宝琛所说严复在北洋“不预机要”，是指严复到北洋的最初使命是充当外交人才，而李鸿章却长期不令其参与外交事务。见高增杰《严复留英若干问题辨析》，《近代史研究》1998 年第 1 期，第 246~261 页；另俞政先生在最近的一篇文章中也持这种观点，参阅俞政《严复留英期间的几个问题》，《安徽史学》2004 年第 1 期，第 75~79 页。

④ 〔美〕K. E. 福尔索姆：《朋友 · 客人 · 同事：晚清幕府制度研究》，刘悦斌、刘兰芝译，第 132~133 页。

⑤ 孔祥吉：《甲午战争中北洋水师上层人物的心态——营务处总办罗丰禄家书解读》，《近代史研究》2000 年第 6 期，第 140~160 页。

的赏识的说法，并不能完全得到理解，也不能符合严复在北洋水师学堂的实际情况。实际上，严复未能在更有利的职位上更快地发展，很大程度上是他个人的才具和资望尚不能胜任，以及李鸿章幕府中的人才格局造成的。此一阶段，充其量只是严复思想和学术日臻成熟的时期，为他日后的成功奠下坚实的基础。

二

正如学者提到的，要把严复在北洋水师学堂期间“不预机要”放到更大的概念中去理解，即严复在北洋只是从事教育，没有成为李鸿章的核心幕僚。[①] 实际上，让严复从海军学员弃武从文，成为水师学堂里培训军官和船员的教习，恰恰是李鸿章及其幕府核心成员精心的人事安排。但在这一点上，不同学者延伸出了两种截然相反的观点。

对严复不利的人事安排，以王栻的解释最早。他提出：在严复留学归国后不久，沈葆桢病卒，严复失去了一位得力靠山，并由于派阀斗争，他被委派去做“闲职”，充当了一名教员。[②] 俞政也认为当时的官僚体系对严复不利。他指出，严复留英期间从倾心自然科学，转向对外交产生强烈的兴趣，并且得到了同学们的推崇和郭嵩焘的器重。但他之所以未能进入外交界，是因为得罪了留学监督李凤苞和继任驻英公使曾纪泽。[③]

但也有学者指出这是对严复有利的人事安排。高增杰指出，在严复归国前，郭嵩焘便认为严复将来仅担任一舰之长不足施展其才，而应更受训练，委以重任。因此在得到李鸿章等朝廷重臣批准后，郭嵩焘积极运筹，于 1878 年 8 月 3 日致函英国海军大臣沙时斯百里，提出现在格林成治皇家海军学院学习官生 5 名赴军舰实习，“严宗光一名拟令再留校学习半年”，“俾于返国后担任教职”，做出了一项关乎严复终生命运的重大决定。这充分说明严复归国后从事教育工作的命令，早在他留英期间即已确定，而不仅仅是归国后派阀斗争的结果。就严复留英时期的思想、见识和才干而

① 姜鸣：《严复任职天津水师学堂史实再证》，《历史研究》2008 年第 3 期，第 169～179 页。

② 王栻：《严复传》，上海人民出版社，1957，第 8～10 页。

③ 俞政：《严复留英期间的几个问题》，《安徽史学》2004 年第 1 期，第 75～79 页。

言，这一决定有一定的必然性。实际上，这项决定导致严复彻底脱离了海军军舰生活，转向学习高层次近代科学知识，奠定了他后来成为启蒙思想家的基础。[①] 马自毅亦认为，严复未上军舰履职，转而从事教学，主要原因与严复本身的体质、性格、知识结构等有关，也是几任船政大臣、留学监督、驻英法公使沈葆桢、郭嵩焘、李鸿章等人的观察与安排，并非他人排挤或不被重用。[②]

后者的研究表明李鸿章幕府从一开始就赏识严复的才识，早在留英时期，严复就被确定为水师学堂教习之人选，回国后严复就是按照原计划出任马尾船政学堂的教习。但仅仅数月之间，李鸿章两度致电要求严复北调津门，出任尚未完全落成的北洋水师学堂的教习，后来陈宝琛为严复所记墓志铭中说："李文忠伟其能，辟教授北洋水师学堂。"[③]确实说明李鸿章起初对严复并未有意压制，相反是因才用人。还有一件事足以说明李鸿章对严复才具的信任。在严复第一年即将回家乡过春节之际，李鸿章听说中国海关总税务司赫德呈送了一份"碰快船图说"，立即指示吴赞诚"严宗光如尚未行，令即随同考究"。[④] 显然李已视严复为专家人物了。

而且对李鸿章来说，水师学堂绝非鸡肋式的事业，相反他视之为海军的根本。他观察到欧洲国家海军强盛的背后，是海军学堂和海军教育的发达："伏思水师为海防急务，人材为水师根本，而学生又为人材之所自出。臣于天津创设水师学堂，将以开北方风气之先，立中国兵船之本。"[⑤] 他希望通过以奖促学，中国海军教育尽快走上发展的道路。在这种情况下，他对严复的重视也就不足为奇了。严璩指出，严复刚刚出道因官衔较低，而不能"为一局所之长"，但"该学堂之组织及教授法，实由府君一人主

---

① 高增杰：《严复留英若干问题辨析》，《近代史研究》1998 年第 1 期，第 246~261 页。

② 马自毅：《"总教习"还是"洋文正教习"——严复任职北洋水师学堂期间若干史实考证》，《历史研究》2004 年第 2 期，第 68~84 页。

③ 陈宝琛：《清故资政大夫海军协都统严君墓志铭》，王栻主编《严复集》第 5 册，第 1541 页。

④ 戴健：《从新发现的史料看李鸿章与严复》，《历史档案》1988 年第 2 期，第 133 页。

⑤ 李鸿章：《李鸿章奏天津水师学堂请奖折》，张侠等主编《清末海军史料》上册，海洋出版社，1982，第 395 页。

之”。[①] 北洋水师学堂的学制要求依照英国海军学院的组织方法，当时严复是水师学堂当中为数不多的留英学生，且留学时间最长，因此李鸿章以他为主来研究制定学制，也是自然之事。

其他重大事情诸如学堂招生和考试、聘请洋教习等，李鸿章均委托严复去办理。1881 年底，严复任职的第二年，李鸿章即派他回福建招生，因为北洋水师学堂初办时，北方风气未开，招生较困难，而福建、广东开海军风气之先，所以招生的重点就放在这二省。到次年 2 月，严复在福州总共招生二十七名。在招生过程中，严复几乎是全权负责了出题考核、决定录用等环节，拥有一定的自主权。这次招学生，他对亲朋好友家的孩子是优先照顾的，其中就包括大妹夫何心川的冯姓表弟，二妹夫陈弗藩本人，妻姐的薛姓侄子，以及老朋友谢銮恩之子谢葆璋。[②] 除此之外，学堂对洋教习的聘请，李鸿章也交由严复负责办理，如 1884 年 5 月李鸿章有电稿称：“天津管轮学堂正副教习需人，饬水师学堂教习严宗光函致英国格林回次水师管学掌教蓝博德代为延请。”而蓝博德就是严复等人在英留学时的老师。[③] 从这点来看，李鸿章已经让职位并不高的严复参与了学堂的重要行政事务。

到 1884 年底，北洋水师学堂开办已经三年，“成效历有可稽”，“盖自开堂以来，一日之间，中学、西学、文事、武事，量晷分时，兼程并课，数更寒燠，未尝或辍。叠经季考诸生课业，月异而岁不同”。而且首届驾驶班伍光建等三十名学生“均已毕业，堪上练船”，并据中外武官考察，一致认为教学水平已略超过马尾船政学堂，甚至与欧洲国家的海军学院不相上下了。[④] 因此，李鸿章上《水师学堂著有成效请援案奖励折》，奏请皇帝奖励学堂的有功教习和勤奋学生；折末有请奖各员的名单，详细开列职衔、履历、具体工作和请奖理由。其中，严复名列所有请奖人员之首。折中说：“参将衔留闽尽先补用都司严宗光，由闽厂出洋肄业，学成回华，

① 严璩：《侯官严先生年谱》，王栻主编《严复集》第 5 册，第 1547 页。

② 皮后锋：《严复大传》，第 71 页。

③ 刘晓琴：《中国近代留英教育史》，南开大学出版社，2005，第 134 页。

④ 李鸿章：《李鸿章奏天津水师学堂请奖折》，张侠等主编《清末海军史料》上册，第 395 页。

派充该堂洋文正教习，参酌闽厂及英国格林书院课程，教导诸生，造诣精进，洵属异常出力，拟请以游击补用，并赏加副将衔。"[①] 12 月 25 日，清廷即批准了李鸿章的请奖令，给予严复、卞长胜、伍光建等人奖赏。[②] 这份请奖令亦可说明严复在天津水师学堂初期就因工作表现出色和兢兢业业的态度而受到嘉奖，并得到李鸿章的充分信任。

三

严复本人对于职业的不满多在甲午中日战争以后才逐渐向亲朋好友表示出来。这提醒我们注意甲午以后严复心态上的变化。这一年正当中日战火激烈之时，严复向他的四弟表露出"兄北洋当差，味同嚼蜡"，论者一般将这句话理解为严复对以往在北洋经历的不满。严本人的这个说法确实值得尊重，所指未尝不是对在北洋的处境及自己老上司李鸿章的不满。正如学者指出，甲午以后北洋官场中已经有不少中上层人士在公开的场合表现出对李鸿章的不满和蔑视，受此影响，严复相信李鸿章的政治生涯已经从此终结，希望张之洞这样的务实的疆臣出来主持大政，而自己也能够在新的形势下有所依靠、有所作为。[③] 所以他在甲午年 9 月给同乡兼好友陈宝琛的信中就表白"燕巢幕上，正不知何以自谋，沧海横流一萍梗，只能听其漂荡而已"[④] 这样的心迹。

另两封信中更明显地表露出他个人舍北就南的愿望，并委托陈宝琛代为疏通，以便脱离北洋以后，即可顺利进入张之洞的幕府。他说："张孝帅有总督两江之命，力完气新，极足有为，果其措理得宜，则后来藉用恢复，但此时真须一著不错，又当如居火屋，如坐漏舟，一□□□□□拼命踏踏实实做去，或有望头，不然将随风而靡耳。孝帅素为公忠体国之人，

---

① 马自毅：《"总教习"还是"洋文正教习"——严复任职北洋水师学堂期间若干史实考证》，《历史研究》2004 年第 2 期，第 68~84 页。

② 孙应祥：《严复年谱》，第 57 页。

③ 王宪明：《解读〈辟韩〉——兼论戊戌时期严复与李鸿章张之洞之关系》，《近代史研究》1999 年第 4 期，第 119 页。

④ 严复：《与陈宝琛书（一）》，王栻主编《严复集》第 3 册，第 498~499 页。

想必有一番经纬也。复爱莫能助，执事胡勿为之介耶？”① 心中对张之洞幕府的渴望之情溢于言表。几个月之后，陈宝琛似乎给严复传来了好消息，才有严复颇有把握地转告四弟严传安说：“兄北洋当差，味同嚼蜡。张香帅于兄颇有知己之言，近想舍北就南，冀或乘时建树耳。然须明年方可举动也，此语吾弟心中藏之，不必告人，或致招谣之谤也。”② 可见“北洋当差，味同嚼蜡”一语有可能是一时的意气话，表示出告别北洋、改换门庭的决心，并有在新环境中建立功业的信心。

如果考虑甲午战败以后北洋海军的处境，就更能深刻领会严复的真实想法。同样是在前引给四弟严传安的书信后半部分中，严复提到：

> 此间官场，因去年威海一役，人人皆憎嫌海军，至海军闽人，则憎之尤甚。兄曾奉过制军面谕，嗣后学生，宜招北省子弟，此语暗中自有所指；……再，此间事势旦夕变更，李中堂今番出使俄国，年底定必回京，饬回北洋，十有八九，那时，兄是否仍当此差，尚未可定也。李中堂处洋务，为罗稷臣垄断已尽，绝无可图。堂中洪翰香又是处处作鬼，堂中一草一木，必到上司前学语，开口便说闽党，以中上司之忌，意欲尽逐福建人而后快。弟视此情形，兄之在此当差，乐乎？否耶？③

这段话鲜见论者引用和说明，可是它清楚地告知我们严复此时的心态。原来甲午黄海海战失败以后，海军连带着水师学堂声誉骤降，而原来海军中人数占优的福建人，一律被斥为“闽党”，更是千夫所指，几成了战败的替罪羊。帝党官僚文廷式甚至上奏要求整顿北洋水师，指出“海军复设，断不可用闽人旧党”。④ 在这种形势下，严复感觉到了危机，觉得自己的北洋水师学堂总办的职位可能岌岌可危，即算勉强保住职位，也因罗

① 严复：《与陈宝琛书（三）》，王栻主编《严复集》第3册，第502页。

② 严复：《与四弟观澜书（三）》，王栻主编《严复集》第3册，第731页。

③ 严复：《与四弟观澜书（四）》，王栻主编《严复集》第3册，第732页。

④ 孔祥吉：《甲午战争中北洋水师上层人物的心态——营务处总办罗丰禄家书解读》，《近代史研究》2000年第6期，第140~160页。

丰禄、洪翰香等人的排挤而失去意义。由此再去理解他的“北洋当差，味同嚼蜡”的话，看出的却是他对于自己的生活环境的一种直接反映。

所以，与其说“北洋当差，味同嚼蜡”是严复针对自己在李鸿章面前长期受到的冷遇而言，不如说是出于甲午战争期间周围的压力，他对个人在北洋水师学堂的困境感到无奈，从而产生脱离是非之地的想法。

但最终严复没有离开天津投奔湖广，可能又与直隶总督的变动有很大的关系。甲午战败后，清廷改任王文韶为直隶总督。严复则与这位新任上司的关系从一开始就维持得比较如意，仅在1895年底严复至少已经两次陪同洋教习拜会王文韶了。[①] 而且王文韶入主天津以后，对日趋兴起的维新运动及维新派均采取宽容支持的态度，直隶地区的维新运动，诸如新学校、报纸等新政，大都得到了他的支持。严复因《国闻报》案受到守旧大臣的弹劾，王文韶不惜向朝廷出具伪证保全他。可见王文韶是天津维新派最有力的政治保护伞。[②] 在这种情形下，严复也就不再隐瞒自己与李鸿章不同的政见了。

在公开批评李鸿章的政策之前，严复在私人信函里面对李鸿章在中日战争中的失误已有指责。在给陈宝琛的信中，他指出，李鸿章在朝鲜问题上一味妥协求和，所用非人，虽国家大权集于一身，却仍是个私心未泯之人，说：“合肥用人实致愤事，韩理事信任一武断独行之袁世凯，则起衅之由也；信其婿张蒉斋□浸润招权，此淮军所以有易将之失，欲同邑之专功，所以有卫汝贵之覆众；任其甥张士珩，所以致军火短给，而炮台皆不足以毙敌。以已一生勋业，徇此四五公者，而使国家亦从以殆，呜乎，岂不过哉！今然后知不学无术私心未净之人，虽勋业烂然之不足恃也。”[③]

而在公开发表的政论文中，严复所写《原强》指出李鸿章对日政策中的“猛虎深山”思想属于严重失误。中日开战以后，李鸿章为了避免他的北洋海军牺牲，命令全部舰队藏入威海卫，坚决实行不抵抗主义，他自称这种策略为“保船制敌”“猛虎在山”，结果导致全军覆没。严复说：“当

① 孙应祥：《严复年谱》，第80页。

② 孔祥吉、村田雄二郎：《从中日两国档案看〈国闻报〉之内幕（上）——兼论严复、夏曾佑、王修植在天津的新闻实践》，《学术研究》2008年第7期，第95~109页。

③ 严复：《与陈宝琛书（一）》，王栻主编《严复集》第3册，第498页。

此之时，天子非不赫然震怒也。思改弦而更张之，乃内之则殿阁枢府以至六部九卿，外之则洎甘四行省之疆吏，旁皇咨求，卒无一人焉足以胜御侮折冲之任者。‘猛虎深山’，徒虚论耳。”① 外交政策失误如此，而《原强》篇对李鸿章主持三十余年的洋务运动的评价也十分严厉。在严复看来，李鸿章的洋务运动其实未能把握西洋富强的真相，造成了“淮橘为枳”的困境，所经营的各项事业若存若亡，毫无实效。实现富强的办法应该是从“鼓民力、开民智、新民德”这些基本做起，如果这些基础没有打好，就去学习西洋的各种表面事业，犹如让一个“病夫”去赛跑，以求速死而已。他说：“盖一国之事，同于人身。今夫人身，逸则弱，劳则强者，固常理也。然使病夫焉，日从事于超距赢越之间，以是求强，则有速其死而已矣。今之中国，非犹是病夫也耶？”②

并据学者的研究，在《辟韩》一文中，严复对李鸿章的含沙射影的批评尤其严厉，因为它直击李鸿章政治思想的要害。李鸿章一向倾服韩愈的道统论，不仅要借韩愈关于初民社会的解释来抒发自己的政治理想，而且要像韩愈那样担负起“修道”和“卫道”的重任。所以严复“辟韩”，实际上是影射李鸿章对韩愈思想的提倡，并暗责李鸿章在中日战争开始前后有违背人臣之道的行为。③

可见甲午以后严复对李鸿章的批评是全面的，包括了富强政策、用人政策、外交政策以及他的政治原则。这些批评无疑是从整个国家、民族、社会的命运出发，对一个政治家所作的规劝和期待。

四

总结上述，严复、李鸿章的关系具有阶段性的特点。在第一阶段，北洋水师的事业渐有起色，李鸿章爱惜才俊，给严复以适当的职位以发挥才干。第二阶段，因材料不多，我们并不能完整描述出严、李关系的图谱，

---

① 严复：《原强修订稿》，王栻主编《严复集》第1册，第19页。

② 严复：《原强修订稿》，王栻主编《严复集》第1册，第26页。

③ 王宪明：《解读〈辟韩〉——兼论戊戌时期严复与李鸿章张之洞之关系》，《近代史研究》1999年第4期，第118页。

但严复转而参加科举考试一再未果，及染上抽吸鸦片的恶习，这些因素有可能使李鸿章逐渐对严复失去栽培和利用的耐心。同时严复对自己在北洋的经历亦渐感不满，外人最终以“怀才不遇”总结他在北洋的经历也有其原因。第三阶段是甲午以后，二人关系发生了根本的变化。李鸿章已经是失势的官僚，而严复在中国惨败的刺激下，开始寻求国家富强的途径，反思洋务运动的弊病，并借此机会公开批评李鸿章的富强政策。如果说前面两个阶段严、李的关系还只是下属与上司之间的关系的话，那么，第三阶段的关系，是一个思想家与政治家之间的对话，甚至是思想家对政治家的教育。这是公与私的两个思维层次的问题。从私的层次说，严复必然考虑到个人的前途和命运的问题；而从公的层次说，国家和社会的命运才是思想家关注的重心所在。在李鸿章死后，严复所作的挽联：“使先时竟用其谋，知成功之不止此；倘晚节无以自见，则士论又当何如。”① 他已经彻底抛开了个人的恩怨，而置李鸿章于民族、国家的实际作用上了。

原载《福建师范大学学报》（哲学社会科学版）2009 年第 5 期

① 严复：《挽李鸿章》，孙应祥、皮后锋主编《〈严复集〉补编》，第 11 页。

严复人与自然关系思想探析

——兼论天演范畴中现代哲学“天人关系”思想的建构

周至杰

120多年前甲午中日战争以中国的失败告终，中国人为此付出了惨重的代价。这个代价已经足以彻底唤醒沉睡已久的中国雄狮，中国一些先进分子开始重新寻找救国路线，而严复就是其中最具代表性的人物之一。1895年，他连续在天津《直报》上发表了《论世变之亟》、《原强》及其续篇、《辟韩》、《救亡决论》等政论文章，其中在《原强》文中首次介绍了达尔文的《物种起源》和斯宾塞的社会学理论。严复之子严璩在《侯官严先生年谱》中记载道，甲午战争败后“府君大受刺激，自是专致力于翻译著述。先从事于赫胥黎之《天演论》，未数月而脱稿”。《天演论》的横空出世，像是一声春雷唤起无数仁人志士救亡图存的决心。《天演论》名为译著，但严复采取了意译的方式，以赫胥黎的《进化与伦理》一书为基础，根据达尔文的生物进化论及斯宾塞的社会达尔文主义，并结合了当时中国的国情、社情、民情加以改写而成，可以视为严复思想初成体系之始。前人对严复天演思想的研究已取得许多的成果，主要有两种方式：一是注重对著作形成、修改和版本的研究而后探究其思想；二是直接触及严复思想本身。前者有如俞政的《严复著译研究》中从《天演论》译著的形成经过入手，分析和对比了赫胥黎原著和严复意译内容的差异性、三次修改《天演论》译文的主要内容，进而考察了严复思想的变化，其重点主要集中在译著内容的考证；后者有如《厦门大学学报》（哲学社会科学版）1975年第2期发表了《评严复的自然观》一文，虽然文章成于主张阶级斗争的特殊年代，但对严复自然观得出的“是唯物的，又带有机械论的色彩”结论还是较为客观的，但也正是由于时代的局限性，该文章忽视了严复自然观对人的问题的重视和强调。近年来一些学者开始将严复自然观和社会观、政治观结合起来研究，如王中江在《严复的科学、进化视域与自然化的“天人观”》一文中就将严复的“天演”思想与其对人类、人道和社会的理解结合加以探究，能够对严复的“天人观”有一个整体性的把握。笔者经过研究认为严复的天演思想最重要的意义在于构建了区别于传统的现代哲学意义的“天人关系”，而关于这点鲜有学者论及，本文将尝试对此加以阐释。

一　中国传统哲学中的“天人关系”思想

天人关系是中国古代哲人最关心的问题之一，是思维与存在这个哲学基本问题在中国古代哲学中的表现形式，而且在以自给自足的自然经济为基础的中国封建社会发展过程中逐渐成为封建统治合法化的终极解释。其始于天人之“辨”，兴于天人之“辩”。

在人类社会产生初期的原始社会，人类开始了对自身的认识。但是由于原始社会生产力水平低下，思维能力简单，人们对风雨雷电等自然现象或者自然灾害还无法进行解释，表现出对超自然力量的崇拜和征服自然的愿景，从而产生了图腾信仰等原始宗教崇拜，这反映了原始人对人与自然的看法。这是人产生于自然又独立于自然之后，对天人关系的初步认识。

随着人类社会的发展，人类社会生产力水平的提高，原始社会逐渐解体，阶级社会产生。到了殷商时期开始产生了以“帝”或“上帝”为化身的天。[①] 这时候殷王代表了“天”，他不仅统治了地上的事物，并通过宗教合法化的“帝”垄断了人与天的交通。但此时还没有产生真正意义的“天”，而是以“帝”代“天”。以上两个历史阶段，人们对天人关系的认识尚处于萌芽阶段，在思想上还没有形成“天”与“人”认识系统的

① 最早出现“帝”的文献记载可见于甲骨文，如《卜辞》中有“帝令雨足年”“帝令雨弗其足年”等。

两极。

周王朝建立之后，开始鼓吹“君权神授”，将殷人最高神——“帝”进一步抽象化为主管天下的“天”或“皇天”，成为天上地下全宇宙最高主宰。此时天作为独立的对象而高于君王，君王的权力是“天”赋予的。从政治意义上来说也是为了合法化君王的统治，但同时提出了“天命靡常”，君王只有“明德慎罚”“敬德保民”，才能获得“天命”的护佑等观念。从人类社会历史进程来看，这是人类社会生产力水平提高的必然结果，是对人的作用在更高层次的认识。因为这不仅是君王作为一个独立于“天”的对象存在的体现，还是君王意识到了其统治的人民强大的力量而对其统治哲学的调整，如在《尚书》中就有“惟人万物之灵”[①] “天聪明自我民聪明，天明畏自我民明威”[②] 等体现重民思想的记载。

春秋战国时期是中国具有历史记载的第一个重要社会转型期。这个阶段人的主观能动性得到充分肯定和认识，人文思潮勃兴，提出了“夫民，神之主也”[③] “神聪明正直而壹者也，依人而行”[④] 等神从属于人的命题。在中国思想史上，第一次出现了人神分离的论述，而这种分离表现在天人关系上则是独立地看待自然现象变化，摆脱天对人事的控制和束缚，否认天人感应之说。如郑国大夫子产提出“天道远，人道迩”，周史官叔兴提出“吉凶由人”等，这些思想对传统天道观形成了冲击并对后来诸子百家的思想形成起到了引领的作用。从春秋末期开始，思想家们面对当时“礼崩乐坏”的社会局面，开始从一般地谈论人神分离或天道关系更多转向“人之所以为人”的本体研究，“人”在天人之间的地位进一步凸显。“人”作为独立体出现，自然对“天”的认识也进一步独立和深化，出现

---

① 孔安国传，孔颖达疏《尚书正义》，廖名春、陈明整理，北京大学出版社，2000，第321页。

② 孔安国传，孔颖达疏《尚书正义》，廖名春、陈明整理，第131页。

③ 左丘明传，杜预注，孔颖达正义《春秋左传正义》，浦卫忠、龚抗云、胡遂等整理，北京大学出版社，2000，第202页。

④ 左丘明传，杜预注，孔颖达正义《春秋左传正义》，浦卫忠、龚抗云、胡遂等整理，第342页。

了以儒家为代表的“天命”“义理”观的“天”①，道家的无神论色彩的“天”等思想②。

秦统一中国，建立起第一个封建专制主义的统一帝国，结束了春秋战国以来的封建割据局面。秦虽然是一个只有十六年的朝代，却建立起了“书同文”“车同轨”的大一统国家，对中国古代历史文化的统一和发展产生了极其深远的影响，反映在中国古代人学思想上则是“一家独尊”逐渐取代了“百家争鸣”的局面。纵观中国古代人学史，其中除了秦以法家为主，西汉早期以法家、道家、儒家相互补充，魏晋的佛、道二教的兴起，明清之际的反理学启蒙思想等的短暂出现之外，其余历史阶段都是儒学思想占据了绝对的主导地位。因此这段历史时期的天人思想基本是在儒家思想的范畴内的阐释。从董仲舒的“天人感应”，到刘禹锡的“天人交相胜”，再到朱熹的“革尽人意复尽天理”，这些思想中最根本的就是“人可

① 儒家代表孔子在天人观念上继承发展了周代重人事而畏天命的思想，形成了“畏天命，尽人事”的天命观，基本上改变了人对天的主宰无能为力的状态；儒家学派的另外一位代表人物孟子在孔子“畏天命，尽人事”的基础上，在天人关系上提出了“天人相通”的观念。孟子说：“尽其心者，知其性也。知其性，则知天矣。存其心，养其性，所以事天也。夭寿不贰，修身以俟之，所以立命也。”（《孟子·尽心上》）在这里孟子把“尽心、知性、知天”三者结合起来，这是对孔子的天人关系进行深入的研究而建立起来的心性论和天人论合一的观念。孟子的“天”不再只是天命，而是“义理”的天，孟子说：“诚者，天之道也；思诚者，人之道也。”（《孟子·离娄上》）这里的天具有道德属性。这里孟子将“天道”和“人道”通过“诚”联系起来了。在孟子看来，人所具有的仁义礼智等德行不再只是天的赋予，而是一种天性。这样人性和天性在本质上是相通的，达到了天性与心性的合二为一。

② 道家的创始者老子以道论为基石，剥离了“天”的人格因素，为自然性的天的生成、演化及其规律提供了全新的解释，提出了“人法地，地法天，天法道，道法自然”（《道德经·二十五章》）的观点，第一次把“道”凌驾于“天”之上，实现了人学从宗教神学的桎梏中解放出来，把“神”排除在天人关系之外，是一种具有无神论色彩理性化的思想；同时，老子还提出：“道生一，一生二，二生三，三生万物。万物负阴而抱阳，冲气以为和。”（《道德经·四十二章》）这样，老子所讲的“道”，既是先天地而生而产生世界万物的基始和本源，又是世界万物存在的普遍根据，这是对春秋时主宰天地万物的有意志的天的否定。同时，通过道达到了“天”和“人”合一。另一位道家代表人物——庄子则继承了老子“道”的思想，更明确地指出：“天地与我并生，而万物与我为一。既已为一矣，且得有言乎？既已谓之一矣，且得无言乎？一与言为二，二与一为三。”（《庄子·齐物论》）道是万物的起源，天与人皆为其产物，因而天人当然是统一的。这里“道”的提出，使天与人的统一内在化了。人与天最终都以道为法则。“人”与“天”在这个层面上也统一了起来。严复在“天人关系”认知上很多地方借用老子和庄子的观点来进行阐释。

通天”的天人合一观点，可以看作春秋战国时期儒家经典代表人物之一——孟子“尽心知性知天”理论的阐发和延伸：人通过自身修养，做到养心、知性，就可以最终知天，进而提倡人们要恪守仁义礼智信的道德标准、君君臣臣父父子子的“三纲五常”，实现“修身齐家治国平天下”。这里的“天”成为衡量人的道德标准，是封建统治者所强调的封建伦理道德的象征，成为封建统治意志的体现。特别是到了封建社会的中后期宋元明清，这种形而上的认识通过统治阶级专制统治不断强化，从而禁锢了这个阶段人学思想的发展。到了清朝中后期，人学思想呈现凋敝的景象。而儒家对“天人关系”的认识和理解基本上代表中国传统哲学的观点，其是传统的形而上的唯心主义解释。

这个状况一直持续到清代末期，西方列强用坚船利炮打开了古老中国的大门，中国社会发生了重大的变化，开始出现了一批又一批的知识分子引进西方先进思想，沉睡已久的中国人学思想开始复苏。

鸦片战争中国战败，对自认为是“天朝上国”的封建统治阶级来说无疑是一场惊天动地的大地震。统治阶级中一些先进的知识分子就开始分析中国战败的原因，寻找救国良方，出现了魏源、龚自珍、郑观应、王韬等一批先进代表人物。他们认识到中国落后的一个重要原因是人的问题，并抨击了宋明理学对人的束缚。他们批判了理学对人的正常欲望的限制，提出了对“欲”合理的要求，对“情”在人发展过程中的合理性重新进行肯定[①]，认为人的心力的作用是无穷的，人通过修炼、人心风俗的整顿来改变当时的社会状况。[②] 但这些思想究其实质仍是在儒家养心知性知天的范畴内，[③] 目的还是维护封建统治的“纲纪”，他们始终认为“夫孔之道，人道也，人类不尽，其道不变。三纲五伦，生人

① 魏源提出“民饮食，则生其情矣，情则生其文矣”，肯定人对物质的基本需求；龚自珍则认为“未富而耻言利，允为过计”，批判了传统的“重义轻利”论，进而提出“心尊，则其官尊矣；心尊，则其言尊矣”的“尊情”说。

② 龚自珍提出“报大仇，医大病，解大难，谋大事，学大道，皆以心力”，认为人可以依靠“心力”成就一切。

③ 魏源提出“始乎饮食，中乎制作，终乎闻性与天道”［魏源：《魏源集（上）》，中华书局，1983，第 85 页］，始终把人“闻性与天道”当作终极目标。

之初已具，能尽乎人之初所当为，乃可无憾”[①]。坚持的是用孔子之道来维持当时内部社会的稳定。而这种稳定依旧在外敌入侵的时候不堪一击，情况根本没有任何的改观。而这种思想体现在实践上就是地主阶级开展了一系列的“中体西用”的局限于“器物层面”的洋务运动。

相继而出的是以康有为等为代表的维新派。与地主阶级改良派不同，维新派除了提倡要学习西方行为方式、先进技术之外，主要提出要学习西方先进的制度，力主用西方先进文化改造国人，体现在实践层面为“戊戌变法”。但他们缺少对西方文化系统深入的学习，只是简单将西方文化嫁接在传统儒家思想上，甚至呈现无法自圆其说的理论体系和前后矛盾的逻辑结构的部分。反映在其哲学思想根源上就是以传统哲学观（天人观）为基础生搬硬套西方自然科学的阐释，甚至由于对自然科学缺乏正确的认识，许多地方出现了错误的论述。[②] 以康有为为例，他提出“孔子统天以元”[③]，“天本元气而成”[④]，“元为万物之本”[⑤]，尝试用西方科学的元素来解释万物的起源。但他最后还是将万物归源自孔子之道，“孔子之道，推本于元，显于仁智，而后发育万物”，“其道以元为体，以阴阳为用，理皆有阴阳，则气之有冷热，力之有拒吸，质之有凝流，形之有方圆，光之有白黑，声之有清浊，体之有雌雄，神之有魂魄，以此八统物理焉。以诸天界、诸星界、地界、身界、魂界、血输界、统世界焉。以勇礼义智仁五运论世宙，以三统论诸圣，以三世推将来，而务以仁为主”。[⑥] 但其最终的归宿依旧是儒家之道之仁。所以康有为思想主体中的天依旧是一种形而上的虚幻的存在。

---

① 王韬：《弢园文录外编 · 变法上》，上海书店出版社，2002，第 10 页。

② 如康有为有“其棕、黑人有性情太恶、状貌太恶或有疾者，医者饮以断嗣之药以绝其传种。当千数百年后，大地患在人满，区区黑人之恶种者，诚不必使乱我美种而致退化”（康有为：《大同书》，中州古籍出版社，1998，第 160 页）这样的论述。

③ 康有为：《万木草堂口说》，康有为《长兴学记 · 桂学答问》，楼宇烈整理，中华书局，1988，第 207 页。

④ 康有为：《万木草堂口说》，康有为《长兴学记 · 桂学答问》，楼宇烈整理，第 208 页。

⑤ 康有为：《康有为全集》第 2 集，上海古籍出版社，1990，第 798 页。

⑥ 康有为：《康南海自编年谱 · 外二种》，中华书局，1992，第 12 页。

二　严复与现代哲学“天人关系”思想的建构

与康有为等几乎同时期的还有这样一批人。在洋务运动初期，清政府为兴洋务而送到西方学习先进技术而归的一批学子，也感受到了西方除了技术先进之外，还有社会制度、思想等更为深层次的地方值得国人学习。他们精通英语，到英国等国家留学过，系统接受过西方的教育，对当时国家积贫积弱的现象有更为深刻和独到的认识。他们的这种认识在社会转型剧烈的时代背景下，容易通过一些重大事件的催化而成为时代的最强音。1895 年，中日甲午战争中中国战败，地主阶级改良派从思想到实践救亡图存的尝试都宣告破产，中国人又寻找新的出路，仅是对封建传统伦理的修补已经无益于世，开始尝试重新构建一套社会伦理和制度。严复正是这批人中的代表人物之一，他尝试开始介绍西方先进思想和社会制度等，进而唤醒国人从封建伦理思想束缚中摆脱出来，实现救亡图存的目标。严复在这个过程中率先对代表封建伦理的思想基础——“天人关系”思想进行批判和重构，① 动摇了封建社会以“天人关系”为基础建立起来的伦理制度，建立起了具有现代哲学意义的“天人关系”思想。

（一）“天”是具有规律性和普遍性的客观存在

严复的“天人关系”思想首先对“天”进行了重新的定义和认识。其在《群学肄言·成章第十六》“盖群者天演最繁之物也，使天演之旨而有合，则于前人监临降观，昊天旦明，与乎圣贤经世宰物之说，势不得以不分驰。盖彼方谓种族国家盛衰兴亡，一切皆本于天意”中对“天”做了如下的注释：“中国所谓天字，乃名学所谓歧义之名，最病思理而起

① 严复认识到了在儒家思想基础上建构起来的“天人关系”实际上是封建统治政治观的一种体现：“盖自古人群之为制，其始莫不法于自然。故《易》曰：天尊地卑，乾坤定矣，有其至高者在上以为吾覆，有其至卑者在下以为吾贱，此贵贱之所由分，而天泽之所以位也。”（《政治讲义》自叙）严复引用儒家重要典籍《周易》的观点，批判儒家思想宣扬的“天尊地卑”的观念正是人的贵贱上下之分的立论根据。

争端。以神理言之上帝，以形下言之苍昊。至于无所为作而有因果之形气，虽有因果而不可得言之适偶，西文各有异字，而中国常语皆谓之天。如此书天意天字，则第一义也；天演天字，则第三义也，皆绝不相谋，必不可混者也。”[①] 在这里，严复认为“天”有三种含义：第一为上帝，第二为苍昊，第三为因果之气。而天演的“天”为第三义，“无所为作而有因果之形气，虽有因果而不可得言之适偶”，其认为天乃“因果之形气”。严复在“天演”的范畴内对“天”进行了具有科学性的解释。第一，严复对“因果之形气”的“因果”一词的理解主要包括两方面：一是西方自然科学规律，二是佛教的因果轮回之说。这两者语出不同之处，但实际都指事物发展过程的前因和后果，体现的是一种规律性。严复介绍西方自然科学学科时论述道：“非为数学、名学，则其心不足以察不遁之理，必然之数也；非为力学、质学，则不知因果功效之相生也。”[②] 这里“力学、质学”指的是“力学者，所谓格致之学是也。质学者，所谓化学是也”,[③] 属西方近代基础自然科学，其认为西方自然科学就是探寻事物发展的“不遁之理，必然之数”“因果功效”的规律性。“力质学明，然后知因果之相待。无无因之果，无无果之因，一也；因同则果同，果钜则因钜，二也”，这里的因果关系是一种必然的联系，体现了规律性。另外，严复“因果”一词还源自佛教的“轮回因果”之说,[④] 严复介绍说“而天竺之圣人曰佛陀者，则以是为不足驾说竖义，必从而为之辞，于是有轮回因果之说焉”，在佛教用语中有轮回因果之说。佛教称“六道轮回”，他们认为一切有生命的东西，如不寻求“解脱”，就永远在“六道”（天、人、阿修罗、畜生、饿鬼、地狱）中生死相续，无有止息；因果指事物的起因和结果，种什么因，结什么果，佛教认为种什么因，结什么果。而严复对此有自己独到的理解：“夫轮回因果之说何？一言蔽

---

① 严复：《群学肄言》，汪征鲁、方宝川、马勇主编《严复全集》第3卷，第233页。

② 严复：《政文、序、跋等（上）》，汪征鲁、方宝川、马勇主编《严复全集》第7卷，第16页。

③ 严复：《政文、序、跋等（上）》，汪征鲁、方宝川、马勇主编《严复全集》第7卷，第16页。

④ 按照黄克武的研究，严复受佛教的影响源自其妻王氏，见黄克武《惟适之安——严复与近代中国的文化转型》，社会科学文献出版社，2012，第25页。

之，持可言之理，引不可知之事，以解天道之难知已耳。”严复认为轮回因果之说可以用一句话概括：用可以说明（已知）的道理，引导（认识）不可知的事情，用这种方式可以解决天道难以认知的事情。“无无果之因，亦无无因之果。今之所享受者，不因于今，必因于昔；今之所为作者，不果于现在，必果于未来”，因果之间的关系体现的是一种必然的联系。据此严复认为天道正是轮回因果的一种运作方式，是可以认知的，是有规律性的。严复的“因果”掺和了西方自然科学和佛理的解释，突出了可认知性和规律性，并具体用之于其对天演范畴中“天”的释义。

第二，“因果之形气”的“形气”源于中国古代哲学，指可以观察、认知的具体事物。严复有文“山河大地，及一切形气思虑中物，不能自有，皆赖觉知而后有”①，这里山河大地就是指具体存在的事物，皆是人可以进行“思虑”的“形气”，即具体的事物。严复将西方研究具体事物的科学称为“形气之学”：“古者为学，形气道德之家，分而为二，今者合二为一。所论者虽道德治化形上之言，而其所由之术，则格物家所用以推验证明形下者也。撮其大要，可以三言尽焉：始于实测，继而推求，终于试验。三者缺一，不名学也，而三者之中，则试验尤重。古学之逊于今，大抵坐阙是耳。”②“形气道德”之家如今二者都是采用了“始于实测，继而推求，终于试验”的科学研究方法。“夫只此意验之符，则形气之学贵矣。此所以自特嘉尔以来，格物致知之事兴，而古所云心性之学微也。（然今人自有心性之学，特与古人异耳）。”③ 这里严复更明确了“形气之学”就是喻指以具体事物为研究对象，探究事物发展的“格物致知”的科学，而“格物致知之事”则指科学研究。

为此，严复思想中用“因果之形气”的“天”是一种具有规律性的，并可为人所认识和探知的具体客观存在。并且他认为这里的“天”不再是

① 严复：《天演论》，汪征鲁、方宝川、马勇主编《严复全集》第1卷，第197页。
② 严复：《天演论》，汪征鲁、方宝川、马勇主编《严复全集》第1卷，第296页。
③ 严复：《天演论》，汪征鲁、方宝川、马勇主编《严复全集》第1卷，第316页。

不可认知形而上的一部分，而是可以进行科学研究和认识的科学研究对象。[①]“言学者期于征实，故其言天不能舍形气；言教者期于维世，故其言理不能外化神。”[②] 如此一来，严复的天人思想中的“天”已经从中国传统哲学中形而上的“天神”“太极”“道”中走出来，成为一个可供人认识的具有规律性的客观存在。

严复去除了“天人关系”中的“天”形而上论、虚幻性，使其成为独立于人精神之外的一种物质存在。严复以此为基础，进一步提出了“天”的规律性具有普遍的统一性。严复在《原富》按语中对“天”做了这样一个解释：“天者何？自然之机，必至之势也。”[③] 其认为天是自然的一个机体，具有必然的趋势和规律可循。这里肯定了天作为一个具体客观的存在是发展变化的，而且这种发展变化具有必然性和规律性。而这种必然的规律性适用于“天”在任何时间、任何地点的发展过程，严复在其政文中进一步展开论述：“皆有其井然不纷、秩然不紊者以为理，以为自然之律令。自然律令者，不同地而皆然，不同时而皆合。”[④] 这里自然代表的就是“天”，表现为一种适用于任何时候和地点的普遍规律。这种普遍规律可以通过人们的不断实验研究认识，从而掌握它的科学法理，“一理之明，一法之立，必验之物物事事而皆然，而后定之为不易。其所验也贵多，故博大；其收效也必恒，故悠久”[⑤]，进而成为指导人们认识其他事物的发展过程的不变的普遍真理，“然而此皆后天之事，因夫自然”[⑥]，所以天底下的事物都是遵循自然的规律。这样严复就将“天”的规律性和普遍性统一起来了。

---

① 严复思想受西方实证主义的影响，在其思想中一部分持不可知论，并始终认为世界有一部分为人所“不可思议”者，同时把这部分归给宗教来解决。但我们应该认识到这是当时现代哲学发展的一个高度，严复作为引进和介绍西方先进思想的第一人，在未形成独立的哲学体系的背景下是无法突破这个高度的。但严复等介绍西方思想的第一批中国人为了传播西方先进思想，他们的思想中存在一些不可调和的悖论，正如严复在不可知论的思想世界中又创造了一个可以认知的世界，而这个世界的存在正是作为为了宣扬西方先进思想、打破传统思想束缚的利器而存在。

② 严复：《天演论》，汪征鲁、方宝川、马勇主编《严复全集》第 1 卷，第 152 页。

③ 严复：《原富》按语，汪征鲁、方宝川、马勇主编《严复全集》第 2 卷，第 438 页。

④ 严复：《穆勒名学》按语，汪征鲁、方宝川、马勇主编《严复全集》第 5 卷，第 58 页。

⑤ 严复：《救亡决论》，汪征鲁、方宝川、马勇主编《严复全集》第 7 卷，第 49 页。

⑥ 严复：《政文、序、跋等（上）》，汪征鲁、方宝川、马勇主编《严复全集》第 7 卷，第 23 页。

（二）“天”是人产生和生存的基础

严复在1895年天津《直报》上发表的《原强》一文中具体论述道：“物竞者，物争自存也；天择也，存宜其种也。意谓民物于世，樊然并生，同食天地自然之利矣。然与接为构，民民物物，各争有以自存。其始也，种与种争，群与群争，弱者常为强肉，愚者常为智役……动植如此，民人亦然者。民人者，固动物之类也，达氏总有生之物，标其宗旨，论其大凡如此。至其证阐明确，犁然有当于人心，则非亲见其书者莫能信也。此所谓以天演之学言生物之道者也。”[①] 在这里，严复首先提出“民物于世，樊然并生，同食天地自然之利矣”，认为人与世间万物能够共同生存，是因为都汲取了“天”（大自然）的能量。人作为一种有生命的实体，决定了其存在必须按照生物运动新陈代谢的普遍规律，同外界不停顿地进行物质、能量、信息的交换，获得生存所必需的空气、阳光和水，以及衣、食、住、行等物质生活资料，这些东西都是直接或间接地来源于自然界，因而作为人类物质生产资料和生活资料来源的自然界，就成为人类生存发展的自然物质基础。“天择者，物争焉而独存。则其存也，必有其所以存，必其所得于天之分，自致一己之能，与其所遭值之时与地，及凡周身以外之物力，有其相谋相剂者焉。夫而后独免于亡，而足以自立也。而自其效观之，若是物特为天之所厚而择焉以存也者，夫是之谓天择。”[②] 严复在此更加详细地论述了人类生存必须依赖于自然界提供的时间、空间及所有一切生产和生活资料。马克思主义认为：“人在肉体上只有靠这些自然产品才能生活，不管这些产品是以食物、燃料、衣着的形式还是以住房等等的形式表现出来。”[③] “在实践上，人的普遍性正表现在把整个自然界——首先作为人的直接的生活资料，其次作为人的生命活动的材料、对象和工具——变成人的无机的身体。”[④] 严复的这一思想表明他已经意识到人类是

① 严复：《政文、序、跋等（上）》，汪征鲁、方宝川、马勇主编《严复全集》第7卷，第23~24页。

② 严复：《天演论》，汪征鲁、方宝川、马勇主编《严复全集》第1卷，第266页。

③ 《马克思恩格斯全集》第42卷，人民出版社，1979，第95页。

④ 《马克思恩格斯全集》第42卷，第95页。

在自然界的基础上产生的，而人类的发展，即严复思想中的“物竞天择”的部分更是必须依赖于自然界。

同时，严复认为“民人者，固动物之类也”，其接受了达尔文等近代西方科学家所提出的人是从猿进化而来的生物进化理论：“达尔文《原人篇》，希克罗德国人《人天演》，赫胥黎《化中人位论》，三书皆明人先为猿之理。……自兹厥后，生学分类，皆人猿为一宗，号布拉默特。布拉默特者，秦言第一类也。”[①] 严复认为人与动物都一样必须从自然界汲取必要的生活资料，具有朴素的世间万物平等生存的思想，但这种平等思想的框架是在“物竞天择”的进化论观点内的，是具有狭隘性的。因为严复又认为“种与种争，群与群争，弱者常为强肉，愚者常为智役”，人与人之间是有愚者和智者之分，有“役”与“被役”之别的，而这就是弱者与强者之间的关系。所以严复在介绍人种之说时提到：“盖天下之大种四：黄、白、赭、黑是也。北并乎锡伯利亚，南襟乎中国海，东距乎太平洋，西苞乎昆仑墟，黄种之所居也。其为人也，高颧而浅鼻，长目而强发。乌拉以西，大秦旧壤，白种之所产也。其为人也，紫髯而碧眼，隆准而深眶。越裳、交趾以南，东萦吕宋，西拂痕都，其间多岛国焉，则赭种之民也。而黑种最下，则亚非利加及绕赤道诸部，所谓黑奴是矣。今之满、蒙、汉人，皆黄种也。”[②] 严复认为人种有上下之分，其中黑种为最低一级，人与人之间本就是不平等的。严复这种思想的狭隘性存在有其时代的必然性。第一，严复正值西方推行殖民主义的时代[③]，殖民主义的核心就是“资本主义发展的各个阶段，西方强国压迫、奴役和剥削‘落后’国家，把它们变成自己的殖民地、半殖民地的一种侵略政策。其表现形式随着资本主义

① 严复：《天演论》，汪征鲁、方宝川、马勇主编《严复全集》第1卷，第285页。

② 严复：《政文、序、跋等（上）》，汪征鲁、方宝川、马勇主编《严复全集》第7卷，第19页。

③ 按照斯塔夫里阿诺斯《全球分裂》一书认为1870~1914年为西方殖民主义第三阶段。此时工业资本主义和放任主义被垄断资本主义与重整旗鼓的殖民主义所取代。实力强大的垄断组织接替了从前独立的互相竞争的工业企业，并出现了美、德等一些新兴工业化资本主义国家。它们对英国在工业、金融和世界贸易方面的领先地位构成了直接的威胁。结果出现了有史以来规模最大的殖民掠夺，非洲和亚太地区被欧洲列强瓜分殆尽。这种新的殖民主义使得第三世界的国家被强制纳入全球体系。而严复活动的年代主要也在这个阶段。

的发展阶段不同而发生变化。在资本原始积累时期一般是通过海盗式的掠夺、欺诈性的贸易、奴隶贩卖等方式，从‘落后’国家掠夺巨额财富。在资本主义制度确立之后，特别是在帝国主义阶段，主要是在各种名义下通过对‘落后’国家使用军事的、政治的、经济的和文化的侵略手段，使它在不同程度上丧失独立、主权，成为资本主义强国所垄断的商品市场、原料基地和投资场所。资本输出是帝国主义时期殖民主义剥削的主要形式。在殖民主义掠夺和压迫下，殖民地和半殖民地不能发展生产力，长期处于停滞和极度贫困状态。第二次世界大战后，随着民族解放运动的日益高涨，帝国主义被迫使用更多的新方法、新形式来保持它对殖民地的统治以及对发展中国家的掠夺”。[①] 殖民主义以侵略掠夺落后国家为前提，鼓吹西方中心论，其他民族和国家的文化和族群都是落后、愚昧的，甚至是未进化的。第二，中国落后的局面不断深化。自 1840 年第一次鸦片战争开始，中国天朝上国的迷梦被打破，一直处于西方列强侵略和瓜分的局面，林则徐等一批又一批的先进知识分子不断向西方学习，不断地探寻中国落后于西方国家的原因，从最初的器物层面的原因，深化到制度层面、思想层面等原因。而严复作为这个群体的代表人物之一，接受并改造了达尔文主义，进而主张从人的进化角度探寻中国落后的原因。

（三）关于“天”的规律性具体阐释——天演法则的提出

严复将“天”自然化、客观化、规律化、普遍化，目的就是提出“天演”的“大通公例”。天演是“天”的客观性、规律性和普遍性的具体表现形式。“天演者因果相承，质力交推，自古至今，有生长发达萎病老死之可言者也。彼所谓偶，此所谓常，彼谓无例之可言，此谓有大通之公例。”这里明确对天演中所蕴含的规律做进一步阐释，其认为“天演”是一种“因果相承”的规律，具体表现为“质力交推”的物质运动，而且为“大通之公例”，是具有普遍性的规律，适用于任何历史时段和任何事物的发展过程。

这里严复提出了“天演”是一种“质力交推”的物质运动。“斯宾塞

---

① 《辞海》，上海辞书出版社，1999，第 1616 页。

尔之天演界说曰：‘天演者，翕以聚质，辟以散力。方其用事也，物由纯而之杂，由流而之凝，由浑而之画，质力相糅，相剂为变者也。’”[①]“斯宾塞谓天演翕以合质，辟以出力，即同此例。翕以合质者，合则成体也，精气为物也；辟以出力者，散则成始也，游魂为变也。”[②]严复多处引斯宾塞语，将天演的变化过程概括为“质”和“力”的物质运动变化过程，指出宇宙万物由纯到杂的变化是质力翕辟运动的结果。严复解释了“质”和“力”之间的具体关系，“大宇之内，质、力相推，非质无以见力，非力无以呈质”[③]，“力既定质，而质亦范力，质日异而力亦从而不同焉”[④]，“力”是通过“质”表现出来的，而无“力”，“质”亦无所见，这是西方近代经典力学的一种解释，在哲学上则体现了浓厚的机械论色彩，进而说明了“天演”不假人为，具有唯物主义色彩。

当然透过严复思想中的“天演”规律的物质运动性，我们可以看到其批判的是“天不变，道亦不变”的传统封建统治建立的天人思想，进而提出“天不变，地不变，道亦不变，此观化不审似是实非之言也。天始于涅菩，今成椭轨；天枢渐徒，斗分岁增；今日逊古日之热，古暑较今暑为短，天果不变乎？”[⑤]的基本看法。严复在这里介绍了西方近代自然科学的研究成果，证明其“天演”基本思想的科学性。

严复正是在这样的一个理论基础上，将天演之“律令”置于人类社会的发展之上，成为人类生存和竞争的一个普遍法则。严复认为：“以天演为体，而其用有二：曰物竞，曰天择。此万物莫不然，而于有生之类为尤著。物竞者，物争自存也。以一物以与物物争，或存或亡，而其效则归于天择。天择者，物争焉而独存。则其存也，必其所得于天之分，自致一己之能，与其所遭值之时与地，及凡周身以外之物力，有其相谋相剂者焉。

① 严复：《天演论》，汪征鲁、方宝川、马勇主编《严复全集》第1卷，第268页。赫胥黎认为“天演论”，即达尔文进化论仅是生物进化法则，只适合自然领域的法则，而不适合社会领域；严复虽然翻译了赫胥黎的《天演论》，但没有接受他这一观点，相反严复接受了斯宾塞的广义进化论观点。斯宾塞认为人类社会进化是普遍进化法则的一部分，达尔文进化论同样适用于人类社会的进化。

② 严复：《评点庄子》，汪征鲁、方宝川、马勇主编《严复全集》第9卷，第184页。

③ 严复：《天演论》，汪征鲁、方宝川、马勇主编《严复全集》第1卷，第260页。

④ 严复：《天演论》，汪征鲁、方宝川、马勇主编《严复全集》第1卷，第269页。

⑤ 严复：《救亡决论》，汪征鲁、方宝川、马勇主编《严复全集》第7卷，第53页。

夫而后独免于亡，而足以自立也。”[①] 在严复思想中，世间万物都遵循天演规律物竞天择的支配，特别是“有生之类”。而人就是有生之类，与世间万物并无区别，是一种客观具体存在：“人，动物之灵者也，与不灵之禽兽鱼鳖昆虫对；动物者，生类之有知觉运动者也，与无知觉之植物对；生类者，有质之物而具支体一官理者也，与无支体官理之金石水土对。凡此皆有质可称量之物也，合之无质不可称量之声热光电诸动力，而万物之品备矣。总而言之，气质而已。故人者，具气质之体，有支体官理知觉运动，而形上之神，寓之以为灵，此其所以为生类之最贵也。虽然，人类贵矣，而其为气质之所囚拘，阴阳之所张弛，排激动荡，为所使而不自知，则与有生之类莫不同也。”[②] 所以人类自然就被纳入了“天演论”的系统中，同在“天演论”的进化法则中生存，进而构建了严复思想的“天人关系”系统。

严复构建了自然意义的“天”成为人类产生和生存的基础，将人和世间万物视为处于同等的地位，进而在此基础上提出世间万物包括人类在内都必须遵循“天演”的规律。“自歌白尼出，乃知地本行星，系日而运。古者以人类为首出庶物，肖天而生，与万物绝异。自达尔文出，知人为天演中之一境，且演且进，来者方将。而宗教博士之说必不可信。盖自有哥白尼而后天学明，亦自有达尔文而后生理确也。”[③] 严复援引哥白尼的“天学”和达尔文的“生物学”的西方自然科学成果，用“天演”的规律性而认为“宗教博士之说”不可信。“故用天演之说，则竺乾、大方、犹太诸教宗，所谓神明创造之说皆不行。”[④] 其驳斥了宗教的创世说，进而肯定了自然界的客观实在性，摒弃了凌驾于自然界和人、世间万物之上的虚幻异己存在。虽然严复的这种客观唯物主义思想并不是彻底的、统一的，严复从人的“不可知论”角度对宗教存在的必然性给予了肯定。但笔者认为严复在人的终极意义上允许了宗教的存在在当时哲学所取得的思想高度上是有存在的合理性的，这也是中国近代化思想启蒙者在没有更先进的思想

① 严复：《天演论》，汪征鲁、方宝川、马勇主编《严复全集》第1卷，第266页。
② 严复：《天演论》，汪征鲁、方宝川、马勇主编《严复全集》第1卷，第270页。
③ 严复：《天演论》，汪征鲁、方宝川、马勇主编《严复全集》第1卷，第267页。
④ 严复：《天演论》，汪征鲁、方宝川、马勇主编《严复全集》第1卷，第268页。

文化的传入的时代背景下无法突破的思想藩篱，也不排除他们为了传播自己的思想和主张而采取主观取舍的方式。但在“天演论”的范畴内，严复还是致力于建立不以人的意志为转移，人和世间万物都必须遵循的“物竞天择”规律：“是故天演之事，不独见于动植二品中也。实则一切民物之事，与大宇之内日局诸体，远至于不可计数之恒星，本之未始有始以前，极之莫终有终以往，乃无一焉非天之所演也。”① 而在这种规律支配下，以人为首的“有生之类”表现最为突出：“此万物莫不然，而于有生之类为尤著。”②

当然，严复思想的先进性更在于其并不是简单地将人归结为受天支配的动物，严复创造了这样一个客观存在的逻辑起点，同样提出了人在“天演”规律下如何进行“人为”的创造性活动。

（四）人在天演法则下的主观能动性和受动性的统一

严复《天演论》有两篇小题为“人为”和“人择”，严复在这两部分具体阐释了人在天演法则下是主观能动性和受动性的统一。

“天然非他，凡未经人力所修为施设者是已。乃今为之试拟一地焉，在深山广岛之中，或绝徼穷边而外，自元始来未经人迹，抑前经垦辟而荒弃多年，今者弥望蓬蒿，羌无蹊迒，荆榛稠密，不可爬梳。则人将曰：甚矣，此地之荒秽矣！然要知此蓬蒿荆榛者，既不假人力而自生，即是中种之最宜，而为天之所择也。忽一旦有人焉，为之铲刈秽草，斩除恶木，缭以周垣，衡从十亩，更为之树嘉葩，栽美箭，滋兰九畹，种橘千头，举凡非其地所前有，而为主人所爱好者，悉移取培植乎其中。如是乃成十亩园林，凡垣以内之所有，与垣以外之自生，判然各别矣。此垣以内者，不独沟塍阑楯，皆见精思，即一草一花，亦经意匠。正不得谓草木为天工，而垣宇独称人事，即谓皆人为焉，无不可耳。”

严复举例人垦辟荒地的行为，说明了“未经人迹”之前荒地蓬蒿丛生，荆榛稠密，不可爬梳，但在人根据自己的喜好，“更为之树嘉葩，栽

① 严复：《天演论》，汪征鲁、方宝川、马勇主编《严复全集》第1卷，第268页。

② 严复：《天演论》，汪征鲁、方宝川、马勇主编《严复全集》第1卷，第266页。

美箭，滋兰九畹，种橘千头”之后，荒地变成“十亩园林”。这是一个很普遍的人类生活的例子，但是在严复的天演思想中，他注重的是对其背后原因的深究。“蓬蒿荆榛者，既不假人力而自生，即是中种之最宜，而为天之所择也”，这里的“蓬蒿荆榛”代表的是自然意义的天的规律的一种表现形式，是“天然”的存在。但人在自然规律面前能够“为主人所爱好者”，经过“精思”“意匠”，发挥人的主观能动性，最后通过人所做出的改变自然界改变了原来的面貌，变成可以为人观赏、为生活服务的自然存在。严复看到了人的主观能动性作用于自然后，自然按照人的意志发生了变化。“动物只是按照它所属的那个种的尺度和需要来建造，而人却懂得按照任何一个种的尺度来进行生产，并且懂得怎样处处都把内在的尺度运用到对象上去；因此，人也按照美的规律来建造”[①]，人的主观活动作用于自然界，自然就获得了一个新的具体内容——作为与人相对应的存在物。这样的自然成为人及其社会活动的空间和范围，是相对于人、人类社会、人类社会历史而言的，人的活动和改造的对象、客体，必然具有“人为”的色彩，或称之为人化的自然。“人择一术，其功用于树艺牧畜，至为奇妙。用此术者，不仅能取其种而进退之，乃能悉变原种，至于不可复识。其事如按图而索，年月可期。”[②] 严复在《天演论·人择》按语中的论述进一步阐释了“人择”这一人的主观选择作用于自然后，自然会发生“不可复识”的变化，成为人化的自然。

严复对于发挥人的主观能动性的强调构建在“物竞天择”的天演规律基础之上，其目的不显自彰。他认为既然规律是无法改变的，人们只能顺应规律，在规律中充分发挥人的主观能动性。这种思想在当时积贫积弱的中国社会起到了振聋发聩的作用，对于唤醒国人救国图强起到了启蒙作用，所以严复强调“人欲图存，必用才力心思，以与妨生者为斗。负者日退，而胜者日昌。胜者非他，智德力三者皆大是耳。三者大而后与境相副之能恢，而生理乃大备”。[③] 严复在天人思想范畴中构建了客观存在、不可抗拒的天演规律，进而宣扬适者生存、物竞天择的进化论。在这样的范畴

① 《马克思恩格斯全集》第 42 卷，第 97 页。

② 严复：《天演论》，汪征鲁、方宝川、马勇主编《严复全集》第 1 卷，第 277 页。

③ 严复：《天演论》，汪征鲁、方宝川、马勇主编《严复全集》第 1 卷，第 291 页。

中，人作为世间万物之一，区别于普通动物的地方就在于能够用人的“才力心思”，发挥人的主观能动性，才能够在“物竞天择”下得以“适者生存”。这为当时饱受西方列强侵略的国人寻找到了图存、图胜的道路，而这就构成了严复人学思想中关于人的发展的核心内容，其中包括教育、政治、文化、社会等丰富的人学思想。

严复肯定了人在自然面前能够发挥自己的主观能动性进行生产活动，改造自然，但这种主观能动性并不是随意地进行，它是具有受动性的。严复进而阐释了人与自然之间的关系。

“夫园林台榭，谓之人力之成可也，谓之天机之动，而诱衷假手于斯人之功力以成之，亦无不可。独是人力既施之后，是天行者，时时在在，欲毁其成功，务使复还旧观而后已。倘治园者不能常目存之，则历久之余，其成绩必归于乌有，此事所必至，无可如何者也。今如河中铁桥，沿河石阴，二者皆天材人巧，交资成物者也。然而飘风朝过，则机牙暗损；潮头暮上，则基址微摇；且凉热涨缩，则筍缄不得不松；雾淞潜滋，则锈涩不能不长，更无论开阖动荡之日有损伤者矣。是故桥须岁以勘修，阴须时以培筑，夫而后可得利用而久长也。”①

严复再次用人类活动的实例来阐释人与自然之间的关系。文中园林台榭和河中铁桥均为人类利用自然、改造自然的产物。但这一成果并无法摆脱自然规律的控制，依旧在自然规律的作用下而存在，“是天行者，时时在在”。而人类必须按照自然规律的要求，“岁以勘修，阴须时以培筑”，才能做到“利用而久长”。从人类社会发展的历程来看，人类与自然之间的矛盾对立总是以不同的尖锐程度和表现形式贯穿其中。在人类社会早期，主要是恶劣的自然环境，如各种自然灾害，制约人类的生存和发展；而随着人类社会文明的进步，利用改造大自然程度的加深，人类的发展又面临过度使用开发自然资源、污染自然环境等问题。而这一问题到今天已经成为人类共同面对的难题，必须保护自然，合理开发利用自然。当然，在严复所处的时代，人们的认识远不及保护自然的高度，他所认识到的是自然规律的不可抗性，所处理的问题是人之胜天还是天

① 严复：《天演论》，汪征鲁、方宝川、马勇主编《严复全集》第1卷，第15页。

之胜人的比较。

“譬诸草木，必择其所爱与利者而植之。既植矣，则必使地力宽饶有余，虫鸟勿蠹伤，牛羊勿践履；旱其溉之，霜其苫之，爱护保持，期于长成繁盛而后已。何则？彼固以是为美利也。使其果实材荫，常有当夫主人之意，则爱护保持之事，自相引而弥长；又使天时地利人事，不大异其始初，则主人之庇，亦可为此树所长保，此人胜天之说也。虽然，人之胜天亦仅耳，使所治之园，处大河之滨，一旦刍茭不属，虑殚为河，则主人于斯，救死不给，树乎何有？即它日河复，平沙无际，茅芦而外，无物能生；又设地枢渐转，其地化为冰虚，则此木亦末由得艺，此天胜人之说也。天人之际，其常为相胜也若此。所谓人治有功，在反天行者，盖虽辅相裁成，存其所善，而必赖天行之力，而后有以致其事，以获其所期。”①

在此，严复先引人类能够发挥自己的主观能动性，按照自然的规律，“旱其溉之，霜其苫之”，改造了大自然的例子阐释了“人胜天”的可能性。继而，其又引人在河水枯竭、土地沙漠、气候严寒恶劣等自然环境变化的情况下无能为力的例子说明“天胜人之说”。严复认为人类可以合理利用自然，在自然规律下改造自然。与此同时，其又充分肯定了自然规律的不可抗性，人无法改变这一客观规律性。所以严复认为“所谓人治有功，在反天行者，盖虽辅相裁成，存其所善，而必赖天行之力，而后有以致其事，以获其所期”，人之所以能够改造自然、利用自然，是因为顺应了“天行之力”，按照自然的规律办事，才能“以致其事，以获其所期”，达到人所预期得到的结果。

马克思主义认为：“人作为自然存在物，而且作为有生命的自然存在物，一方面具有自然力、生命力，是能动的自然存在物；这些力量作为天赋和才能、作为欲望存在于人身上；另一方面，人作为自然的、肉体的、感性的、对象性的存在物，和动植物一样，是受动的、受制约的和受限制的存在物。”② 严复的天人思想中也构建了这样的两种关系：人在

① 严复：《天演论》，汪征鲁、方宝川、马勇主编《严复全集》第 1 卷，第 276 页。

② 《马克思恩格斯全集》第 42 卷，第 167 页。

自然面前是主动性和受动性的统一。“欲通死生之故，欲知鬼神之情状，则形气限之”①，“人之生也，形气限之”②，人作为自然界有生之类的存在物之一，其主动性受自然的限制和制约，而人在受自然规律制约的条件下，又能充分地发挥主观能动性，最大化地利用自然。“今夫人类自其天秉而观之，则自致智力，教化道齐，可日进于无疆之休，盖无疑义。然而自夫人之用智用仁，虽圣贤不能无过，自天行常与人治相反，而时时欲毁其成；自夫人之不能无怨怼，而常觊觎其所不可期；自夫人囿于形气之中，而知识必不能逾以窥天事之至奥。”③ 这里严复从唯物主义的角度阐述了中国古语“人非圣贤孰能无过”的哲理，他认为人虽然可以天赋异禀，可以充分发挥人的智慧，可以经过教育和学习而不断地进化，但人始终是“囿于形气之中”，是自然存在物，就必然受自然条件和自然规律的制约。

三 天演范畴内“天人关系”的现代哲学意义

现代哲学的建立源于西方，时间开始于19世纪中叶。它发端于对传统哲学本体论式的传统思维方式的否定，提出了“拒斥形而上学”的口号，从而引发了西方乃至整个世界思维的解放和变革。这个口号是现代西方哲学的普遍思潮，不论哪一个派别，只要它们把矛头指向传统哲学，首先都是从否定传统意义的“形而上学”发端的。纵观现代哲学发展过程，其中最有影响的是三种哲学：一是辩证唯物主义哲学，即马克思主义哲学；二是实证主义哲学和后来的逻辑实证主义哲学、分析哲学；三是唯意志主义哲学和现象学的本体论哲学、存在主义哲学。这三种哲学最根本的共同特点之一就是怀疑和否定传统哲学的形而上学论，④ 这也就成为现代哲学区

① 严复：《天演论》，汪征鲁、方宝川、马勇主编《严复全集》第1卷，第304页。

② 严复：《天演论》，汪征鲁、方宝川、马勇主编《严复全集》第1卷，第314页。

③ 严复：《天演论》，汪征鲁、方宝川、马勇主编《严复全集》第1卷，第32页。

④ 辩证唯物主义哲学十分明确地抛弃了对世界的终极性本体、本原的追求，从而实现了唯物主义与辩证法的有机结合，做出了物质的客观实在性的哲学概括；实证主义对传统哲学所追求的世界的抽象本体并未完全抛弃，但它对其是回避、存而不论的；唯意志主义哲学提出“重新估定一切价值”，建立一种非理性（意志）的本体论哲学，宣扬用主观性建立起现代的形而上学论。

别于传统哲学的主要特点之一。

客观而论，中国现代哲学是在西方现代哲学的影响下发展起来的。北京大学王中江教授在总结现代中国哲学的发展时说道：“整体上说，现代中国哲学话语、言说方式和范式的转变，是通过三个方式展开的，一是翻译西方哲学、引入新的哲学术语和学说；二是运用新的思想概念对中国古代哲学和术语进行重新解释和转化；三是建立不中不西、亦中亦西的哲学理论，提出新的哲学和范式。现代中国早期（20 世纪 30 年代之前）的哲学家，主要是通过前两种方式展开其哲学活动的；后期（20 世纪 30 年代之后）的哲学家则走向了哲学理论和体系的建构。在前两种方式上，严复都具有代表性。”① 严复第一种方式主要是翻译了八部西方著作，通过这些译著引入了西方的哲学术语和学说；第二种方式体现在介绍西方学说的过程中引用中国哲人的经典加以介绍或者印证，并通过对《老子》和《庄子》的重新解读找到其蕴含的西方现代哲学理念。经过笔者的考察，严复思想中的“天人关系”已经被清晰地勾勒出来：天是普遍性和规律性相统一的客观存在，具体则表现为天演法则，是不可改变的普遍规律。所以人作为天下万物之一同样必须遵循天演法则，并受其支配，具有客观受动性；但同时人作为动物之灵者，能够在天演法则下发挥自身的主观能动性，进而达到适者生存的进化目的。但同样我们应该清晰地看到严复的这种思想的局限性，它仅局限于天演论的范畴中。严复思想中还有一部分持不可知论，并始终认为世界有一部分为人所“不可思议”者，同时把这部分归给宗教来解决。严复在其思想中似乎像被誉为西方现代哲学奠基者康德一样构建这样两个部分——理念和范畴的部分，这和严复接受斯宾塞思想中知识论的观点的影响是分不开的。康德认为“理念是超验的，而且超越一切经验的界限，因而没有一个适合于先验理念的对象能在经验中显现”②，它以把握全体为目标，是一种理想性的东西，不受任何条件限制，是与无限相关联的一种科学形而上学论；而范畴被康德称为“纯粹理智概

---

① 王中江：《严复的科学、进化视域与自然化的“天人观”》，《文史哲》2011 年第 1 期，第 124~135 页。

② 〔德〕康德：《未来形而上学导论》，商务印书馆，1982，第 64 页。

念”,[①] 是与有限东西联系或者有限关系的反映，是建立在经验对象的基础上的。而斯宾塞继承了康德的这种思想，他认为科学和秩序均以现象为研究对象，都是研究有限的、有条件的、相对的和可分类的东西，是可知的范畴；但同时他认为现象是无限的、无条件的、绝对存在的意识表现，而这种绝对的存在又是独特的、不可分的东西，超出了现象的范围，是不可知的领域。他把宇宙也分为两个部分：可知世界和不可知世界。而严复思想受斯宾塞影响，严复认为：“现象兼事物道器而言，乃物变最大之公名，但有可指即为现象，无间为形为神为气为理。”[②] 他理解的现象既有“气理”等具体的客观物质存在，又有“神”虚幻的唯心论，究其实质就是将现象的有限客观性和无限虚幻性混在一起的唯心主义作祟。严复的认知论中也包含两个部分：一个是经验的、可知的、可思议的现象世界，一个是超验的、不可知的、不可思议的世界。“‘教’者所以事天神，致民以不可知者也。……‘学’者所以务民义，明民以所可知者也。”[③] 严复指出宗教解决的是人们“不可知”的问题，学术解决的是人们“可知”的问题，由此严复构建了“可知”和“不可知”两个不同的世界。而我们应该肯定的是其在可知的世界范畴中，利用西方自然科学的成果，尝试颠覆传统思想的天人关系，消除了封建统治者精心建立起来的“天”的神化色彩，在天演论的范畴中抛弃了对世界抽象终极性本体、本原的追求，并且构建了具有物质的客观实在性的哲学概括的“天”，把中国传统哲学“天人关系”这对思维和存在的关系扩展为精神与物质、主体与客体、人与世界多重多向的关系，从而建立起具有现代哲学意义的“天人关系”。

原载《重庆交通大学学报》（社会科学版）2016 年第 4 期

① 〔德〕康德：《未来形而上学导论》，第 105 页。

② 严复：《穆勒名学》，汪征鲁、方宝川、马勇主编《严复全集》第 5 卷，第 260 页。

③ 严复：《救亡决论》，汪征鲁、方宝川、马勇主编《严复全集》第 7 卷，第 55 页。

严复宗教思想探析

周至杰

严复宗教思想是严复思想的重要组成部分，对此学界已有所研究，但仍有进一步探讨的空间。[①] 严复对宗教问题作了很多思考，在许多译著及其按语以及政文中表述过他对宗教的看法。[②] 严复的宗教思想是以“人”为内核，并关注人的起源、人的发展和人在社会发展过程中的作用等问题。笔者将以“人”为严复宗教思想研究的逻辑起点，阐释严复对宗教起源、宗教社会功能，及宗教和社会发展的关系等问题的看法。

一 宗教的起源

宗教的起源问题是宗教研究者绕不开的问题，从严复介绍的西人宗教观点和按语中我们可以窥探其对宗教起源的理解与认识。

---

① 学术界对严复思想的研究成果颇丰，但系统研究严复宗教思想的较少。较全面论述的有俞政《严复的宗教思想》，黄瑞霖等主编《中国近代启蒙思想家——严复诞辰150周年纪念论文集》，方志出版社，2003，第90～99页；熊友江《严复宗教思想评析》，《求索》2008年第1期，第147～149页。两文对严复宗教思想进行了提纲挈领的介绍，但欠深入。近年来另有学者对严复宗教思想某些方面进行了深入探讨。如魏义霞、林怡的相关研究。笔者认为，严复宗教思想的研究不能脱离严复思想本身。严复思想的出发点是“人”，核心则是人与社会。本文尝试从人学、宗教社会学的角度对严复思想重新解析。

② 译著如《天演论》《原富》《群学肄言》《社会通诠》《法意》《政治讲义》《支那教案论》等，政文如《“民可使由之不可使知之”讲义》《原强修订稿》《保教余义》《天演进化论》等。

(一)宗教是人能动改造自然的产物

严复在《原富》按语和《保教余义》等文中述及了宗教起源的问题,“且诸宗之起,多在古初。民智方新,传闻斯信,则一切感生神异之说,布于人间”[①],“民智未开,物理未明,视天地万物之繁然淆然而又条理秩然,思之而不得其故,遂作为鬼神之说以推之,此无文化人之公例矣”[②]。严复认为宗教起源于古初,那时“民智未开”,但初民对“天地万物”的现象和规律作了一定的思考:虽“繁然淆然”却又“条理秩然”。正是对自然的这种原初认识导致了“鬼神之说”的产生。

自然先于人的存在,人是自然的产物之一,“人本来就是自然界”[③],是“自然界的一部分”[④],人始终是自然的存在物,受限于自然环境以及客观规律,人的活动具有受动性,“人作为自然的、肉体的、感性的、对象性的存在物,和动植物一样,是受动的、受制约的和受限制的存在物”[⑤]。这种受动性在人类早期的表现就是对自然认识的恐惧和对人本身生理等认识的局限性。但是人类在自己的实践过程中又能够通过发挥主观能动性作用和影响自然,自然界逐渐成为人的活动和改造的客体。宗教正是在人不断认识与处理和自然的关系过程中产生的。

严复在《“民可使由之不可使知之”讲义》中说:“盖社会之有宗教,即缘世间有物,必非智虑所得通,故夫天演日进无疆,生人智虑所通,其范围诚以日广,即以日广之故,而悟所不可知者弥多,是以西哲云:‘宗教起点,即在科学尽处。’斯宾塞亦云:‘宗教主体在知识范围之外。’此孔门性与天道所以不可得闻,而子入太庙之所以每事问。”[⑥] 在此,严复认为自然界是变化无穷的,但随着人认识自然界的程度和深度不断提高和加

---

① 严复:《原富》按语,汪征鲁、方宝川、马勇主编《严复全集》第2卷,福建教育出版社,2014,第550页。

② 严复:《保种余义》,汪征鲁、方宝川、马勇主编《严复全集》第7卷,第85页。

③ 《马克思恩格斯全集》第42卷,人民出版社,1979,第167页。

④ 《马克思恩格斯全集》第42卷,第95页。

⑤ 《马克思恩格斯全集》第42卷,第167页。

⑥ 严复:《“民可使由之不可使知之”讲义》,汪征鲁、方宝川、马勇主编《严复全集》第7卷,第459页。

深，改造自然的主观能动性不断增强，与此同时，人类发现的不可解的奥秘也会越来越多，而这些奥秘（不可知者）正是宗教产生的原因。人类在此基础上能动地创造了宗教加以解释。正如德国哲学家费尔巴哈所说："宗教就是对于我之为我的崇拜和信奉。而我首先就不是一个离开光、离开空气、离开水、离开土、离开食物而存在的东西，而是一个依赖自然的东西。这种依赖，在动物和野蛮人身上，是一种不自觉的、没有考虑到的依赖；进而意识到它，表象它，崇拜它，信奉它，就是进入了宗教。"①

严复在《天演进化论》中对人与宗教起源的问题做了更进一步的介绍和论述，主要介绍了西人恭特（孔德 Comte，严复译为恭特）和斯宾塞两位学者的观点和看法。② 其中严复有意识地引"恭特说"强调人类在改造自然社会过程中所具有的能动性才是宗教产生的根本原因。

> 人之心理不能安于所不知，而必从而为之说也，又往往据己之情以推物变，故物变必神鬼之所为。而是神鬼者，又有喜怒哀乐爱恶之事，是故宗教之起，必取山川阴阳而祀之。……神之于物变，犹己心志之于百为，故其祠山川、祀阴阳也，所祀所祠非山川阴阳也，只畏其主之神而已。③

---

① 《费尔巴哈哲学著作选集》下卷，荫庭等译，商务印书馆，1984，第437页。

② 严复引用孔德和斯宾塞的观点阐释自己对宗教的看法，但严复不仅是介绍西方学者观点，而且能够吸收和借鉴他们的观点，并把二者的观点融合在一起成为严复独特的阐释完整的宗教产生原因。这种做法也见之于严复翻译西方八大名著的过程中。比如赫胥黎认为"天演论"，即达尔文进化论仅是生物进化法则，只适合自然领域的法则，而不适合社会领域；严复虽然翻译了赫胥黎的《天演论》，但没有接受他这一观点，相反严复接受了斯宾塞的广义进化论观点。斯宾塞认为人类社会进化是普遍进化法则的一部分，达尔文进化论同样适用于人类社会的进化。但同时斯宾塞又太强调"任天为治"，而忽视了人的作用和力量，所以严复又用赫胥黎的观点调和了斯宾塞的观点，认为人的能力可以超越自然的束缚，与天争胜。美国研究严复的学者史华兹先生就曾总结："追根溯源，我们发现严复的所有认识与观点，都和斯宾塞理论体系的分枝密切相联：一元论性质、类似泛神论的自然主义；把宇宙视作永不会枯竭的力与能量源泉，这种力与能量总是蕴含在复杂多变的事物结构之中；经过斯宾塞阐释的达尔文机械进化论；对社会功能作生物学的类比；对自由主义价值理念的诠释，所有这些都带着斯宾塞式的灵感。"见〔美〕本杰明·史华兹《寻求富强——严复与西方》，叶凤美译，江苏人民出版社，2010，第96页。可以说，严复的思想并不是简单地移植西方的思想，而是在吸收和借鉴西方思想的基础上进行了自我的选择、融合和发展。

③ 严复：《天演进化论》，汪征鲁、方宝川、马勇主编《严复全集》第7卷，第438页。

以上是严复介绍恭特一说。严复认为人不能"安于所不知"，能够"据己之情以推物变"，人在改造自然的实践中表现出很强的能动性。但这种能动性碰到无法解释的问题，人们就将其归结为鬼神之说，将不知的"物变"投射到"神鬼"上，并依据人的特点赋予鬼神"喜怒哀乐爱恶"的性格。所以"神鬼"乃为人所造，是人格化了的神，是人在自然面前欲为而不能为的一种投射。在生产力十分低下的人类初期，人开始主观上主动去征服自然界，但又在很大程度上受动于自然，无法摆脱自然的束缚，这种束缚"在原始人看来，自然力是某种异己的、神秘的、超越一切的东西"①，人类是无法抗拒的。为了找寻一种心理平衡，能动地把自然现象神化，进而希冀得到赐福和保佑。宗教从这个意义上来说是人在受客观自然条件和规律的制约下能动地改造自然的产物。这个能动性的产物——宗教，正是人类企图认识自然、了解自然的一种重要表现。所以严复在多处表述这个观点，如在《原富》按语中有"教之精义，起于有所不可知，然而人处两间，日与化接，虽不得其联，而知其必有宰制之者"②，在《群学肄言》中有"逮事物之变，积而愈多，得稍会以为公理，其惊欤于非常之变者乃益深，而最粗之宗教以起"③。这些论述主要说明宗教观念和行为产生于人类独立于自然之后，认识改造自然的初期，人在自然面前的受动性明显大于人的能动性。这就是严复论述的最初宗教观念的产生。

但是，严复对宗教产生的原因的探讨并未到此为止，他还引用了"斯宾塞说"从宗教社会学的角度对宗教产生的原因进行更为深入的论述。

(二)人与人之间等级关系的变化促使完整宗教产生

与此同时，严复还论述了宗教产生的另一个重要的原因。

初民之信鬼始于人身，身死而游魂为变实，而尚与人间之事，如是名曰精气观念 animism。乃从而奉事之，亲媚之，以析人事之福利。

① 《马克思恩格斯全集》第 20 卷，第 672 页。

② 严复：《原富》按语，汪征鲁、方宝川、马勇主编《严复全集》第 2 卷，第 910 页。

③ 严复：《群学肄言》，汪征鲁、方宝川、马勇主编《严复全集》第 3 卷，第 189 页。

惟先位此而后推之为魅，为天神，而宗教之说乃兴。故宗教者，以人鬼为起点者也。然而人鬼之信又何从昉乎？曰始于以人身为有魂魄也，信人身之有魂魄，又由于生人之有梦。浅化之民以梦为非幻，视梦中阅历无异觉时之阅历也。以梦为非幻，于是人有二身，其一可死，其一不可死。又因于生理学浅，由是于迷罔失觉、诸暴疾无由区别，而不知似死真死之分。谓似死则暂死而魂返，真死则长往而魂不返，于是有臬法度〔来〕复招魂之事，以灵魂为不死而长存。此中国古制，一切丧礼祭仪之所山起也。①

这里严复介绍了斯宾塞关于宗教起源的观点，并以此观点来补充说明“恭特之说”。关于这则材料，学者们更多关注了其后半部分的内容：严复引斯宾塞的观点认为人们在对自身生理和心理现象认识的初级阶段，对生死、梦幻等现象产生了困惑，进而导致了人死后的灵魂之说，即“精气”之说。但其实若仅有“精气”之说应该还是原始意义上的一种宗教观念，还停留在观念的意义上，并没有产生仪式上的宗教行为。但是当人们有了对死去的人“奉事之，亲媚之，以析人事之福利”的行为，宗教观念加上宗教行为，这样完整意义上的宗教就产生了。从人类发展的历史看，“奉事”和“亲媚”是等级制度的一种体现，是等级观念在人类社会的初次体现，它成为丧葬仪式上的一种礼仪态度。这种现象是在以血缘纽带为基础的氏族、部落制度的社会关系背景下，对具有血缘关系的亲人产生的眷念之情和敬畏之心，并希望他们灵魂不死以及对死后生活的寄托和遐想，由此产生了“丧礼祭仪”的墓葬仪式。这种观念和仪式其实就是一种完整的宗教行为，是宗教起源的完整体现。

严复关于宗教起源的观点其实已经十分贴近唯物主义者对宗教起源的探究，同时还看到其注重“人”在这一过程中的主观能动作用。其不仅认为人是自然的一部分，还认识到宗教产生于人能动地改造自然的过程中。这与同时期的康有为等思想家仅把宗教起源归结于人们的愚昧无知的唯心主义观点相比具有进步的意义。同时严复还特别补充介绍了宗教产生的社会根源，虽

① 严复：《天演进化论》，汪征鲁、方宝川、马勇主编《严复全集》第7卷，第439页。

然严复没有进一步明确地解释氏族制度为什么是宗教产生的重要根源，但他介绍两种宗教起源的观点在当时已经较为全面，已实为难得。

透过严复论述宗教起源的观念，看到的是人学思想在严复思想中的复苏。中国古代人学思想源远流长，其起源于远古时期人的主体意识和自主意识的萌发，中国传说中的女娲、燧人氏、伏羲氏、神农氏都是人们想要战胜自然的神化的象征。这时候神的崇拜其实就是原始人类对自身认识的一种歪曲和抽象的反映。可以说“宗教人”的形象实际上是把人的本质投射在神的身上，是人学思想的雏形。随着社会生产力的发展，至春秋战国时期，人们对人和自然关系的认识有了重大的发展，所处的社会关系亦发生了重大的变化，开始对“人”的认识进行一番新的思考，从而形成了中国古代社会的第一次人学思潮。而从秦国结束了春秋战国以来诸侯割据混战的局面，建立了我国历史上第一个大一统国家后，中国人学思想的发展也发生了巨大的变化。至汉武帝时期“罢黜百家，独尊儒术”之后，儒家思想成为中国古代最主要的意识形态。特别是到了封建社会后期，以“理学”形态出现的儒家思想占据了绝对单一的统治地位，中国古代人学思想逐渐呈现凋敝的景象。在这个历史阶段中，中国的人学思想虽然出现过反复、补充和发展，但是从主流上看它是以儒学思想为主体的“人伦”的形态出现。直到严复所处的清朝末期，社会进入了一个重要转型期，经济、文化、政治乃至整个社会都发生了重大的变化。特别是外来文化的冲击，以严复为代表的先进知识分子开始学习、接受并传播融合了西方的人学思想，对长期以封建“人伦”思想为主导的人学思想予以沉重打击，长期被理学压抑的人文主义思想释放出耀眼的光芒，产生了多元化的近代人学思想。而严复正是这多元化近代人学思想的领军者和号召者。

二 宗教的社会调控功能

前文已论述原始宗教起源于对自然界异己力量的崇拜，但随着人类社会的产生和发展则开始出现崇拜社会的异己力量。在阶级矛盾出现和阶级斗争产生的过程中，统治阶级崇拜神灵是为了名正言顺地实行他们的奴役和剥削的权力，被统治阶级则是希望能够摆脱被奴役的地位，或希望自己少受点奴役和剥削。而由此宗教衍生了其在维持社会和国家秩序，调节人与人之间关系方面的社会功能。严复的宗教思想在这方面也有充分的论述。

(一)宗教在维持人与人社会关系中的普遍性

合一群之人，建国于地球之面。……然莫不共奉一空理，以为之宗主。此空理者，视之而不见，听之而不闻，思之而不测。而一群之人，政刑之大，起居之细，乃无一事不依此空理而行。其渐至举念之间，梦寐之际，亦无心不据此空理而起也。此空理则教宗是矣。①

严复认为只要有“合一群之人”的社会，就一定有“共奉一空理”的宗教存在，只要有人存在的社会，只要有国家的存在，就必然存在宗教。处在社会中的人不论是大到国家的“政刑”法典制度，还是小到每个人的“起居”生活等全部都受到宗教的约束和影响。“宗教者，群之大用也，或辟之，或反而辟之，其于言群，均无当也。”② 严复强调了宗教在人类社会具有普遍的存在性。这种普遍性体现在对人与人社会关系——社会秩序的影响和控制作用。

在宗教社会学中，社会秩序主要包括社会结构秩序和社会行为秩序。社会结构秩序，包括经济结构、阶级结构、分层结构、组织结构等相对稳定的状态；社会行为秩序，是人们在社会互动中要遵从和维护的一定的社会规范，并保持相对稳定的社会关系。社会结构秩序乃需通过国家的“政刑”而发挥其作用，为之“大”；社会行为秩序乃是人与人之间“起居”相互关系，为之“细”。严复在这里认为“政刑之大，起居之细，乃无一事不依此空理而行”，宗教在社会结构秩序和社会行为秩序方面发挥了不可替代的作用，“教之所言，著为科律，谓凡此皆至德要道，必不可叛者”③，“得宗教而后教化尊，民有守死善道之心，而群之合乃大固”④。就

① 严复：《保教余义》，汪征鲁、方宝川、马勇主编《严复全集》第7卷，第81页。

② 严复：《群学肄言》，汪征鲁、方宝川、马勇主编《严复全集》第3卷，第190页。

③ 严复：《群学肄言》，汪征鲁、方宝川、马勇主编《严复全集》第3卷，第180页。

④ 严复：《群学肄言》，汪征鲁、方宝川、马勇主编《严复全集》第3卷，第188页。

此说明了宗教属于社会上层建筑，它在不同程度上参与了国家的建立、法制的产生、道德的约束等人与人之间的社会整合和控制，并在一定程度上承担了作为个体的人在社会化过程中的载体作用——具有的调节人与人之间相互的社会关系的功能。

（二）宗教在维持社会结构秩序中的控制性

> 故凡世间所立而称教者，则必有鬼神之事，祷祠之文，又必有所持受约束，而联之以为宗门徒党之众。异夫此者，则非今西人之所谓教也。[①]
>
> 宗自谓神授种，必言天眷，于是诸教始樊然并立。同己所以事天，异者沦于永劫。所关者重，故不止于党同伐异，入主出奴已也。[②]

以上两段话引自严复《原富》中的按语，第一段话是他对宗教的理解，给宗教下了个基本的定义：须有“一群有共同侍奉的鬼神和共同的祷祠教义，并严格地受教义规范和约束的人们聚集在一起”方能称为宗教。这里的宗教具备了这样几个要素：信仰、教义、组织。严复明确表示“异夫此者，则非今西人之所谓教也”，三者缺一不可。

第二段话严复则对宗教存在的特征加以描述。严复说到宗教假借神权，自称上天的眷属，各个宗教繁盛并存，相同宗教之间可以共同侍奉上天，不同的宗教之间则水火不容，最关键的不外乎结党分派，打击异己，崇信了这种宗教，必然排斥另一种宗教，宗教具有强烈的排他性。这两段话是严复对宗教概念的界定与理解，较之于康有为、梁启超等泛宗教者的概念，严复的理解应该是深刻的、严谨的。

这两段话蕴含着严复对宗教社会功能的独到理解。宗教要素的“教义”或者“宗教礼仪”在政教合一和国教制的国家中往往起着法典和法规的作用。它们通过宗教另一要素“宗教信仰”把不同利益代表的阶层在一定组织范围内通过教义等方式进行整合，进而实现在不同利益矛盾冲突下

① 严复：《原富》按语，汪征鲁、方宝川、马勇主编《严复全集》第2卷，第550页。

② 严复：《原富》按语，汪征鲁、方宝川、马勇主编《严复全集》第2卷，第550页。

遵守一个共同的规范。而且这种整合性的规范具有强制性和固定性，“以其宗旨之相倾，则驳击抵排，而异量之美不见”[①]。“一切异者，皆外道魔宗，皆异端邪说。”[②] 达到“同己所以事天，异者沦于永劫”的程度，而这种规范在阶级社会里很大程度上是为统治阶层服务，出现了“党同伐异，入主出奴”的现象，起到了严格的社会控制作用，从而帮助建立起稳固的社会结构秩序。这种情况在原始宗教中就出现了。氏族、部落社会通过自然崇拜、图腾崇拜、祖先崇拜等宗教礼仪建立起一整套制度，实现了社会组织的有序化。这种作用到了中古和西方中世纪时期更是发挥得淋漓尽致，“可知古人之于帝王，其得位行权，皆若天之所相，而又不言所以相之何如。果其灵异，存乎事实，抑不过众人心里，信以为然。夫人君既为天之所立如此，是以东西宗教，莫不以尊君敬上，奉法怀刑，为斯人最重之名谊”[③]。几乎每个国家和民族的最高统治者，都要为自己的统治披上神秘的宗教外衣。严复在《群学肄言》中论述道：“其论群法也，必依其宗教之律令，以褒贬其制度云为焉，至于即事为衡，决以斯民乐利所由之增损进退者，真落落乎不多见也。”[④] 这时候的宗教是实现和强化统治、维持社会结构秩序稳定的工具，使得人们的社会行为就在固定的社会结构秩序中进行。

(三)宗教在维持人与人社会行为秩序构建中的教化功能

欧洲诸教，皆起安息（古代波斯）大食（阿拉伯）之间，一曰犹太，二曰基督，三曰摩哈穆（现译为穆斯林）。而基督、摩哈穆流布最广。基督者，耶稣也，本犹太人，故因犹太旧教，起为新宗，垂二千年。其支流最众，曰希腊，曰罗马。……故基督之流虽多，要皆以耶稣为帝子，皆信其降生杀身，以赎人类本生之罪孽者也。犹太、基督、摩哈穆，三教虽异，要皆以崇信一神为本旨，此其大较也。[⑤]（括

① 严复：《群学肄言》，汪征鲁、方宝川、马勇主编《严复全集》第 3 卷，第 181 页。
② 严复：《群学肄言》，汪征鲁、方宝川、马勇主编《严复全集》第 3 卷，第 183 页。
③ 严复：《政治讲义》，汪征鲁、方宝川、马勇主编《严复全集》第 6 卷，第 69 页。
④ 严复：《群学肄言》，汪征鲁、方宝川、马勇主编《严复全集》第 3 卷，第 179 页。
⑤ 严复：《原富》按语，汪征鲁、方宝川、马勇主编《严复全集》第 2 卷，第 910 页。

号中为笔者注释)

严复介绍了西方三大宗教——犹太、基督和摩哈穆，特别介绍了支流最众的基督教，指出其教义的宗旨："降生杀身，以赎人类本生之罪孽者。"即基督教的基督论、原罪论和救赎论，主要指降生杀身的无限仁慈仁爱的奉献精神、赎人类本生之罪孽，通过信仰基督去除人类凶杀、抢劫、贪婪、欺诈等"原罪"，而最终得到上帝的"救赎"。进而，严复分析了西方宗教的教义教规："西之宗教，重改过宥罪，曰此教徒之天职也。虽有至深之衅，使犯者声言歉衷，以自谢于受者，则旧怨可以立捐。……其受谢者，不为弱懦，而度量恢廓，为人所称。脱既解矣，而犹以旧怨相绳，则其人必为国人所不数，此西国之俗也。"① 指出西方宗教是"重改过宥罪"，提倡宽恕、隐忍、博爱，并认为这是教徒的"天职"本分。其重视的是给人以改过自新、弃恶从善的机会。这实际上是在教育教徒要扮演好自己的社会角色，在处理人与人关系时要和睦共处，避免角色错误、冲突。严复又说："至于吾俗，乃大不然。衅之既生，衔者次于骨髓，迁怒及其亲戚，寻仇延乎子孙。即有居间排难之家，以势相临，若不得已。虽曰解仇，察其隐微，固未尝释也。其居心如是，其揣人亦然。缊火常伏，其发也，特待时而已！故其民之相遇也，刻螫感愤之情多，而豁达恺悌之风少也。呜呼！此固宗教使之然耳。"② 严复列举了中国传统习俗中的种种弊端，如人与人之间的争端矛盾难以化解，甚至扩大到亲戚、后代之间，表面上化解了仇怨，但实际上矛盾随时可能再起，所以严复一针见血地指出"东之教曰以直报怨，曰复九世之仇"③，并把这个原因归结为"宗教使之然耳"。在这里先不论严复的这种认识的合理性，有关看法凸显了中西社会中宗教之于人与人社会行为秩序构建的教化功能。

另外，严复还以罗马公教为例，认为该教对欧洲社会的演进功不可没。"当欧洲往日，于民群之演进，未尝无功"，他说社会发展到今天，不能抹杀罗马公教在历史发展的进程中教化民风方面所起的作用，"今之訾

---

① 严复：《法意》按语，汪征鲁、方宝川、马勇主编《严复全集》第4卷，第475页。
② 严复：《法意》按语，汪征鲁、方宝川、马勇主编《严复全集》第4卷，第476页。
③ 严复：《法意》按语，汪征鲁、方宝川、马勇主编《严复全集》第4卷，第397页。

公教者，曾亦思数百年以往，民行之所以日纯，横暴之所以日泯，奴虏之被虐，有所息肩，女子之遭逢，差无楚毒者，微彼教力，谁与归乎？”[①] 由此，严复肯定了宗教在历史发展的进程中教化民风的作用，具有“合众小群而为一大国”，“息战争，兴文物”[②] 整合社会的功能。这里去除严复变革求新的心理对中国传统文化的一种选择性否定因素，通过正反的比较更加突出了严复强调宗教在调节人与人社会行为秩序方面具有重要的教化作用，所以严复提出了“宗教为物，其关于陶铸风俗者，常至深远”[③] 的观点。

严复也正是基于对宗教教化功能的认识，在其宗教观内提出“孝”是中国真正的宗教的观点。“孝则中国之真教也。百行皆原于此，远之以事君为忠，迩之以事长为悌，充类至义，至于享帝配天，原始要终，至于没宁存顺。盖读西铭一篇，而知中国真教，舍孝之一言，固无所属矣。”[④] 严复把“孝”当成中国的宗教，是源自其对宗教定义的解释，具有西方宗教所具有的基本特性。第一，严复认为“孝”本身就是对祖宗的神化崇拜。严复认为：“孔教亦何尝以身后为无物乎？孔子赞《易》也，曰精气为物，游魂为变。《礼》有皋复，《诗》曰陟降，季札之葬也，曰：体魂则归于地，魂气则无不之，未闻仲尼以其言为妄诞也。且使无灵魂矣，则庙亨尸祭，所熏蒿凄怆，与一切之礼乐，胡为者乎？”[⑤] 这里严复显然对孔子不事鬼神的观点提出了不同的意见，他认为孔子对《易》书中关于生命的起源——精气为物，生死的变化——游魂为变的观点是十分认同的，同时《礼记》中有招魂一说，《诗》内有“文王陟降，在帝左右”（《诗·大雅·文王》），文王之神一升一降都在上帝的左右，等等，这些都具有“鬼神之事”的特征。第二，严复在《支那教案论》文中的按语：“中国孝子不以天下忘其亲，方正学移孝作忠，至于湛十族不反顾。”[⑥] 中国人不因为天下而忘记“孝”，而是将忠孝紧密地结合起来，使其成为规范中国

---

① 严复：《群学肄言》，汪征鲁、方宝川、马勇主编《严复全集》第 3 卷，第 182 页。
② 严复：《群学肄言》，汪征鲁、方宝川、马勇主编《严复全集》第 3 卷，第 181 页。
③ 严复：《法意》按语，汪征鲁、方宝川、马勇主编《严复全集》第 4 卷，第 475 页。
④ 严复：《支那教案论》按语，汪征鲁、方宝川、马勇主编《严复全集》第 5 卷，第 526 页。
⑤ 严复：《法意》按语，汪征鲁、方宝川、马勇主编《严复全集》第 4 卷，第 478 页。
⑥ 严复：《支那教案论》按语，汪征鲁、方宝川、马勇主编《严复全集》第 5 卷，第 526 页。

人的行为准则。通过考察中国传统孝道，我们看到了这样一种情形：以儒家思想为核心，构建了一套“家天下”、家国同构的政治伦理。在这伦理框架下，封建统治者以孝道教化天下，移孝作忠，进而维持了君君臣臣父父子子的道德关系、秩序和准则。而这种道德关系和准则在传统社会中就是人与人之间构成稳定结构和秩序的重要因素。在严复看来，这种关系在孝道这个宗教产生之后，就承担起了关于道德的教化功能。所以严复提出“百行皆原于此”，孝是中国人的“祷祠之文”，具有“远之以事君为忠，迩之以事长为悌，充类至义”的宗教约束性。第三，严复认为在中国孝道内，最终的追求就是实现“享帝配天”，尊享一切，这则合宗教“宗自谓神授种，必言天眷”的特征。据此严复通过考察“孝”符合西方宗教的属性进而得出“孝是中国真正的宗教”的结论。当然，中国宗教问题是一个复杂的问题，自中国近代以来就争论不休，主要有两种观点：一说中国是个非宗教国，认为中国的儒、释、道三教俱非宗教，有如梁启超、欧阳渐等人；另外一说，中国乃多宗教国家，认为中国人从家庭到国家都崇信天鬼，儒教设有孔庙，佛教立有庵院，道教建有寺观，甚至还有混合式的庙宇，宗教信仰氛围是极浓厚的，不独恪守着固有的自然崇拜，而且融合了外来的宗教。虽然，严复对“孝”道是中国真正宗教一说没有更加系统的说明和阐释，但通过严复的孝道宗教观，我们可以看出其对宗教认识突出的是教化民风的社会功能的特点。也就是说严复正是从传统孝道在维持社会秩序方面的社会功能的角度出发而认为孝就是中国的宗教。

严复通过中西宗教比较突出了宗教以教化为途径在人们道德养成过程中的作用。他以西方宗教为参照系，比较了中西宗教在加强人们的品德修养，规范人们的日常行为，调节人与人之间、人与社会之间的关系等方面的不同影响后突出的是中西宗教社会功能的同一性——“教化”，认为宗教把世俗化的道德转化为信仰，并通过信仰化的道德来规范人的个体行为和社会角色。

正是因为严复认识到中国宗教较之于西方宗教在教化民众方面的弊端，所以他在早期政治活动实践中极力地反对康有为等通过保教（孔教）来保国的主张。并在这个认识基础上对中国传统社会“教”（宗教）“学”（学术）不分、政教不分进行批判。他认为孔教核心为“礼”，“然则吾国之礼，所混同者，不仅宗教法典仪仗习俗而已，实且举今所谓科学、历史者而兼综之矣”[①]，孔教已经突破了宗教范畴，成为国家量取人才、衡量世人的标准，是中国古代的统治之术。所以严复认为“中国君师之权出于一，而西国君师之权出于二；中国教与学之事合而为一，而西国教与学之事判而为二”[②]，教学之分是中西社会发展差异的主要原因，他提出只有做到“故君师之权必分”，将宗教与学术分开，才能“而后民义克立”，[③] 宗教才能发挥教化民风的积极作用。所以严复在实践中断然否定通过保教可以保国，并且针锋相对地提出了“自强保种”的主张。

三　宗教演变与人类社会发展的关系

如前文所述，严复认为“教”和“学”是两个不同的世界，他说：“‘教’者所以事天神，致民以不可知者也。……‘学’者所以务民义，明民以所可知者也。”[④] 严复指出宗教解决的是人们“不可知”的问题，科学解决的是人们“可知”的问题，由此严复构建了“可知”和“不可知”两个不同的世界。严复的这个观点应该是源自斯宾塞的思想。[⑤] 严复将不可知论的部分归结于宗教解决，并认为宗教存在的意义在于人的不可知论，“今夫民之于宗教也，原始要终，无二致也，日主于所不可知已耳”[⑥]。直接道出了宗教正是人不可知论的产物。

① 严复：《原富》按语，汪征鲁、方宝川、马勇主编《严复全集》第2卷，第332页。

② 严复：《原富》按语，汪征鲁、方宝川、马勇主编《严复全集》第2卷，第550页。

③ 严复：《原富》按语，汪征鲁、方宝川、马勇主编《严复全集》第2卷，第551页。

④ 严复：《救亡决论》，汪征鲁、方宝川、马勇主编《严复全集》第7卷，第55页。

⑤ 严复翻译斯宾塞的《群学肄言·教辟》中有云：“宗教之精义存于幽，幽故称神道，而后之人欲以民义显者易之，此不仅求之心理而不然也，即考之往迹莫有此者。夫人道之尊固也，然尝有物居民义之先，而为根蒂者矣。执民业而忘天道者，可以为一时，不可以为永久。何则？宇宙之间，人道不足以尽物也。人道有极者也，而天道无极者也。欲以有极者代无极，此反宗教而辟者之过者也。”见严复《群学肄言》，汪征鲁、方宝川、马勇主编《严复全集》第3卷，第190页。在西方哲学史中，18、19世纪的实证主义、新康德主义等许多流派主张不可知论，其中实证主义的代表之一斯宾塞认为科学和秩序均以现象为研究对象，都是研究有限的、有条件的、相对的和可分类的东西，是可知的范畴；但同时他认为现象又是无限的、无条件的绝对存在的意识表现，而这种绝对的存在又是独特的、不可分的东西，超出了现象的范围，是不可知的领域。

⑥ 严复：《群学肄言》，汪征鲁、方宝川、马勇主编《严复全集》第3卷，第189页。

(一)宗教与学术的矛盾统一

严复在《天演进化论》中系统地描述了宗教与学术两者之间的关系："由是而知民业贵贱之分肇于智慧者为多，而始于武力者为少。智慧首争于巫医，由巫医而生君长。具有巫医滥觞而演为今日之二类人：一曰宗教家，又其一曰学术家。是二类之民至今反对，不知其至何日乃合为一途者也。夫巫医之徒皆以使物通神，弹厌呵禁为能事，旱能致雨，潦使放晴，而又有前知之验。则由是而有研究物情，深求理数之人，夫如是谓之学术家；又由是而有笃信主宰，谓世间一切皆有神权，即至生民，其身虽亡，必有魂魄，以为长存之精气者，如是谓之宗教家。宗教、学术二者同出于古初，当进化程度较浅之时范围极广，而学术之事亦多杂以宗教观念，无纯粹之宗风，必至进化程度日高，于是学术之疆界日涨，而宗教之范围日缩。二者互为消长，甚者或至于冲突，此至今而实然者也。"[①] 严复认为在早期社会，掌管或熟知宗教的人为"巫医"。但随着人类实践能力的提高，认识水平的提升，人的发展开始出现了社会分工，"巫医"演变为后来的宗教家和学术家。在人类发展的初期二者难分彼此。从宗教的起源来说，宗教与学术实为统一。但随着人的发展，"进化程度日高，于是学术之疆界日涨，而宗教之范围日缩"，二者的关系又演化为"互为消长，甚者或至于冲突，此至今而实然者也"。此时宗教与学术乃截然不同之二者，严复认为："西学之与西教，二者判然绝不相合。'教'者所以事天神，致民以不可知者也。致民以不可知，故无是非之可争，亦无异同之足验，信斯奉之而已矣。'学'者所以务民义，明民以所可知者也。明民以所可知，故求之吾心而有是非，考之外物而有离合，无所苟焉而已矣。"[②] 严复认为"教"与"学"最大不同的地方在于"不可知"与"可知"，宗教关注的是人类之没有是非、异同的判断标准的超验的问题；学术则关注的是有是非标准、可考的等具体现象问题。"'教'崇'学'卑，'教'幽'学'显；崇幽以存神，卑显以适道，盖若是其不可同也。世人等之，不亦远

① 严复：《天演进化论》，汪征鲁、方宝川、马勇主编《严复全集》第7卷，第437~438页。

② 严复：《救亡决论》，汪征鲁、方宝川、马勇主编《严复全集》第7卷，第55页。

乎”[①]，学术的进步，人的进化，“民质”的进步，探寻可知的事物的能力增强，可知的事物就日益增多，而不可知的超验问题就日益减少，严复认为：“迨民质进，而宗教义衰，则独立道德，将自有以持世而有余。”[②] 宗教在人的发展过程中所占的比例也会越来越小。从这个意义上来说，宗教与学术又是矛盾的，但严复又提出：“然宗教必与人道相终始者也。盖学术任何进步，而世间必有不可知者存。不可知长存，则宗教终不废。学术之所以穷，即宗教之所由起，宗教可以日玄而无由废。”[③] 严复认为宗教与人类的发展必然相伴始终，这是因为不论人类科学（学术）取得如何的进步，人类总存在不可知的地方，而这正是宗教存在的意义。而正是可知与不可知的对立统一的矛盾体不断推进人们对“学术”的追求和认识，成为推动人类社会发展的一个相伴始终的重要动力。

（二）宗教的进化与人类社会发展的相互作用

严复认识到宗教既然为人能动地认识改造世界的产物，那么随着人的发展进化，宗教本身也将发展和变化，严复认为：“民之造像范偶而拜之者，非信是像偶为有灵也，亦谓有神灵焉主是像偶者。则由是而有多神之教，多神而统之以一尊，则由是而有太岁，有玉皇，浸假而多神之说不足存，于是乎有无二之上帝，此读内（旧）新二约可以得进化之大凡者也。”[④] 严复认为人们对神的信仰并不是先有“像偶”的神，然后神才有独特灵验的功能，而是神先有了灵验的本领才成为人们崇拜的“像偶”。其实这反映的是人类原始崇拜的对象——自然物体和现象本身并没有神灵的本性，而是人类在有意识地改造自然中对这些自然现象进行了能动性的认识，从而赋予了它们监督人间和主宰赏罚的神性。接着严复阐述了宗教发展的这样一个过程：随着阶级社会产生了森严的等级制度，神界也开始有了不同等级的神，他们根据不同的级别主宰赏罚的权力不一，并产生了独一无二的最高等级的上帝。随着宗教的进化，上帝便成为唯一的神。这阐

---

① 严复：《救亡决论》，汪征鲁、方宝川、马勇主编《严复全集》第 7 卷，第 55 页。

② 严复：《法意》按语，汪征鲁、方宝川、马勇主编《严复全集》第 4 卷，第 439 页。

③ 严复：《天演进化论》，汪征鲁、方宝川、马勇主编《严复全集》第 7 卷，第 439 页。

④ 严复：《天演进化论》，汪征鲁、方宝川、马勇主编《严复全集》第 7 卷，第 439 页。

释的是人类认识改造自然能力的提高、人类社会的发展和进步，神的自然属性逐渐减少，社会属性逐渐增强的过程。究其本质，神能主宰人们的命运的超能力是人类所赋予的。恩格斯也有类似这样的论述：“一切宗教都不过是支配着人们日常生活的外部力量在人们头脑中的幻想的反映，在这种反映中，人间的力量采取了超人间的力量的形式。在历史的初期，首先是自然力量获得了这样的反映……但是除自然力量外，不久社会力量也起了作用……在更进一步的发展阶段上，许多神的全部自然属性和社会属性都转移到一个万能的神身上，而这个神本身又只是抽象的人的反映。”① 严复强调宗教在人类社会演进的过程中扮演的重要的角色，“宗教虽人事之经，而亦天演之事，经物竞天择之淘汰，而有此余也。然则宗教者，固人事之科律，而其所以垂为后法者，非一二人之劫制号令也，阅数百世之治乱兴衰，积累试验，合而成此。故其说多坚，而其理多信，而后之人欲以一曙之智虑，谓可取而代之，夫亦于其事之所由来未深审欤?”② 宗教的演化和人类认识自然、社会能力的提升密切相关，是人“阅数百世之治乱兴衰，积累试验”的经验总结，宗教因“固人事之科律”而具有了“垂为后法”的服务人类社会的功能。人类从简单个别的、互不相关的各种自然现象和社会现象中建立一种必然的互相联系，创造并进化了宗教。而宗教的产生和进化反过来又服务于人类社会的进步和发展，比如从原始社会向阶级社会过渡是人类社会的巨大进步是毋庸置疑的，而宗教赋予了这种社会变迁合理又合法的解释。

结 语

严复的宗教思想之所以独树一帜，不仅源自其优秀的西学素养和扎实的国学功底，使得其对宗教理解在概念、功能等层面上较之于当时以康有为、谭嗣同、梁启超等为代表的维新变法思想家多了严谨的学术界定和客观认识。维新变法代表们为了政改的目的随意地嫁接西方宗教到孔教身

① 《马克思恩格斯选集》第3卷，人民出版社，1995，第666~667页。

② 严复：《群学肄言》，汪征鲁、方宝川、马勇主编《严复全集》第3卷，第186~187页。

上，认为孔教、基督教与佛教的主张本质上是一致的，进而提出了通过保教来实现保国的目的；而严复则是在严格学术概念界定下，对中西的宗教状况和民俗信仰进行较为客观的比较分析，他并不是为了简单地宣扬西方先进的思想，其最终目的是“鼓民力、开民智、新民德”，所以他并没有全盘西化或者进行简单的移植西方文化。严复在对西方宗教历史发展历程考察的基础上，提出了宗教存在的必然性，同时能够辩证认识到西方宗教在社会发展过程中的积极和消极的作用。如在《法意》的按语中对天主教进行了批判：“夫修教固清净矣，而如吾民心德有所不及耶？嗟呼！景教之力，其在欧美已世衰矣。顾失于西者将生于东。特虽至胜，犹不及尔！他日乱吾国者，其公教乎？此不待智者而可知者也。”① 在其翻译的《群学肄言》教辟篇中严复也认同了宗教的一些危害：“彼将本其宗教之是非善恶，以论非宗教之是非善恶，则无怪玄黄易位，黑白倒置者矣。故宗教精粗真伪不同，而其为群学之梗则一。所奉者扬之升天，所辟者抑之入地。攻取击排，杂以愤好，是于一群之变，欲因果事效，厘然无惑难矣。”② 通过正反论证，严复强调了“则由是知教辟故害，而其反者又未尝不害也。其所由害，以不知群演未深之日，得宗教而后教化尊，民有守死善道之心，而群之合乃大固”③，认为宗教通过道德教化等形式对社会起到了有效控制人与人之间行为秩序的作用，维持了社会的稳定，具有积极的社会意义。

总之，严复宗教思想认为宗教是人能动地改造自然的产物，注重的是宗教对“人”的社会教化功能和其自身演进在人类社会发展进程中的作用。而这种认识与严复提出的以“人”为中心的“鼓民力”“开民智”“新民德”的救国兴国战略完美地融合在一起，成为其思想不可或缺的部分。

原载《福建师范大学学报》（哲学社会科学版）2016 年第 3 期

---

① 严复：《法意》按语，汪征鲁、方宝川、马勇主编《严复全集》第 4 卷，第 485 页。

② 严复：《群学肄言》，汪征鲁、方宝川、马勇主编《严复全集》第 3 卷，第 179 页。

③ 严复：《群学肄言》，汪征鲁、方宝川、马勇主编《严复全集》第 3 卷，第 188 页。

文化人物编

《全唐文》所收陈元光表文二篇系伪作考

谢重光

陈元光是唐初闽粤之交的历史人物，他在高宗武则天朝参与平定闽粤之交的“蛮獠”动乱，出任漳州首任刺史，对于漳州的早期开发有重要贡献，后被奉为神明，号“开漳圣王”，至今在闽南、粤东和台湾仍有很大影响。人们研究漳州早期开发史和闽南与台湾的关系，陈元光其人其事都是无可回避的。但关于陈元光“平蛮开漳”的性质，则因史料问题而存在严重分歧。其中《全唐文》卷一六四所收两篇所谓陈元光的表文，以及编者所附陈元光小传①，常常被人们引用，借以论证陈元光来自光州固始，陈元光及其属下将校是中原向闽南迁徙的大批武装移民。其实，这两篇所谓陈元光表文，是明显的伪作，《全唐文》的陈元光小传则是使用伪造史料而得出错误结论的典型。鉴于这两篇表文至今还被人们奉为唐代宝贵史料，其贻误学术贻误世人之弊实非浅鲜，本文特此详加考辨，以明其伪。

一　从唐代职官制度看两表之伪

题为陈元光所作的这两篇表文，一为《请建州县表》（下文简称《请表》），一为《漳州刺史谢表》（下文简称《谢表》）。两篇表文为陈元光列出一大通官阶，《请表》曰：“泉潮守戍、左玉钤卫翊府左郎将臣陈元光

① 董诰：《全唐文》卷一六四，上海古籍出版社缩印本，1990，第737~738页。

言：伏承永淳二年八月一日制，臣进阶正议大夫、岭南行军总管者。”《谢表》曰：“左玉钤卫翊府左郎将、进阶前正议大夫、岭南行军总管臣陈元光言：伏奉垂拱四年六月二十九日制[①]，除臣中郎将、右鹰扬卫率府、怀化大将军、轻车大都尉、兼朝散大夫、持节漳州诸军事、守漳州刺史、赞治尹、营田长春宫使者。”据这两篇表文，在永淳二年（683）八月一日之前，陈元光的官衔是“泉潮守戍、左玉钤卫翊府左郎将”；在永淳二年八月一日之后，晋升为“正议大夫、岭南行军总管”；垂拱四年（688）六月二十九日之后，又新加“中郎将、右鹰扬卫率府、怀化大将军、轻车大都尉、兼朝散大夫、持节漳州诸军事、守漳州刺史、赞治尹、营田长春宫使者”等官职。这一大堆官衔，与唐高宗、武后时期的职官制度大相径庭。兹就两表所列陈元光职衔的矛盾、混乱情况辨证如下。

1. “泉潮守戍”与左玉钤卫翊府左郎将问题

唐制，边镇有镇将、镇副、戍主、戍副，掌捍防守御。所谓“泉潮守戍”，似指戍守泉潮地界的边镇军官。据记述开漳事迹颇详的《白石丁氏古谱·懿绩记》[②] 载：

> 总章二年（669）戊辰[③]，天子遣将军陈政与曾镇府更代……先是，泉潮之间故绥安县地也，负山阻海，林泽荒僻，为獠蛮之薮，互相引援，出没无常，岁为闽广患。且凶顽杂处，势最猖獗，守戍难之。

则唐初在泉潮之间故绥安县地确实置有镇戍，原任镇将姓曾，称为曾镇府，后来陈元光之父陈政奉命前来更代。陈政死后，陈元光代其职，“泉潮守戍”云云，可能指陈元光在泉、潮之间担任“捍防守御”之职。其职若是镇将，官阶最高只有正六品下，最低是正七品下；若是戍主，官

① 据宋人吴与的《漳州图经序》，漳州垂拱二年十二月二十九日置。欧阳修、宋祁《新唐书》卷四一《地理志五》（中华书局，1975）第 422 页，亦作漳州“垂拱二年析福州南境置”。此处作垂拱四年六月二十九日，误。另，董诰《全唐文》卷五一三，第 2306 页，以吴与为“贞元时人”，而收入《漳州图经序》，亦大误。

② 《白石丁氏古谱》上册，漳州市地方志编纂委员会搜集整理本，1986，第 31~33 页。

③ 按总章二年为己巳，总章元年才是戊辰。此处应是修谱者误记。

阶最高正八品下，最低正九品下[①]，都属于低级武职。而“左玉钤卫翊府左郎将”却是正五品上的中级将官[②]。倘若陈元光在永淳二年上奏《请表》时已任“左玉钤卫翊府左郎将”之职，不应再列此前的低级边镇军职；因为在上奏皇帝的表章中，绝不可能出现这种将不同时期担任的低级武职与中级将官并列的具衔形式。

再者，“泉潮守戍”之“泉”指泉州，“潮”指潮州。唐高宗、武后之世，泉州治今福州，辖境包括今闽北以外的福建广大地区。[③] 潮州则包括今粤东的潮州、揭阳、汕头和梅州地区。[④] 镇守这一广大区域的任务应由都督、总管一类的高级将官之职承担，绝非职位卑微的镇将、戍主所能胜任。若谓“泉潮守戍”不是指戍守泉、潮二州，只是指戍守泉、潮之交的某一要冲，证之以唐代实例，也是说不通的。在唐代官私文书中，凡兵府、军镇及诸戍、烽燧等军事单位，都有具体名称。这种情形在敦煌、吐鲁番文书中反映得最为清楚。例如西州都督府下有赤亭镇、柳谷镇、白水镇等镇，又有银山戍、方亭戍等戍[⑤]。不能把这一类的镇、戍称为西州守戍，更不能称为西、沙（西州和沙州）守戍。同理，泉州或潮州属下的某镇、某戍也各有专名，不能称为泉州守戍、潮州守戍或泉潮守戍。

“左玉钤卫翊府左郎将”的官衔也有问题。据《唐六典》和新旧《唐书》，唐初京城诸卫中有左右领军卫，龙朔二年（662）改为左右戎卫，咸亨元年（670）复旧，光宅元年（684）改为左右玉钤卫，神龙元年（705）复旧，即再度改为领军卫[⑥]。准此，玉钤卫之称只行于光宅元年至神龙元年（684~705）的短时间内，在光宅元年之前，神龙元年之后都不可能有此官衔和官称。《请表》既作于永淳二年（683），则其时不应有玉

---

① 欧阳修、宋祁：《新唐书》卷四九下《百官志四下》，第1319~1320页。

② 欧阳修、宋祁：《新唐书》卷四九上《百官志四上》，第1280页。

③ 李吉甫：《元和郡县图志》卷二九，中华书局，1983，第715~716页。

④ 李吉甫：《元和郡县图志》卷三四，第894~896页；脱脱：《宋史》卷九〇《地理志六》，中华书局，1977，第2236~2237页。

⑤ 《唐西州都督府上支度营田使牒为具报当州诸镇戍营田顷亩数事》，见《吐鲁番出土文书》第8册，文物出版社，1987，第219页。

⑥ 李林甫：《唐六典》卷二四，广池千九郎训点，内田智雄补订，广池学园事业部，1973，第444~445页；刘昫：《旧唐书》卷四四《职官志三》，中华书局，1975，第1900页；欧阳修、宋祁：《新唐书》卷四九上《百官志四上》，第1280页。

铃卫，表文说陈元光永淳二年任“左玉钤卫翊府左郎将”乃向壁虚构。

但征诸宋代文献，北宋漳浦人、曾任潮州通判的吴与为祥符《漳州图经》作的序言中，记载“皇唐垂拱二年十二月二十九日，左玉钤卫翊府左郎将陈元光平潮州寇，奏置州县”①；朱熹任漳州知州时写的《漳州守臣题名记》亦记：“漳以下州领军事，唐垂拱二年用左玉钤卫翊府左郎将陈元光奏置。”② 则垂拱二年（686）陈元光任左玉钤卫翊府左郎将应是事实。《请表》的伪造者只知陈元光曾任此职，而不知玉钤卫官衔和官名几度改变之事，所以闹出了笑话，露出了马脚。

2. 右鹰扬卫率府、轻车大都尉、赞治尹、长春官使诸问题

上面这几项官衔都见于《谢表》，是所谓垂拱四年（688）新授予陈元光之官。

按《元和姓纂》卷三，在“诸郡陈氏”条中记载陈元光为“右鹰扬将军”。右鹰扬将军是右鹰扬卫之官，右鹰扬卫为武职十六卫之一。但唐代官制，武职十六卫无率府；东宫武官有十率府，却又无鹰扬卫③。因此，《谢表》谓陈元光新得“右鹰扬卫率府”之官，亦悖于唐制。

又唐代勋官中有上轻车都尉，视正四品；轻车都尉，视从四品。④ 绝无“轻车大都尉”之官称。隋炀帝时州郡佐官曾有赞治一职⑤，唐“武德元年(618)，改赞治曰治中；高宗即位，曰司马”⑥，则陈元光的时代已无赞治官名，更无所谓赞治尹。赞治尹实际上是明代的文勋官，位列正四品；又有赞

---

① 祥符《漳州图经》已佚，序文引自《康熙漳浦县志》卷一七《艺文》，文中“皇”字乃后人所加。

② 朱熹：《晦庵先生朱文公文集》卷八〇《漳州守臣题名记》，收入《朱子大全书》第24册，上海古籍出版社、安徽教育出版社，2002，第3792页。

③ 欧阳修、宋祁：《新唐书》卷四九上《百官志四上》，第951页。《旧唐书》卷四四《职官三》、《通典》卷二八《职官十》、《唐六典》卷二四《诸卫》所载略同。

④ 欧阳修、宋祁：《新唐书》卷四六《百官志一》，第1189页。

⑤ 魏征：《隋书》卷二八《百官志下》，中华书局，1997，第802页。记炀帝时更改官制：“罢州置郡……罢长史、司马，置赞务一人以贰之。”此处之“赞务”原应为“赞治”，因避讳而改。在具体人物传记中，仍作“赞治”，如卷三九《源雄传》：“大业中自上党赞治入为尚书虞部郎。”

⑥ 欧阳修、宋祁：《新唐书》卷四九下《百官志四下》，第1309页。《旧唐书》卷四四《职官志三・州县官员》、《通典》卷三二《职官十四》、《唐六典》卷三三《三府・都督・都护・州・县官吏》所载略同。

治少尹，位正五品。[①] 可见，“轻车大都尉”“赞治尹”的官号也是后人虚构出来强加给陈元光的，从赞治尹一词来看，伪托者很可能是明代以后之人。

长春宫在同州（今陕西大荔、合阳、韩城、澄城、白水等县地），为隋唐时帝王避暑之行宫。长春宫使即为掌避暑行宫之官，至唐玄宗开元八年（720），始置营田长春宫使，兼掌长春宫周围州县公田的营田、屯田事务。长春宫使或营田长春宫使起初由朝臣、近侍、宦官兼任，唐代宗大历九年（774），以同州刺史充长春宫使，自后成为定制。[②] 陈元光是活动于闽粤之交的一位边鄙将官，所处时代又在尚未设立营田长春宫使之时，怎么可能当上营田长春宫使之官呢？

3. 岭南行军总管问题

两表都提到陈元光在永淳二年八月被“进阶”为岭南行军总管，《全唐文》的编者在两表之前所附陈元光的小传中，也称陈元光“以左玉钤卫翊府左郎将戍闽，迁岭南行军总管”。晚近有关谱、志则都称陈元光自进阶为岭南行军总管之后，终身担任此职。

按行军总管是南北朝隋唐时期统兵作战的高级将官，一般是遇有重大战事时，由皇帝临时任命的战区指挥官，为了区分行军总管或行军大总管与都督府军政长官之别，《通典》特地指出：“复有行军大总管者，盖有征伐，则置于所征之道，以督军事。”[③] 说明其属于临时差遣之职，事罢辄解，并非常设之官，因而并无一定的品级，无所谓“进阶”、“迁”官。被任命为行军总管者，大多是朝中重臣、宿将，或是事发地附近的都督、刺史。其官阶都在四品以上，未见四品以下低级军官被任命为行军总管的史例。而且，行军总管或大总管的使职前通常要冠以某某道字样，如辽东道行军总管，表示军出辽东；沧海道行军总管，表示横渡沧海进军；平壤道行军总管，表示作战区域在平壤附近。这里的“道”并非江南道、河北道、岭南道之类的按察区，而只是标示行军作战的区域。[④] 唐初担任岭南

① 张廷玉：《明史》卷七二《职官志一》，中华书局，1974，第1730页。

② 王溥：《唐会要》卷五九“长春宫使”，上海古籍出版社，1991，第1221页。

③ 杜佑：《通典》卷三二《职官十四》，中华书局，1984，第185~186页。

④ 孙继民：《唐代的行军统帅》，武汉大学历史系魏晋南北朝隋唐史研究室编《魏晋南北朝隋唐史资料——唐长孺教授八十大寿纪念专辑》，武汉大学出版社，1991，第206页。

道行军总管者也有实例，如隋唐之际岭南豪族陈智略，率众效顺唐朝后被唐高祖封为合浦县公、岭南道行军总管，派往岭南安抚动乱。[①] 其行军总管之称，就在岭南之后加一“道”字。

对照这些特点，陈元光“进阶”为岭南行军总管云云，殆无可能。稽诸传世文献，唐初汉族政权与闽粤之交的“蛮獠”之间最大的战事发生在永隆二年（681）。开国元勋高士廉之孙、时任循州司马的高琁“受命专征”，陈子昂《唐故循州司马申国公高君墓志》备述其事，略曰：“永隆二年，有盗攻南海，广州边鄙被其灾。皇帝哀洛越之人罹其凶害，以公名家之子，才足理戎，乃命专征，且令招慰。”[②] 循州是下州，下州司马官阶从六品上，是品级甚低的武官，由这样的低级武官受命专征，说明这次战事的规模并不大。陈元光参与了这次战事，据明清时期闽、越两省的方志记载，乃是奉高琁的檄调，“提兵入潮，伐山开道，潜袭寇垒”。[③] 纵有战功，充其量不过是高琁麾下一名裨将，谈何“岭南行军总管”？何况，大战发生在永隆二年（681），及至永淳二年以后，闽粤之交的形势已经渐渐稳定下来，既无大的战事，陈元光屯守的地域又只是岭南的一小部分，更不可能被任命为岭南（应有一“道”字）行军总管了。[④]

4. 其他问题

这两道表文具衔的顺序和用语也大成问题。唐代官员列官衔的通例，都是先列散官，次具职事官；若有勋官和爵位，再具勋、爵。而且“文武

---

① 宋敏求：《唐大诏令集》卷一一五《张镇州淮南道安抚等诏》，商务印书馆，1959，第600页。《册府元龟》卷一六四《帝王部·招怀》亦载此诏，但将陈智略误作张智略；董诰《全唐文》卷二，第7页，《授张镇周、陈知略淮南岭南行军总管诏》，则将陈智略误作陈知略。

② 陈子昂：《陈伯玉文集》卷六，《四部丛刊》影印明刻本，上海涵芬楼。

③ 何乔远：《闽书》卷四一《君长志》，福建人民出版社，1994，第1008页，阮元：《广东通志》卷二九二《列传·陈元光》，江苏广陵古籍刻印社，1986，第184页。

④ 杨际平：《陈政、陈元光史事考辨》，《陈元光国际学术讨论会论文集》，厦门大学出版社，1993，第275页。又，对于陈元光任岭南行军总管一事，以及《全唐文》这两篇题为陈元光所作表文的真实性，向来有人表示怀疑。但已故史学家罗香林力主其事其文为真，著有《唐岭南行军总管陈元光考》（载《广州学报》一卷一期，1937年）。笔者曾撰《〈唐岭南行军总管陈元光考〉质疑——附论陈元光平蛮开漳的性质》与之商榷，载《汕头大学学报》1991年第2期，第48~56页。

二职，分曹置员，各理所掌”[①]，文武分途，不相混淆。即文职以文散官记其本阶，武职以武散官记其本阶，未有一身而兼带文、武两种散官者。官衔中的“兼”“守”“行”等字眼用法亦有定制；“贞观令，以职事高者为守（职事官官阶比散官官阶高，称为守某职事官），职事卑者为行（职事官官阶比散官官阶低，称为行某职事官），仍各带散位。其欠一阶，依旧为兼（职事官与散官只差一阶，沿旧例称为兼）”。以后虽有某些变化，但大体遵循这一原则。同时担任两职事官者亦称为兼。[②] 从实际史例来看，唐代官员具列官衔的实际情形与制度规定是相符的。而《谢表》所见陈元光的具衔却大悖于制度和常规。先列职事官，后列散官，这是次序颠倒。衔中既有文散官（朝散大夫），又有武散官（怀化大将军），这是文武混淆。垂拱四年以前的文散官正议大夫正四品上，垂拱四年因功新授的文散官朝散大夫却是从五品下[③]，这是把贬降说成升赏。陈元光本是武将，若以武官而言，散官怀化大将军属正三品，职事漳州刺史却是正四品下，职事低于散位，本应用“行”字，衔中却用“守”字，这是用语违法乱制。

还可以举出其他错误。例如《谢表》用了“进阶前正议大夫”一语。按唐代举进士者称为进士，及第后则称前进士。但职官方面并无类似用法。伪托者一知半解，将科举方面的用语套在职官方面，遂闹出了“进阶前正议大夫”的笑话。凡此种种，反映出这两道表文的实际作者对于唐代官制的知识几乎等于零。

二　从犯讳情况看两表之伪

我国封建时代，避讳是一个重大的伦理原则和政治原则。一般百姓要避国讳，读书人和官员还要避家讳。应避而不避，称为犯讳，是很严重的罪名。

---

① 刘昫：《旧唐书》卷四二《职官志一》，第1783页。

② 刘昫：《旧唐书》卷四二《职官志一》，第1785页。

③ 刘昫：《旧唐书》卷四二《职官志一》，第1795页；欧阳修、宋祁：《新唐书》卷四六《百官志一》，第1187页。

这两篇表文自称一作于永淳二年，一作于垂拱年间，当时的国讳，包括高祖之名渊，太宗之名世民，高宗之名治，武后之名曌，还有一度当过傀儡皇帝的中宗之名显，睿宗之名旦；还有高祖祖父之名虎，高祖父亲之名昞。据有关方志和族谱，陈元光的父亲名陈政，则政字是陈元光的家讳。凡此国讳、家讳之字，在严肃的表章中，都必须严格避讳。

但是这两篇表文，再三再四地犯讳。在《请表》中，犯高宗之讳的文字有："治理彰"，"诚为治教之邦"，"建治所"，"治循往古之良规"。犯太宗世民之讳的文字有："民心自知感激"。在《谢表》中，犯高宗之讳的文字有："赞治尹"，"治理诚难"，"治巨室"。犯太宗之讳的文字有："民心有系"，"持清净以临民"。犯家讳的文字则有"宠之以二政之隆"。陈元光作为朝廷命官，僚佐中不乏饱学之士，向皇帝上表怎么会屡犯国讳、家讳陷己于罪呢？

有人以唐时避讳制度不严，且当时避讳用缺笔之法，这些缺笔的避讳字已为后人补全为由，来为这两篇表文的犯讳问题辩解。因此，这里有必要对唐代避讳的实况略加考察。

关于唐代避讳情况，陈垣先生《史讳举例》论之甚详。其《第七十六唐讳例》说："唐制，不讳嫌名（按：与讳字同音之字为嫌名），二名不偏讳。故唐时避讳之法令本宽，而避讳之风尚则甚盛。武德九年，有'世及民两字不连续者，并不须避'之令。显庆五年，有'嫌名不讳，今后缮写旧典文字，并宜使成，不须随义改易'之诏。然唐人注《史记》、《两汉书》、《文选》，撰晋、梁、陈、北齐、周、隋、南、北八史，于唐庙讳，多所改易，古籍遂至混淆……今唐人撰注诸史中之所以广避者，习尚使然，实未遵贞观、显庆时诏令。故韩愈《讳辩》，力斥讳嫌名之非，至比之宦官宫妾。可见法令为一事，习尚又为一事也。"① 这是说，唐人对于避讳仍然十分重视，避讳的做法仍然广泛地应用在文人著述和日常生活中。所谓唐代对于避讳的法令较宽，也仅仅是相对于避讳之律特别严厉的时期，如"宋之淳熙文书令，广避嫌名；清之乾隆字贯案，罪至枭首"② 的

① 陈垣：《史讳举例》，中华书局，1962，第145~146页。

② 陈垣：《史讳举例》，第146页。

情况而言。唐代对于庙讳和御讳本名的避讳法令也是很严格的，甚至对于皇太子名讳，也要多方避忌，武后长安二年（702）正月十七日，太子左庶子王方庆上言，请准旧制，改东宫殿及各门与皇太子名同者，上疏曰："谨按史籍所载，人臣与人主言及上表，未有称皇太子名者，当为太子皇储，其名尊重，不敢指斥，所以不言……今东宫殿及门名皆有触犯，临事论启，回避甚难。孝敬皇帝为太子时，改弘教门为崇教门；沛王为皇太子时，改崇贤馆为崇文馆；皆避名讳，以尊礼典。此则成例，足为规模。"上从之。[①] 试想，唐人对皇太子之名尚且力避不懈，对于当朝皇帝和万世不祧的开国英主唐太宗的名讳，能够在表章中公然不避，屡加指斥吗？

至于缺笔避讳之法，虽然兴起于唐高宗时期，但主要应用在缮写旧典文字上，宋代以降刻印古籍即广用此法，在唐代，自身的撰著和日常生活中仍然采用改字避讳之法。例如为避高祖李渊之讳，将敦煌郡渊泉县改作深泉县；为避太宗世民之讳，将民部改作户部，将生民改为生人，李世勣改名李勣，循州刺史杨世略改名杨略；为避高祖之祖李虎之讳，将虎牢改作武牢；为避高祖之父李昞之讳，将丙改为景；为避高宗李治之讳，将州治中改为司马，将治书侍御史改为御史中丞；等等。由于广泛应用避讳改字法，对于庙讳诸字应怎么改，还形成了普遍遵行的惯例：渊字改为泉，或为深；虎改为兽，为武，为豹，或称为彪；昞、丙、炳、秉皆改为景；世改为代，或为系；民改为人，或为甿；治改为持，为理，或为化；与治同音的稚字改为幼；等等。前述为避太子名讳而改宫殿名、门名，用的也是改字法。人们说话作文，遇到庙讳、御讳，即依惯例改字，并不用缺笔之法。直到南宋时，朱熹注《论语》《孟子》，也只是在抄写原文时用缺笔法处理讳字，自己的注文，则仍然严格用改字之法。[②]

总之，对于这两篇表文的严重犯讳问题，用唐人避讳不严或当时用缺笔法处理讳字，这些缺笔之字已为后人补全为由强为辩解，是缺乏历史根据的，是站不住脚的。这两篇表文一再犯讳，合理的解释只能是它们出自后人的伪托。

---

① 王溥：《唐会要》卷三〇，第 653~654 页。

② 陈垣：《史讳举例》，第 86 页。

三　从地名问题看两表之伪

两篇表文使用的一些地名和地理概念也有很多错误，最为典型的是“兹镇地极七闽，境连百粤”与“江临漳水”两句，完全悖于历史实际。

先说“兹镇地极七闽，境连百粤”。这句话出自《请表》，所谓兹镇，对照后文“臣镇地曰安仁”，应指后来新建的漳州，安仁镇恰是漳州初建时的州治。说漳州“地极七闽，境连百粤”，前提应是“七闽”为一区域，“百粤”是另一区域，漳州处在“七闽”的尽头，与“百粤”接壤。如果以“七闽”指后世的福建，“百粤”指后世的广东，漳州处在福建的最南端，与广东相邻，那么这句话是说得通的。但是，在唐代，这句话大有问题，因为“七闽”并非与福建对应，“百粤”更非仅指广东。

按“七闽”语出《周礼·夏官·职方氏》：“辨其邦国、都、鄙、四夷、八蛮、七闽、九骆、五戎、六狄之人民。”《疏》云：“叔熊居濮如蛮，后子从分为七种，故谓之七闽。”可见七闽本指古闽族的七个部落，后来转义为七闽部落的分布地。其范围除今浙江南部和福建全部之外，还包括今广东东部。宋人欧阳忞的《舆地广记》卷三五“广南东路”云：“潮州，春秋为七闽地，战国为越人所居。”又云：“梅州，春秋为七闽所居，战国时属越。”这是今广东东部的潮州、汕头、揭阳（此三地宋代皆属潮州）、梅州属于“七闽”的明证。既然粤东潮、梅等州包括在“七闽”范围里，地处粤东之北的漳州就不能说“兹镇地极七闽”。

百粤又作百越，其名称较七闽为后出，范围却较七闽更广。《史记》卷八七《李斯传》有“北逐胡貉，南定百越”一语，其“百越”包括东越、闽越、瓯越、西越、骆越、南越等。大致今浙江南部，福建、广东、广西全部，安徽、江西、湖南、贵州的部分地区，以及越南的大部地区，都在“百越”即“百粤”的范围内。然则“七闽”包含在“百粤”之中，两者并非彼此独立的两个相邻地区。在唐人的观念中，情况依然如此。柳宗元在柳州作《登柳州城楼寄漳、汀、封、连四州》诗，有句云：“共来百越纹身地。”① 把今福建的漳

① 柳宗元：《柳宗元集》卷四二《登柳州城楼寄漳、汀、封、连四州》，中华书局，1979，第1164～1165页。

州、汀州，广东的封州、连州，广西的柳州都视为百越地。包何的《送泉州李使君之任》有句云："云山百越路，市井十洲人。"① 也把七闽腹地的泉州视为百越。所以在唐代人眼中，漳州既在"七闽"之中，也在"百越"（百粤）之中，不能说漳州"地极七闽"，更不能说它"境连百粤"。只有到了晚近时期，专以"闽"代称福建，"粤"代称广东的背景下，一些对古地理知识不甚了解的人，才会误用"地极七闽，境连百粤"的词句来描述漳州的地理形势。故"兹镇地极七闽，境连百粤"一语，必然出自晚近之人的伪托。

再说"江临漳水"。这句话词意含混，不知所云。从字面上看，似乎是说，陈元光镇守境内有一条江河，临近另一条名为"漳水"的河流。但据一些晚近方志和陈氏族谱，陈元光之父陈政"尝经漳江，谓父老曰，此水如上党之清漳。故漳州名郡，漳浦名县，悉本诸此"②。这段故事与表文中紧接着"江临漳水"之后的"实乃建名之本"相呼应，则所谓"江临漳水"应理解为"江有漳水"或"江如漳水"。

那么，漳州境内的这条漳江，是否果真有如"上党之清漳"呢？稍有地理知识的人都知道，"上党之清漳"流经太行山脉，地势高峻崎岖，水流湍急；漳州之漳江则处在漳州平原上，地势平坦，水流舒缓。这两条河流沿岸的植被、地层、土色也迥不相同。所以，"江临漳水"乃出于附会。其实较早的史志，对漳江得名另有解释，说是"溪水自西林而出，海水自铜山海门而入，清浊合成而成章，故名"③。其说倒较为自然。

然则表文为何硬将漳州的这道河流与上党的漳水拉扯在一起呢？究其根源，应与旧说陈元光的祖先是河东人相关。④ 表文的作者熟悉这一说法，却不知这里所谓河东人是指郡望，河东是指河东郡，即今山西西南角的永济、运城、临猗一带，而不是指约当今山西省的河东道。作伪者把河东郡误解为河东道，而上党（今山西长子一带）恰在河东道境内，因而牵强附

① 包何：《送泉州李使君之任》，《全唐诗》卷二〇八，上海古籍出版社，1986，第490页。

② 施锡卫：《漳浦县志》卷四一《名宦·陈政传》。此据民国25年朱熙铅印本。

③ 《康熙漳浦县志》卷一《方域上》。

④ 林宝：《元和姓纂》卷三，中华书局，1994，第568页。后世文献如宋《舆地纪胜》《仙溪志》，明嘉靖《广东通志》、嘉靖《龙溪县志》、嘉靖《长泰县志》等皆据《元和姓纂》，称陈元光河东人或"系出河东"。

会地把漳州之漳江与上党之清漳联系在一起，试图用以解释漳江、漳浦、漳州得名的因缘，即《请表》中所谓“实乃建名之本”。

其实，漳州之漳江最初可能被称为“瘴江”，因为唐代南方广大尚未开发的地区瘴疠蔓延，河水作为瘴疠的重要传染源，被称为“瘴江”是常见的事。例如韩愈把潮州的韩江称为瘴江，有诗句“好收吾骨瘴江边”为证①；柳宗元把柳州的柳江称为瘴江，有诗句“瘴江南去入云烟”为证②；元稹则把岭南的江河一概称为瘴江，在《送人之岭南》诗中写下了“瘴江趁早渡，毒草莫亲芟”的句子③。漳州未建州之前，其地比元和年间的潮州、柳州更加荒僻，界内的石賸溪因为瘴疠严重，被称为“乌脚溪”，“涉者足皆如墨，数十里间水皆不可饮，饮之则病瘴，行人皆载水自随”④。建州之后，还因瘴疠之害而一再迁治⑤，然则在其置州之前，人们把其境内的一条河流称为瘴江，是毫不足怪的。待至建州之际，文人们把这条瘴江改名为同音而义美的漳江，又从而把所在之县称为漳浦，所在之州称为漳州，也是人之常情。总之，漳州及其漳江本与山西的漳水没有瓜葛，《请表》中“江临漳水”云云，出自伪托者的生编硬造，其所以如此编造，则因为将记载中陈元光郡望所在的河东郡误解为清漳水流经的河东道。

四　从文体和用语问题看两表之伪

这里所谓文体，指文章格式和行文语气。

唐代表章都有一定的格式。从《文苑英华》所收唐代表章数十种上千篇看，表章的开头或作“臣某言”，或点出上表人的名字，如苏颋的上表称“臣颋言”，李邕的上表称“臣邕言”；少数表文简单点明进表者的身份，如源乾曜、张说上表称“侍中臣乾曜、中书令臣说等言”“草土臣说

---

① 韩愈：《左迁至蓝关示侄孙湘》，《全唐诗》卷三四四，上海古籍出版社，1986，第 853 页。

② 柳宗元：《柳宗元集》卷四二《岭南江行》，第 1168 页。

③ 元稹：《元氏长庆集》卷一一《送人之岭南》，上海古籍出版社，1986，第 187 页。

④ 沈括：《梦溪笔谈》卷二四，侯真平点校本，岳麓书社，1998，第 203 页。

⑤ 李吉甫：《元和郡县图志》卷二九，第 721 页。“漳州”载：旧治李澳川有瘴，遂权移州于龙溪县置。

言”等。像题为陈元光所作的这两篇表文那样，杂乱无章地将不同时期的各种职事、散官、勋官等头衔全部罗列上的情况，可谓绝无仅有。仅此一端，即暴露出无识之徒伪托的马脚。

从行文语气看，一般唐代表章显得毕恭毕敬，诚惶诚恐，尽量自谦自抑，对皇帝则尽量歌功颂德。而这两篇表文，却处处自矜自炫，甚至显出说教的口吻。例如《请表》炫耀自己“迨及童年，滥膺首选”，还把自己得居高位说成是“幸赖先臣绪业，叨蒙今日国恩”，先父后君，有傲忽国恩之心；又说“揆诸陋俗，良由职方久废，学校不兴”，“倘欲生全，几致刑措，其本则在创州县，其要则在兴庠序”，有指斥朝廷、教训皇帝之意。《谢表》中“知臣朴忠有素，寒松不改乎凋年”一句，也露出了炫耀自矜之意。凡此都是臣子向皇帝上表绝不应有的态度和语气。

再从藩镇和刺史谢官表的特殊要求来看，此类表文说明制书颁发及到任的时间，仅以月日为限，因为制书送达和到任一般在同一年；倘有跨越年度的情况，也只要添注某年即可，绝无连年号一起写上的史例。如张说《岳州刺史谢上表》：“臣说言：伏奉四月十有二日制书，除臣岳州刺史，某月二十七日递书到相州，承恩惶怖，狼狈上道，以月一日至岳州上讫。”[①] 又如柳宗元《柳州刺史谢上表》：“臣宗元言：臣伏奉三月十三日制，除臣使持节柳州诸军事守柳州刺史，以六月二十七日到州上讫。”[②] 而所谓陈元光的《谢表》在交代制书时间时，写上了年号和年、月、日，大悖常情，不像是写给当时皇帝看的，倒像是写给后人看的；又无到任月日，只说是“已从此日，望阙谢恩”。此日何日，身在何处，都不明不白。

在用词方面，两表有不少鄙俚粗俗、半通不通之处。前举“江临漳水”“寒松不改乎凋年”，即属此种情况。下面再举几例，以见其概。

例一：《请表》中有“寄身都阃”一语。按“阃”本义指郭门、国门，引申作统兵在外的将帅，有“阃职”“阃外”“阃寄”等词，皆从引申义而来。“寄身都阃”与“任事专征”连用，应指身为将帅，受阃外之寄。然而“都”与“阃”词义相反，连用即不知所云，再冠以“寄身”更属不通。

---

① 李昉：《文苑英华》卷五八五，中华书局，1982 年影印本，第 3027 页。

② 李昉：《文苑英华》卷五八五，第 3030 页。

例二：《请表》又有“如蒙乞敕”一语。“蒙”是蒙受，“乞”是乞求，“敕”是皇帝下达的诏令。这三个词连用，莫名其妙。审其词旨，应改为“如蒙敕准”或“如蒙敕许”才说得通。

此外，《请表》中“滥膺首选”一语，把宋代才出现的“首选”一词也用了进去①，就像《谢表》列衔时把明代才有的文勋官“赞治尹”罗列进去一样，都是两表出于后人伪托的明证。

伪托造假者手段很拙劣，部分出自自己的胡编乱造，还有多处直接剽窃柳宗元的有关表文。兹将其剽窃柳宗元文章的情况列表如表 1。

表 1　所谓陈元光表文与柳宗元文章对比

所谓陈元光表文的有关段落	被剽窃的柳宗元文章有关段落
“受命战兢，抵官弥惧……况兹镇地极七闽，境连百粤，左衽居锥髻之半，可耕乃火田之余。……流移本出于二州……积弊遂逾于十稔……法随出而奸随生，功愈劳而效愈寡，抚绥未易，子育诚难。”（《请表》）	“受命若惊，临职弥惧……况此州地极三湘，俗参百越，左衽居椎髻之半，可垦乃石田之余。……分灾本出于一时，积弊遂逾于十稔。抚安未易，知法出而奸生，子育诚难。惧力劳而功寡……”（《代韦永州谢上表》）
“蛇豕之区……自东自西，不违于指顾；我疆我理，咸得其区分。”（《谢表》）	“蛇豕之穴……自西自东，不违于指顾，我疆我理，咸得其区分。”（《代裴中丞贺分淄青为三道节度表》）
“虽则殊乡，还同昼锦……继当恪守诏条，征庸俊乂，平均徭赋，示以义方。持清净以临民，重修前志。守无私以奉国，再励于衷。展驽骀之力，申鹰犬之劳。庶荒陬蛮獠，尽沐皇风；率土生灵，备闻斯庆。”（《谢表》）	“虽则殊乡，还同衣锦……唯当遵守诏条，贬弃奸慝，平匀徭赋，示以义方。持清净以临人，守无私以奉国，重修前志，再励戈矛。展驽骀之效，申鹰犬之用。庶荒陬夷獠，尽沐皇风；率土生灵，备闻斯庆。”（《代裴行立谢移镇表》）②

---

① 脱脱：《宋史》卷一五六《选举志二》，第 2426 页。载：南宋高宗绍兴二年（1132）张九成廷试第一，被高宗擢为首选。这是“首选”见于记载的最早史例。唐代科举，“凡学馆者曰生徒，由州县者曰乡贡”。其时考试尚未按成绩排名次，乡贡时，名字排在最前头的，称为“解首”或“解头”，间有称为“首荐”的；进士科考试第一名称状头，又称状元；制科考试第一名则称为敕头。皆无“首选”之称。至于有些谱志称陈元光“年十三，举河南乡荐第一”，则更荒唐。因为唐代乡贡，由县选至州，由州选送到中央尚书省。河南作为一“道”，非选送单位，且谱志称陈元光光州固始人，而唐代光州属淮南道，不属河南道；再则，两汉有乡荐，明清有乡试，唐代并无乡荐、乡试。参见两《唐书》选举志及唐薛用弱《集异记》卷二《王维》，见《说郛三种》，上海古籍出版社，1988，第 5292 页。

② 柳宗元：《柳宗元集》卷三八，第 999～1000、981～982、997～998 页。

两相对照，所谓陈元光的两篇表文是伪作，不是陈元光的文章，也不是唐文，应该从《全唐文》中剔除出去，铁证如山，无须多言。

五 《全唐文》所附《陈元光小传》辨伪

《全唐文》所附《陈元光小传》曰："元光字廷炬，光州人。高宗朝以左玉钤卫翊府左郎将戍闽，迁岭南行军总管。"这篇小传之所本，应是晚近方志关于陈元光的种种记载，而方志所载，乃"据家谱书之"[①]，其中牵强附会伪造假托的成分很多。关于"左玉钤卫翊府左郎将"和"迁岭南行军总管"的问题，已见前述，下面要辨证的是陈元光是不是光州人的问题。

按陈元光事迹，两《唐书》及《资治通鉴》皆不载，陈元光家于固始，其家族从中原提兵入闽之说始见于明中叶之后的有关谱志，在此之前，唐代关于陈元光的史料有两条，一是前述林宝的《元和姓纂》，说陈元光属于"诸郡陈氏"，是"河东人"，一是张鷟在岭南时写下的《朝野佥载》，说陈元光是"周岭南首领"[②]。"岭南首领"指的是岭南某一溪洞社会的酋长或某一地区的土著领袖，本身就表明了其土著性质，但这种溪洞酋长和地方领袖，也可能是北方上层人士入籍岭南数代之后转化而成，如前述被唐高祖封为合浦县公、岭南道行军总管的陈智略，据岑仲勉先生考证，与《元和姓纂》卷三所记之龙川公、端州首领陈贺略实为同一人[③]，望出河南，是由后魏侯莫陈氏改汉姓变为陈氏的。也就是说，陈智略祖上由代北进入中原，又由中原迁居岭南，到陈智略时，已演变成端州首领了。又如隋唐之际的岭南大首领高凉酋帅冯盎，本是北燕君主冯弘裔孙，望出长乐信都。[④]冯盎曾自称"吾居南越，于兹五代，本州牧伯，唯我一门"[⑤]，可见这支望出长乐信都的冯氏自北燕迁入岭南后，经过一定时期的

① 如《康熙漳州府志》卷一九、《乾隆漳州府志》卷二四《宦绩·陈元光》，所附纂者按语皆曰："前志据家谱书之。"

② 张鷟：《朝野佥载》卷二，中华书局，1979，第182页。

③ 林宝：《元和姓纂》附《四校记》，第164页。

④ 林宝：《元和姓纂》卷一，第47页。冯氏"长乐信都"条列北燕皇室。

⑤ 刘昫：《旧唐书》卷一〇九《冯盎传》，第3288页。

经营，就转化为地方大首领了。因此，仅据“岭南首领”一语尚不足判断陈元光是不是岭南土产，姑置不论。这里要探究的是《元和姓纂》称陈元光“河东人”与上述《陈元光小传》称元光“光州人”孰真孰伪的问题。

《元和姓纂》关于陈元光的记载见于卷三“陈氏”条。该条先述陈氏著名郡望颍川陈氏的有关人物，次列颍川望以外诸郡陈氏的有关人物，在“诸郡陈氏”中就提到陈元光，曰：“右鹰扬将军陈元光，河东人。”如前所述，这里说陈元光河东人，意思是陈元光家族以河东为郡望。作者林宝是唐代著名史学家和谱牒学家，其书乃奉朝命“按据经籍，穷究旧史，诸家图牒，无不参详”精心修纂而成，朝廷根据此书来确定臣子的门第，据以定官职封爵，即所谓“每加爵邑，则令阅视，庶无遗谬”①，具有官修姓氏总谱的严肃性和权威性。此书修成的元和年间，与陈元光曾孙陈谟任漳州刺史大体同时②，其时关于陈元光家族的姓氏源流、郡望所自的材料一定丰富而翔实，故其记陈元光为河东人应是真实可据的。以故自此而后的诸多文献，如宋代《宋会要辑稿》《舆地纪胜》，明代嘉靖《龙溪县志》、嘉靖《长泰县志》、嘉靖《广东通志》，乃至崇祯《海澄县志》等书，都记载陈元光是河东人，其源皆本于《元和姓纂》，相信其关于陈元光郡望河东之说是可靠的。再从“史源学”的法则来说，探讨一个历史事件，最好是运用距离这一历史事件时空最近的史料。换言之，如果关于某一历史事件有众多的史料，一般来说，距离这一历史事件时间或空间越近的记载其可信度越大，距离这一历史事件时间或空间较远的史料，则有可能衍生种种附会成分，其史料价值较小，应该慎重对待。仅此一端，就可以判定《元和姓纂》关于陈元光的记载与《全唐文》陈元光“光州人”之说的真伪优劣、价值高低。

然则陈元光光州人这一虚假的说法从何而来呢？究其渊源，在于五代以降，福建人（以及与福建渊源甚深的潮汕人）皆好称先世来自光州固始。对此，清初著名学者陈汝咸在所撰《康熙漳浦县志》中特立“陈元光光州固始人”一条，发表了精辟的见解。他说：“陈元光光州固始人，王审知亦光州固始人，而漳人多祖元光，兴（化）、泉（州）人多祖审知，

---

① 林宝：《元和姓纂序》，《全唐文》卷七二二，第3293页。

② 陈谟贞元间任漳州刺史，元和十四年卒。见于《康熙漳州府志》（卷一九《宦绩》）等多种方志。

皆称固始。按郑樵《家谱后序》云：‘吾祖出荥阳，过江入闽，皆有源流，孰为光州固始人哉！夫闽人称祖，皆曰自光州固始来。实由王潮兄弟从王绪入闽，审知因其众克定闽中，以桑梓故，独优固始。故闽人至今言氏族者本之，以当审知之时重固始也。其实谬滥。’又说：‘自唐陈将军入闽，随行有五十八姓。至今闽人率称光州固始。考《闽中记》唐林谞撰，有林世程者重修，皆郡人。其言永嘉之乱，中原士族林、黄、陈、郑四姓先入闽。可以证闽人皆称光州固始之妄。’”[①]

可见，从宋代的大史学家郑樵到清初的大学者陈汝咸，都认为福建人多自称老家在光州固始，是虚妄的，不正确的，这是一种“谬滥”的现象。造成这一虚妄和谬滥的原因，是五代时王审知在福建建立闽国，十分优待来自家乡固始的人，遂使其他闽人攀龙附凤，纷纷伪托祖籍是光州固始。显然，陈元光家于光州固始、从中原万里提兵入闽之说，就是在闽人攀龙附凤这一社会背景下伪造出来的。

把陈元光家族攀附成光州固始人的最早时间，现已很难究明。明嘉靖《长泰县志》卷下所载《威惠庙记》，记述历代封赠陈元光官爵情况，有“五代升忠懿王”之语，与《宋会要》关于陈元光历代封赠情况严重抵牾[②]，显系把王审知被后梁封为“忠懿王”的事误作陈元光的事。有意思的是，本志同一条记载里，仍记陈元光“系出河东”，却又据传闻把陈元光的封赠爵号与王审知的封赠爵号混为一谈，可能此前民间已有陈元光是光州人的说法，但修志者凭其理智尚坚持陈元光河东人的传统观点。又明黄仲昭《八闽通志》引宋人刘涛歌咏陈元光诗，有“史书失记当年事，野老丰碑语不同”之句[③]，则宋代关于陈元光的家世、生平和功绩的传说已很纷纭，不难想见，其时已有许多“齐东野语”之类的不经之谈掺入陈元光家世和生平事迹中。

原载《中华文史论丛》2008 年第 3 期

---

① 《康熙漳浦县志》卷一九。

② 徐松辑《宋会要辑稿》“礼”二〇之一四八《陈元光祠》（上海古籍出版社，2014，第 1066 页）记载陈元光封神时间始于神宗熙宁八年，历代封赠中无忠懿王之号。

③ 黄仲昭：《八闽通志》卷八六《拾遗·漳州府》，福建人民出版社，1991，第 1010 页。

知识分子的精神气质与历史贡献

——在福建三坊七巷近现代先贤里寻找力量

叶　青

习近平总书记指出：文化自信是制度自信、理论自信、道路自信的根本，文化自信要从优秀传统文化、革命文化中获取滋养。三坊七巷由三个坊、七条巷和一条中轴街肆组成，占地约40公顷，有着自晋代发轫、唐五代形成、明清鼎盛的千年城市坊巷格局，“一片三坊七巷，半部中国近代史”。这里走出了林则徐、沈葆桢、严复、林旭、林觉民、林徽因、庐隐、冰心、林纾、郁达夫、胡也频、萨镇冰、陈绍宽、王仁堪等深刻影响着中国近现代史进程的不朽前辈。从三坊七巷优秀文化中汲取营养，在先贤高尚的思想行止里寻找力量，具有重要的现实意义。

一

中国古代知识分子一向以儒家思想为知识的核心，兼采道家、法家、纵横家、阴阳家等诸家和后来传来中国的佛学。“儒治学、道治身、佛治心。”“天行健，君子以自强不息。”这种刚健有为的观点是儒家最经典的表达。

由于儒家思想核心是“明道救世”，所以在这种传统熏陶下，中国传统型的知识分子不但讲究个人才德修养与培育，而且注重知行合一，强调以一己既成之才德，任重而道远地具体实施于现实社会之中。孔子揭示的“士志于道”“士不可以不弘毅，任重而道远”这一原始教义对后世中国知识分子人格塑造产生重大影响，孔子也怀抱“仁政礼治”的治国方案，一车二马周游列国。墨子也是古代一位伟大的知识分子，他对民众疾苦有着异乎寻常的终极关怀，他猛烈抨击当时的“国相攻”“富侮贫”“贵傲贱”。为了宣传这些主张，他仆仆风尘率领弟子四处游说。“墨子兼爱，摩顶放踵利天下，为之。”

从《礼记·大学》的“诚意、正心、修身、齐家、治国、平天下”，到北宋思想家张载的“为天地立心，为生民立命，为往圣继绝学，为万世开太平”，到范仲淹的“先天下之忧而忧，后天下之乐而乐”，到明末清初顾炎武的“天下兴亡，匹夫有责”的历史强音，都是古代知识分子关心民瘼的真实写照。

当中国的历史演进到近代，产生了近现代新型知识分子，他们拥有古代知识分子所未有过的新特征。在知识结构方面，从封闭型转向开放型。西学东渐，改变传统知识分子治学所重在先代圣贤的经典早已明示的各种谟训和教条，开启了中西文化融合的漫漫长途。在价值观念方面，他们富于思考，更面对现实，走出盲目虚骄的幻境，提出了“师夷长技以制夷”的口号。在心理特征方面，从安定型转为焦虑型，具有很强的忧患意识。近代中国接踵而至的丧权辱国的耻辱，使他们自发地产生了挽救民族危机、振兴中华的强烈愿望和责任感。

近现代新型知识分子具备了这些时代赋予的新特征，同时受过深厚传统知识滋养熏陶和累代师承，自然塑造出了中国知识分子独特的精神气质，即它是入世的面对现实的，而不是出世的逃避现实的，他们自信地把挽救民族国家的义务毫不犹豫地担在自己肩上，他们要变革社会，探索国家富强之路。三坊七巷近现代先贤就是一显证。

林则徐在《致夫人书》中写道：“夫余生逢盛世，明知禁烟妨碍英夷大利，必有困难，而毅然决然，不敢稍存畏葸之心情，盖以身许国，但求福国利民，与民除害，自身死且尚付诸度外，毁誉更不计及也。”决心“誓与此事相始终”，留下“苟利国家生死以，岂因祸福避趋之”的千古绝唱。严复在《与甥女何纫兰书信》中说：“虽千辛万苦，总须于社会着实有益，可与后人来取法。”① 林纾在《示儿书》中说：“汝能心心爱国，心

① 严复：《与甥女何纫兰书信三封》，袁荣祥编《福建家训》，海峡文艺出版社，2014，第37页。

心爱民，即属行孝于我。”林旭仰天长啸：“世士矫诬百可笑，拜跽但知利与名。固宜志士慷慨起，引臂疾呼寐者醒。”舍生取义。[①] 方声洞《禀父书》的绝笔书：“夫男儿在世，不能建功立业，以强祖国，使同胞享幸福，虽奋斗而死亦大乐也，且为祖国而死，亦义所应尔也。”[②] 这也是黄花岗七十二烈士三坊七巷人林觉民、林尹民、陈更新、陈与燊等参加辛亥革命的远大志向。林白水以“卧薪尝胆雪耻复仇的决心”，从事“救国的事业”。他在创办的《新社会日报》上发表文章说：“中国今日之政体、民主固善，而封建余威曾未少杀，欲谋芟除，计须十五年之努力。”[③] 时任总统府外交委员会委员兼事务主任、五四运动的导火者林长民，1919 年 5 月 2 日在北京《晨报》与《国民公报》以《外交警报告国民》揭露巴黎和会上中国政府签订卖国条约内幕：“山东亡矣，愿四万万众誓死图之。”“电光刘”家族中代表人物大律师刘崇佑，五四运动、“一·二九”惨案积极为爱国青年辩护：“爱国是一种权利，更是一种义务。”卢沟桥事变第一见证人宛平县县长王冷斋有“誓与宛平共存亡”的决心。年仅 21 岁的福州青年运动先驱翁良毓牺牲时高呼“此身不作资产杰，有日甘为无产奴!”[④] 中国科普事业的先驱高士其，以病残之躯与苦难的祖国共同战斗，他在逝世前 10 天写道：“我能做的是有限的，我想做的是无限的，从有生之年到一息尚存，我当努力使有限向无限延伸。”[⑤] 他用一生践行了这句名言。

三坊七巷先贤们所构成的中国近现代史上一篇篇革命进行曲，给后人留下了宝贵的爱国主义传统，以及一大笔取之不尽的精神财富。

二

救国图强的使命感和家国情怀，促使三坊七巷人成为那个激变时代的

---

① 林纾：《示儿书》，转引自《首都博物馆十五周年论文选》，首都博物馆编辑委员会编《首都博物馆丛刊》第 11 辑，北京地质出版社，1997，第 16 页。

② 方声洞：《禀父书》，转引自丁振宇《中华名人家书》，北京工业大学出版社，2015，第 9 页。

③ 《邓拓集》，吉林出版集团有限责任公司，2013，第 156 页。

④ 陈日朋：《中华英烈辞典》，北方妇女儿童出版社，1991，第 641 页。

⑤ 林公武、黄国盛：《近现代福州名人》，福建人民出版社，1999，第 381 页。

弄潮儿。“开风气之先”“谋天下永福”，集中体现了中华民族士大夫的优秀品质和精神气韵，主要体现在以下几个层面。

其一，努力探索摆脱民族危机和国家富强之路。1840 年鸦片战争爆发，面对列强的侵略，“开眼看世界第一人”林则徐，广泛收集西方文明信息，在近代中国开创了向西方学习的新风。“师夷长技以制夷”是中国近现代史上“科学救国”的先声，林则徐是“中学为体，西学为用”思想观的先驱人物。严复在其翻译赫胥黎的《天演论》中提出“物竞天择，适者生存”思想，在当时的清末社会是石破天惊。严复引入自由和法制现代思想，改变了中国思想文化传统中“天不变，道亦不变”的历史循环论世界观。与严复年龄相近的同乡“戊戌六君子”之一林旭则义无反顾地投入戊戌变法，舍身成仁。与林旭有亲戚之谊的变法维新改革家曾宗彦是支持戊戌变法的光绪皇帝老师翁同龢的门生，是林旭和张亨嘉主持筹办的维新派组织“闽学会”的骨干之一。甲午海战战败，国内变法呼声高涨，林纾北上会考，参与变法维新公车上书，他编的歌集《闽中新乐府》鼓吹学习西方，呼吁救亡图存。

其二，积极创办近代新式教育。沈葆桢在担任船政大臣期间，开办“求是学艺堂”，这是中国近代引进西方教育模式的第一所高等院校，他大刀阔斧进行一系列废除封建科举制的有效改革，以自然科学、近代技术为主课，引进西方学制、课程、教材、教法和管理，聘请洋教习，学堂还通过自派、参观、考察、接舰培训等途径派遣近百人出国学习。马尾船政学堂成为近代中国教育改革的一面旗帜，成为中国近代海军摇篮，培养了严复、刘步蟾、邓世昌、萨镇冰、詹天佑等中国第一批近代海军军官和第一批工程技术人才。此外，三坊七巷人林启开了杭州近代教育的先河，是浙江大学前身“求是书院”、浙江理工大学前身浙江蚕学馆，以及养正书塾的创始人，培养出邵飘萍、陈独秀、许寿裳等杰出人才。严复 1905 年参与创办复旦公学，曾任安徽高等学堂和复旦公学监督（校长）。民国肇造，出任北京大学首任校长。两院院士、严复的侄儿严恺创办了华东水利学院（现河海大学）。陈宝琛对福建近代教育的发展做出了开拓性的贡献，在家乡创办了福州鳌峰书院、东文学堂、全民师范学堂（现福建师范大学）。林白水 1899 年创办新学福州蒙学堂。林长民创办了福建私立法政学堂。

其三，致力于思想启蒙和文化的传播。中国报界先驱林白水是辛亥革命时期中国资产阶级的著名报人之一，主持《中国白话报》《警钟日报》《苏报》等刊物，销行国内外。陈衍通经史训诂之学，特长于诗，与郑孝胥共同标榜“同光体”，并成为“同光体”闽派的代表人物。林纾一生古文翻译欧美的小说170多种。光绪二十三年夏，由王寿昌口述，林纾耳受笔追，译成《巴黎茶花女遗事》一书，以独特方式走上翻译道路。庐隐与冰心是“五四文坛上熠熠发光的双星座”。五四时期“凡是略微看过新文学书籍的人，没有不知道庐隐女士的”。冰心的作品“惊动过读者万千”，是“新文艺运动中的一位最初的、最有力的、最典型的女性诗人、作者”。林徽因的《你是人间四月天》在风雨如晦的旧中国，给人带来了清新的风。胡也频牺牲前创作的《到莫斯科去》《光明在我们的前面》，表达了他向往革命、向往光明的高尚情操。中国新闻家、政论家、诗人和杂文家邓拓，用一生的行动践行了自己“生欲济人应碌碌，心为革命自明明”[①] 的志向和信念。

其四，可贵的心系民众的境界和情怀。“谋天下永福”摘自林觉民《与妻书》，原文是这样的：“我愿牺牲我与你之福利，为天下人谋永福。”道出了他参加革命的目的，而秉持这种理念为官从政的三坊七巷人灿若群星。林则徐为官几十年，历官多省，孜孜以求其座右铭：“求通民情，愿闻己过。”“应视国事如家事，能尽人心即佛心。”杭州知府林启，“守杭五年，政平人和”，“治杭得其政，养士得其教，为匹夫匹妇得其利”。[②] 林启去世后，杭州人民要求其后人把他安葬在西湖旁的孤山上，“名山留一席”。福州清代最后一位状元王仁堪，也是《清史稿》中记述的最后一位清官，任过苏州、镇江知府，他实行利民和取信于民的措施，得到府属人民的普遍拥护，成为青史留名、百姓传颂的晚清名流。梁章钜是清朝中期的名臣又是文坛的饱学之士，在他担任江苏巡抚期间，江淮水灾严重，每天有万余灾民沿江聚集苏南，他赈灾民、修水利，深受百姓拥戴，“政惟

---

① 邓拓、常君实：《邓拓全集》第4卷，花城出版社，2002，第303页。

② 杨建新：《浙江文化地图》第3册，浙江摄影出版社，2011，第42页。

求于民便，事皆可与人言”[1]，是他在湖北江陵官署门上自题的一副楹联。慈禧挪用海军经费修颐和园时，有三个直肠子的三坊七巷人冒死上书进谏，为民请命，一是当朝御史林绍年：“生民疲敝，当以俭化天下，使督抚爱养百姓。若诛求进献，未足以言忠。请即下诏停输，还所进奉。”[2] 还有时任浙江道监察御史林启和广东学政王仁堪。

其五，着力于科技和工业探索。梁守槃是深得沈葆桢器重、对船政局的技术引进有很大贡献的梁鸣谦的嫡孙，中国第一任海防导弹武器系统的总设计师，“两弹一星”元勋钱学森的战友，被誉为“中国海防导弹之父”。他 1940 年放弃在美继续学习或工作的机会，毅然决定返回战火纷飞的祖国。出生于乌山下道山坊的林同炎，美国加大伯克利分校毕业生，曾荣获美国总统里根亲自颁发的美国科技界最高荣誉——“国家科学奖”。美国政府赞誉林同炎“是工程师、教师和作家。他的科学分析、技术创新和富于想象力的设计，不仅跨过了科学与艺术的壕沟，还打破了技术与社会的隔阂”。高鲁，首任紫金山天文台台长，也是中国天文学会的发起人及第一届会长，对祖国近代天文尤其是普及工作做出过卓越的贡献，参与紫金山天文台选址工作，著有《图解天文学》《日晷通论》《星象统笺》等。2002 年 10 月 30 日在紫金山天文台竖立高鲁全身铜像（高 1.7 米）以作纪念。生长于鳌峰坊的我国著名的科普作家高士其以伤残之躯，撰写约 75 万字的科学小说和科普论文，2800 余行科学诗。

三

福建独特的历史地理环境、丰厚的区域文化的浸润，以及近代中西文化的激烈碰撞交融，生成三坊七巷近代先贤深入骨髓的精神气韵。

其一，三坊七巷历代累积师承了丰厚的传统文化。三坊七巷自一开始便是中原贵族、士人的迁入和聚居地，历几代人之后，成风成俗，居住在三坊七巷的名人或中途搬入或从小生长在此，多是达官显宦、士绅学者、

① 寿永年：《廉政韵文碑刻》，中国方正出版社，2006，第 190 页。

② 赵尔巽：《清史稿》（下），中国文史出版社，2003，第 2116 页。

文士名流。唐末著名的学问家、文学家黄璞居住黄巷。开启“七科八进士、三代五尚书”的明代大儒林瀚居住文儒坊。宋、元、明、清，三坊七巷的名人更是层出不穷，如宋朝福州的所谓“海滨四先生”，其中三人陈烈、陈襄、郑穆分别居住于郎官巷、塔巷和文儒坊。三坊七巷堪称古代福州城内的高尚社区，成为当时人人向往的居住地，比如1936年2月，郁达夫应福建省主席陈仪之邀来到福州，也选择住在三坊七巷。三坊七巷人崇儒尚学，诗礼传家，世家繁衍，书香门第毗邻，无疑积淀了厚重的文气。而且三坊七巷社学、私塾、官宦士绅绘画收藏典籍鉴赏等雅会，极具魅力，诗社活动尤甚。岁月积淀出三坊七巷人传统文化深厚的儒学之根基，也充盈坊巷人沛然的正气，涵养了他们忧国忧民的家国情怀，在他们身上集中了中华民族士大夫的优秀品质。

福州自古就有“海滨邹鲁”的美誉，这座千年古城“重学”的风尚一直绵延不断。“龙门一半在闽川”“是处人家爱读书”，都见证了这里的崇文重学之风。宋代东南三贤之一的吕祖谦即景赋诗称：“路逢十客九青衿，半是同胞旧弟兄，最忆市桥灯火静，巷南巷北读书声。”① 描绘福州读书人之多，以及深夜苦读的生动景象，也是三坊七巷浓厚学习氛围的形象写照。两宋时期，福州人文鼎盛，私人讲学的书院也大量出现，明清时期，书院教育大行其道，书院造就了大批民族之英才，例如林则徐、梁章钜就读于称东南第一学府和全国一流的大书院鳌峰书院；林觉民就读全闽大学堂的前身风驰书院；林纾、陈宝琛毕业于正谊书院。书院的严格传统文化教育无疑对学生有着深远的影响。翻阅《云左山房杂录》，我们发现，儒家学派“齐家治国平天下”与朱子学倡导的“知”“行”合一，强调“理会、践行”的实践理性，对林则徐青少年时期的成长和后来入仕影响很大，促使他建立半功伟绩，他的经世致用思想，基础就是在鳌峰书院学习阶段打成的，而鳌峰书院当时就聘请了朱熹的嫡传弟子福州人黄榦在书院讲学。

其二，独特的浓厚的血缘、学缘和地缘文化土壤培育了三坊七巷人。三坊七巷走出了不同的家族团体，包括陈宝琛家族、林则徐家族、刘齐衔

① 赵麟斌：《闽文化的前史今声》，同济大学出版社，2011，第169页。

家族，而这些家族中走出来的民族英雄、科技人才、文化精英，多是中国近现代舞台上风起云涌的人物。三坊七巷特有的血脉传承，以及三坊七巷中各家族世代联姻现象，也构成了三坊七巷独具特质的姻亲文化生态圈。名门望族之间相互扶持，团结互助，为中国的近代化共同努力，而且家族之间文化优势的互补和传递，加强了儒家文化和世家文化的熏陶，久而久之形成了相互的意识影响，且超出了家族范围而辐射到国家。例如，沈葆桢，林则徐的外甥及女婿，他受到林则徐经世致用思想的影响，在洋务运动中大有作为，他脚踏实地、不遗余力地将林则徐、魏源提出的“师夷长技以制夷”的主张付诸实践。又如刘氏家族，其开创者为刘齐衔，他自幼就是孤儿，在伯父的抚养下长大成人，努力读书考取进士后进入政坛，在政坛兢兢业业，颇受好评，之后又与林则徐家族联姻，更使其的政治资本厚实，正是因为他在政坛上的打拼，一方面提升了其家族地位，另一方面为后代从事工商业奠定了丰厚的政治、物质基础，所以他的子孙如刘崇伟、刘崇伦等人在电气行业能够做出极其卓越的贡献。再如，江南道监察御史曾宗彦是林旭和张亨嘉主持筹办的维新组织“闽学会”的骨干之一，在“百日维新”来临前，他上奏光绪皇帝，主张以新法操练陆军，获光绪皇帝重视下谕兵制改革，曾宗彦成为戊戌变法的导火索。曾宗彦与林则徐、林旭有亲戚之谊，自幼受到爱国主义思想的熏陶。

三坊七巷人难得的学缘也很好地助推了他们自身的成长和后来入仕进行政治实践。例如梁章钜，是坚定的抗英禁烟派人物，与林则徐既是同乡同窗又是知己，“与君旧住屏山麓，对宇三椽打头屋”是道光七年（1827）林则徐在苏州途次为梁章钜的诗集题咏的开首两句。在几十年的仕宦生涯中，他们鱼雁不断，诗文不辍，互相关爱敬重，结下了深厚的友谊。梁章钜任广西巡抚期间就上疏力主禁烟，为林则徐在广东严厉禁烟和整顿提供了策略依据。鸦片战争时期，他积极配合林则徐查禁鸦片，战斗在禁烟抗英前线。又如，甲午战争惨败和同窗邓世昌、林永升、刘步蟾、黄建勋等壮烈殉国，严复受到极大刺激，他“腐心切齿”，“宁负发狂之名，决不能喔咿嗫嚅，更蹈作伪无耻之故辙”，决意借助西方先进理论，推动中国变法图强。以身殉报的革命先驱林白水，青年时期便主张教育救国，受同乡名士林伯颖之聘，入其家塾任教，成为林长民、林伊民兄弟的老师。1899

年春天，他创办福州蒙学堂，培养了一批热诚的爱国弟子。他们中便有后来人们所熟悉的林觉民、陈更新、陈可钧等黄花岗烈士。

其三，三坊七巷人汇通中西文化，有着平实开阔的视野和高远的站位。三坊七巷文化是中原文化与闽越文化相结合的产物，大量中原移民给三坊七巷带来了中原地区的生产技术和厚重的传统文化。唐宋以后，福州港市兴盛，与海外的联系不断加强，吸引世界各国商人和西方传教士到福州。明初，麻刺郎国王的陪尘后裔改姓葛氏后迁居黄巷，崇祯年间，意大利传教士艾儒略在宫巷兴建福州第一座天主教堂——“三山堂”。当时，坊巷内的文人还与这位“西来孔子”在书院进行学术讨论，作诗唱和。第一次鸦片战争之后，福州作为其中一个通商口岸，被迫对外开放，外国军队、商船纷纷进入福州，传教士也随即涌入。传播基督教和兴办教会学校，其具有文化侵略的本质，但客观上使得福州成为中西文化之交流激荡中心，也使三坊七巷人从中较早接触到西方先进的思想和教育理念，拥有向先进西方学习的先机，抢先一步接受西方、学习西方。因此，晚清以来，在亡国灭种的危机下，民族精英代表三坊七巷人思想敏锐，为挽救民族危机，探求救国救民真理，在长期闭关锁国的清王朝对外部世界茫然无知而又妄自尊大的情况下，“清朝开眼看世界第一人”的林则徐，率先提出学习和引进西方先进的军事科学技术、学习外语和编译外文资料、鼓励和开放华商出洋经商，为中国认识世界、走向世界架起桥梁。洋务运动时期，船政大臣沈葆桢兴办马尾船政学堂，在全国其他地方的知识分子还在寒窗苦读，走着科举取士的老路时，三坊七巷里的严复、萨镇冰、叶祖珪、方伯谦等人已远涉万里重洋，直入西方文化之堂奥，直接接触最先进的理念和技术，用于中国新式海军的创建和发展。

我们还发现，三坊七巷精英们多是学贯中西，自小接受严格的传统文化的教育和浸润，国学造诣精深，而且多在青年学有所成后，赴海外留学。海外留学背景使他们对西洋文明和日本的进步有清晰的感性认识，发现留学国的富强和积贫积弱的祖国现状之间的差距，能以更平实更客观的心态吸纳、融汇各种文化。例如，严复当年在伦敦的法庭上旁听英国式审判，亲眼看到基于法律的社会文明而为之痴迷，并与驻英公使郭嵩焘讨论如何走向法治国家。他参观了法国天文馆、巴黎市政工程、万国博览会、凡尔赛宫等，对西洋文明有了进一步感性认识，深深体会到“西洋胜处，在事事有条理”。英国的留学经历，使严复对于西方政治、经济、文化等相关问题有了深入研习的机会，为其日后从事西方社会科学研究，借助译著表达自己的思想奠定了坚实的基础。这位学贯中西的思想巨子，学习西方先进技术，成为那个激变时代的弄潮儿。

2009 年，在首届“中国十大历史文化街区”评选中，三坊七巷以高票获选“中国十大历史文化名街”。“谁知五柳孤松客，却住三坊七巷间。”三坊七巷近现代先贤们以“少年中国”的锐气和进取之心，救亡自强，以“开风气之先”“谋天下永福”的担当，在中华民族的历史文化舞台上演出了一幕幕最为光彩照人的活剧。今天，中国知识分子肩负着中华民族伟大复兴的重任，知识分子应当从先贤们高尚人格中汲取养分，坚持爱国、科学、开拓、创新精神，以坚定的文化自觉和文化自信，传承、弘扬、挖掘中华优秀传统文化的价值内涵，在推动社会主义核心价值观的培育中发挥更大的作用。

这些应是三坊七巷近现代先贤们所走的曲折坎坷道路留给后来者的启迪和教益吧。

未刊

从传统走向现代

——新式教育与闽籍女作家庐隐、冰心的角色转换

叶 青

庐隐、冰心是五四新文学拓荒时期最具影响力的作家，是五四时期突破传统束缚最先觉醒的女性代表。与传统女性角色鲜明不同的是，她们拥有自由、平等、民主等新思想新观念，摒弃旧式女子的人身依附，走出闺房大院，自觉追求受教育权利，参与社会政治活动，深切关怀中国妇女的命运。文学创作成为表达、宣传女权和独立人格的主要方式。在现实生活中，对个人独立的坚持使她们在婚后一直没有放弃对职业的追求，凭借着自己丰富的知识，成为出色的职业女性。

一

中国传统教育，读书人终日忙于儒学经典之中，教育方式以记忆和背诵为主，人们的知识“贫乏而有限”，且“简直少的可笑”。[①] 当中国的历史演进到近代以后，伴随着新式工矿企业的兴办，以机器大工业为标志的社会化生产方式出现，科学技术逐步转变为生产力，近代人愈来愈重视知识的丰富和文化素质的提高，新式教育应运而生。新式教育修正了传统教学模式，改革了教学内容，其教学内容以人文科学和自然科学为主，实行分科专业教学，强调知识与能力的结合，重视教学内容与社会的结合，教学方式注重对学生进行启发式教育，培养学生的思维能力，保持人的本

① 麦高温：《中国人生活的明和暗》，时事出版社，1998，第48~49页。

性。教育对象方面强调每个人都有受教育权利。20世纪初，上海的震旦大学、圣约翰大学，南京的金陵大学，北京的燕京大学，等等，以及各地创办的新学堂，如湖北新学堂、山东大学堂、浙江求是书院都吸引了不少学子。

新式教育相伴产生了中国女子教育，封建社会奉行“女子无才便是德”“妇女识字多诲淫”的妇女观，在历史长河中，已经内化到社会习俗、人们的生活方式以及是非观念精神结构中。传统女性被剥夺了受教育权，灌输的是女学为主的封建伦理“闺阁式”教育。自民国建立到1915年，女子学校和女学生数量呈较大幅度增长。1919年3月，教育部颁布《女子高等师范学校规程》，规定学校除设预科、本科外，可设选修科、专修科、研究科等。4月，北京女子师范学校改为北京女子高等师范学校，成为中国第一个女子高等教育机关。五四运动前后，妇女解放的呼声日高，日渐扩大的知识女性群体呼吁大学开放“女禁”，1920年2月，北京大学决定招收女生旁听。继北大之后，国内十多所高校开始招收女生。开放“女禁”是中国妇女形式上获得完整教育权的重要标志。

庐隐、冰心童年时代开始接受教会学校教育，使她们较早地接触到西方的教育、语言与文化，而且她们有幸成为20世纪中国女子高等教育的首批受惠者。庐隐9岁进北京教会学校慕贞学院，度过5年岁月。13岁考取女子师范学校，学习5年。1919年，20岁的庐隐考取了北京女子高等师范学校（北京女高师）。冰心12岁考取福州女子师范学校预科，14岁全家迁往北京，入学贝满女子中学，1918年以优异的成绩毕业，升入协和女子大学预科，1920年协和女子大学与司徒雷登先生创办的燕京大学合并。

新式教育对庐隐、冰心新思想新观念的萌发、人生道路的选择、人格与秉性气质的形成以及文学形象的生成，无疑起了重要的作用。

二

与旧时代的女子相比，两千年以来女性被窒息的活力与生命力在庐隐与冰心身上得到了充分的展现，凸显出个体存在的自由自为的状态，在角色上发生重大的转变，新式教育对庐隐、冰心的影响，体现在以下几个层面。

（一）新式教育激发庐隐、冰心新思想新观念的生成

庐隐年仅 9 岁便开始正式的学校教育生涯，后就读于当时唯一一所国立女子高等学府的北京女高师，北京女高师堪称培育“新女性”的摇篮。冰心受到的是双重教育，一是充满儒家色彩的家庭教育，一是在教会学校受到的正规教育。冰心考进福州女子师范学校预科时，爷爷告诫说：“你是我们谢家第一个正式读书的女孩子，你一定要好好地读呵。”[①]《我的中学时代》有如此描述：“在我十几年的海内外的学校生活中，也就是中学时代，给我的印象最深，对我的性格影响最大。”[②] 贝满女中师生关系自由融洽，“外籍教员必须贡献他或她的时间和精力在学校里，在教室内外，运用上课、谈话、讲故事等与学生接触”[③]。冰心后来就读的燕大，特别重视同学之间、师生之间的民主平等关系，注意在节日活动和各种团体活动中营造“大家庭”的气氛。如在圣诞节、愚人节等一些节日里，学生都可以和老师、校长开一些玩笑或搞一些恶作剧，老师们并不恼火。[④] 女学生置身自由、平等、宽松的学校氛围中，改变羞涩、保守、顺从的性格，表现热情、活泼、开朗的性格，敢于表达自己的思想与情感，为角色转换奠定了基础。

五四新文化运动是一场轰轰烈烈的文化启蒙运动。五四新文化时期，庐隐、冰心都为北京高校的学生。庐隐就读的北京女高师有相当浓厚的自由风气，思想观念兼收并蓄。据庐隐的同学程俊英回忆，当时教她们的老师有好几派。其中：“国故派：刘师培、黄侃；新潮派：李大钊、胡适；欧美派：吴卓生、傅侗、林励儒。”[⑤] 民主激进的老师占多数。“李大钊教授给学生们讲授伦理学、女权运动史和社会学。胡适先生极力提倡白话文，当时讲授中国哲学史，他是第一个把《新青年》杂志介绍给学生们看的老师。其他如教西洋文学史的周作人，教经学的陈中凡，教英语的吴卓

① 吴青：《爱的教育：怀念母亲冰心》，《新湘评论》2010 年第 22 期，第 54~56 页。

② 《冰心全集》第 7 卷，海峡文艺出版社，1994，第 373 页。

③ 《基督教在华传教士大会记录，1890 年》，1890，第 466 页。

④ 董宝良：《中国近现代高等教育史》，华中科技大学出版社，2007，第 87 页。

⑤ 北京师范大学校史资料室编《五四运动与北京高师》，北京师范大学出版社，1984，第 127~128 页。

生等，在当时也都是思想维新的学者。”[①] 燕京大学也经常邀请一些中外知名学者到学校发表各种见解：在燕大胡适发表过“读书救国”论，梁漱溟鼓吹过“乡村建设”，李达选讲过“唯物辩证法”。可见，在她们的成长中不断接受各种新思想洗礼，并逐步形成与传统女性不同的人生观与价值观。庐隐曾说，在大学时期她的思想进步得最快，“所谓人生观也者，也略具雏形”[②]。作品是作者思想文化观念的反映。庐隐、冰心在文学作品中积极挖掘觉醒的女性“人”的意识，塑造的女性形象不甘于传统女性被奴役的地位，她们大胆地冲击家庭的男权统治，走出家门去求学，并接受婚恋自由的观念。庐隐的《海滨故人》里露沙们对人生存在意义的扣问和迷茫，《或人的悲哀》中的亚侠在爱情与人生奋斗中的苦闷，《象牙戒指》里沁珠对自由爱情的追求与执着，杂文《“女子成美会”希望于妇女》《我的恋爱主张》《论今后妇女的出路》等系统地反映出新知识女性的恋爱观与家庭观。她认为“恋爱是有条件的——精神上的条件”。“家庭是男女共同组织成的，对于家庭的经济，固然要为男女分担；对于家庭的事务，也应男女共负”，“我对于今后妇女的出路，就是打破家庭藩篱到社会上去，逃出傀儡的家庭，去过人类应过的生活，不仅仅作个女人，还要作人”。冰心创作不少反映女性问题的作品，如《两个家庭》勾勒出她心中自觉的新女性（亚茜），一个具有新思想、热爱家庭、夫妇平等相处的新型家庭女性，把五四时代女子对爱情婚姻的“自觉”表达得十分坚决而又通俗。

在现实生活中，与传统女性不同的是，她们对爱情、婚姻家庭、个人权益有全新的理解和选择，蕴含着强烈的女性的独立个性。以往“为女子者，每逢论婚，辄羞缩不言，一任父母所命”，冰心由于出身于有近代民主自由气氛的海军家庭，在追求女性权益与幸福上没有阻力。庐隐却经常受到封建势力的阻挠与压力，因此她表现出更强烈的反封建特点。在继续教育方面，庐隐要求进北京女高师深造，母亲极力反对：“一个女孩子，已经中学毕业，就很够了，还要读书作什么？”[③] 但庐隐仍通过自身的努力，获得受高等教育的机会。在婚姻方面，她表现得更加前卫。早年不顾

---

① 肖凤：《庐隐评传》，中国社会出版社，2008，第 19 页。

② 庐隐：《庐隐自传》，钱虹编《庐隐选集》上册，福建人民出版社，1985，第 585 页。

③ 庐隐：《庐隐自传》，钱虹编《庐隐选集》上册，第 574 页。

家人的门第观念与贫穷的青年订婚，后来发现两者思想信念悬殊而坚决分手。1923 年与志同道合的郭君（但郭君有妇，出自包办婚姻）结婚，不幸丈夫却早逝。几年之后，她又在众人的冷嘲热讽中与一位年龄相差近十岁的青年发生了浪漫的爱情。这种罗曼蒂克的恋爱、结婚，引起当时社会舆论的喧哗，甚至她的朋友也觉得不可思议，苏雪林也觉得“庐隐这种行为大出奇”[①]。庐隐丝毫不加理会，笔者以为，对于庐隐勇于追求女性自身权益与幸福，应予以肯定，它标志着中国女子在寂寞的深闺中苦熬枯守，把自身命运交托于“郎君”的固有角色的终结，以及像男子一样昂首挺胸、无拘无束地走向自主独立的生活天地的开端。

传统女性没有独立的职业，“女子不能自养而待养于他人”，只能依附于男人而生存。庐隐、冰心对个人独立的坚持使她们在婚后一直没有放弃对职业的追求。

冰心二女回忆母亲给她印象最深的是，“她从小就对姐姐和我说，你们都是女孩子，但不要靠男人，一定要有独立性，一定不要依附别人”[②]。庐隐、冰心完成学业后，一边教书，一边创作，在她们身上实现了“作家、教师、主妇”三者的完美结合，真正实现了“男女间只有互助的共同的生活，而没有依赖的生活”[③]。

（二）新式教育蓄积了庐隐、冰心丰富的知识与素养

中国传统女性束缚于闺房绣楼，她们所受的教育是女学为主的封建伦理教育。所谓“女学之道亦有四：曰事父母之道；曰事舅姑之道；曰事天子之道；曰教子女之道。四者自少至老，一生立事尽矣”[④]。

20 世纪初的女子教学课程，注重引进西方近代科学文化，学科设置丰富，例如，燕京大学在 20 世纪 20 年代初已设置了广泛的专业，包括自然科学、社会科学及语言文字等方面，同时，很重视多开设一些职业科目，

---

① 苏雪林：《关于庐隐的回忆》，林伟民编《海滨故人庐隐》，人民文学出版社，2001，第 12 页。

② 吴青：《爱的教育：怀念母亲冰心》，《新湘评论》2010 年第 22 期，第 54~56 页。

③ 庐隐：《今后妇女的出路》，钱虹编《庐隐选集》上册，第 30 页。

④ 刘巨才：《中国近代妇女运动史》，中国妇女出版社，1989，第 14 页。

提供学生谋生的机会，如速写书记班、畜牧科、制革科、劳动调查统计科等。到20世纪末，燕京大学又对专业和课程进行了全面调整，重点放在文科上，成立了文、理、法三个学院。文学院包括国文、英文、欧洲语言文字、历史、哲学、宗教、心理、教育、新闻、社会学、音乐等系；理学院有生物、化学、地理、地质、数学、物理等系；法学院有法律、政治、经济等系。

北京女高师培养目标明确："养成中等学校师资；养成教育行政人员；研究高深学术；发展女性特长。"[①] 并据此课程着力于知识结构的多样化，使师范生拥有广博的知识，分设教育心理、国文、英文、史学地理、数学、物理、物理化学、博物 8 个学系，其课程设置不再注重"家事科""缝纫""家事"，均体现了文理兼通的特色，这对于架构师范生的知识结构和拓宽教学视野是十分有利的。

教授群更是那个时代大学生活中主要的一道亮丽的风景线。例如，在燕大，司徒雷登为了提高学术标准，非常重视聘请高水平的教师授课，由于燕大以自由学风、薪水待遇、工作条件、美丽校园和舒适住宅相吸引，短短几年一批学术界卓有声誉、富有经验的名教授、学术大师纷纷转到燕大任教。如吴雷川、顾随、郭绍虞、俞平伯、郑振铎、陆侃如、陈垣、张星烺、顾颉刚、张尔田、容庚、周作人、张东荪等都来到燕大从事研究和教学工作。[②]

陈平原在《即将消逝的风景》一文中指出："学生阅读的不只是'书本'，更包括'导师'。这种相对宽松和谐的环境，具有世界水准的教学质量和学术水平，使学生们在校期间知识丰富多样，眼界开阔、关心时政、探求学术，并养成了独立思考的好习惯。"

新式教育还注重学生能力的培育，注重课外文体活动，学校的学生社团活动丰富多彩、活跃频繁。燕大有众多的文艺社团和体育运动队，仅剧团就有六七个：海燕剧团、燕剧社、燕附剧团、夜工剧团和义校的奋斗剧团，此外还有很负盛名的"国剧社""昆曲社"等。这些社团活动对学生

① 熊贤君：《中国女子教育史》，山西教育出版社，2006，第 280 页。

② 郭德侠：《中国近代高等学校课程设置研究》，中国海洋大学出版社，2007，第 147～148 页。

交流思想、锻炼才智、增进品德修养、加强感情交流、丰富校园生活等方面都起了积极的作用。从冰心后来回忆贝满女中来看，除了学习文理科课程外，还有每星期三举办的“文学会”，冰心受到演讲辩论的训练。她还参加学校的戏剧演出和夏令营等活动，扮演过天使以及其他角色。冰心对当时的“文学会”印象深刻：在贝满还有一个集体活动，是每星期三下午的“文学会”，这是同学们练习演讲辩论的集会。这会是在大课堂里开的。讲台上有主席，主持并宣告节目；还有书记，记录开会过程；台下有记时员，她的桌上放一只计时钟，讲话的人过了时间，她就叩钟催她下台。节目有读报、演说、辩论等。辩论是四个人来辩论一个题目，正反面各有两人，交替着上台辩论。大会结束后，主席就请坐在台旁旁听的教师讲几句评论的话。冰心觉得这个训练很好，使她以后在群众的场合，敢于从容地作即席发言。①

此外，为了适应社会生产的发展和满足对各种职业技术人才的需要，当时许多学校在更大的范围和规模上引进了西方自然科学技术成果，大量增加了工、农、制革、家政、劳工统计调查科、教育专修科、宗教事业与社会服务等一系列实用技术课程，开始实行选科制，使学生有机会根据自己的兴趣爱好和能力，来选择自己喜欢的专业和课程。

接受新式教育的庐隐、冰心的知识结构表明，这是中国有史以来第一批广泛接触、涉猎中外文化的现代新女性。她们拥有开阔的视野、丰厚的知识底蕴以及自由自为的价值观念与行为选择，同时知识增强了她们对自己责任和使命的认识，最终加强了角色转换的意识与能力。

（三）新式教育注入庐隐、冰心社会责任的价值观念和行为中

在封建礼教的束缚之下，中国传统女性在政治上不能参与政事、国事。所谓“牝鸡无晨，牝鸡之晨，惟家之索”②，说明女人不能干预政治，如果干预政治，国家就危亡了。接受新式教育的女性在角色上发生重大的转变，处于国家危难时期的女大学生，往往以各种各样的方式表达对国家

① 卓如编《冰心著译选集》中册，海峡文艺出版社，1986，第 31 页。

② 《今文尚书·牧誓》，周予同编《中国历史文选》上册，上海古籍出版社，1979，第 1 页。

和社会的关注和热爱。

燕京大学的校训是“因真理，得自由，以服务”。学校教育女生不仅与男子受同等的教育，而且将来在社会上的服务和发展，也是和男生同等。[①] 冰心女儿回忆道：“在燕大，妈妈不仅听到大师的授课，而且还根据‘因真理，得自由，以服务’的校训积极参与社会实践，并受到鼓励。她是燕大‘学生自治会成员’，学生都很热心做社会福利工作，就是现在的志愿者。”[②]

知识分子和青年学生是五四运动的先锋，此时置身于北京高校的庐隐、冰心，与广大青年学生一样浑身散发着巨大的爱国热情，积极参加各种群众性的集会、游行、请愿、演讲等活动。据《庐隐自传》所述：“我整天为国家忙乱着——天安门民众大会呀、总统府请愿呀、十字路口演讲呀。这些事我是头一遭经历，所以更觉得有兴趣，竟热心到把饭都不吃、觉也不睡的干着。”[③] 她还参加福建同乡会，并“被举为女师大福建同乡会的代表，到师大北大去开会”[④]。她的同学苏雪林说：“五四时期庐隐骛外的天性，这时候好像得了正当的发展，每日看到她忙出忙进，预备什么会的章程，什么演讲的草稿，坐下来用功的时候很少。”[⑤] 可见，五四运动中的庐隐是异常活跃的，被目为新派人物。五四爱国运动爆发的当天，冰心在医院陪着生病的弟弟，听到消息后，次日便返校。她被选为学生自治会的文书，而且所在的学生会又是“北京女学界联合会之一员”。[⑥] 所以，如同她所说，“奔腾澎湃的爱国运动和新文化运动洪流，把我冲出狭小家庭和教会学校的门槛”。[⑦] “我们坚持罢课游行，罢课宣传。为了抵制日货，我们还旷课制造些日用品，绣些手绢等出卖”，“学生们个个兴奋紧张，一听到有什么紧急消息，就纷纷放下书本涌出课堂，谁也阻挡不住……”[⑧]

---

① 《冰心全集》第 1 卷，第 42 页。

② 吴青：《爱的教育：怀念母亲冰心》，《新湘评论》2010 年第 22 期，第 54~56 页。

③ 钱虹编《庐隐选集》上册，第 31 页。

④ 钱虹编《庐隐选集》上册，第 31 页。

⑤ 苏雪林：《关于庐隐的回忆》，林伟民编《海滨故人庐隐》，第8 页。

⑥ 冰心：《世纪之忆：冰心回想录》，南海出版公司，1999，第 140 页。

⑦ 冰心：《世纪之忆：冰心回想录》，第 141 页。

⑧ 冰心：《世纪之忆：冰心回想录》，第 141 页。

由此可见，五四运动中，庐隐、冰心不仅在思想上具有强烈的忧国忧民意识，而且积极投入火热的政治活动中，并且成为学生运动的重要骨干，新知识女性敢作敢为的精神更是传统女性所未曾有过的。

庐隐、冰心还把创作和广阔的社会生活联系起来，希望通过作品影响读者，感化社会。冰心曾回忆自己是怎样走上创作之路的，她说："在我们的日常生活里，几乎处处都有问题。这里面有血，有泪，有凌辱和呻吟，有压迫和呼喊……我只想把我所看到所听到的种种问题，用小说的形式写了出来。"① "我做小说的目的，是要想感化社会，所以极力描写那旧社会旧家庭的不良现状，好叫人看了有所警觉，方能想去改良，若不说得沉痛悲惨，就难引起阅者的注意，若不能引起阅者的注意，就难激动他们去改良。……这'痛恨'和'努力改良'，便是我做小说所要得的结果了，这样便是借着'消极的文字'，去做那'积极的事业'了……"② 庐隐在《著作家应有的修养》一文中说，作家内质方面的修养应该有二："一应对于人类的生活，有透澈的观察，能找出人间的症结，把浮光下的丑恶，不客气的，忠实的披露出来，使人们感觉到找寻新路的必要。二应把他所想象的未来世界，指示给那些正在歧路上彷徨的人们，引导他们向前去，同时更应以你的热情，去温慰人间悲苦者，鼓励世上的怯懦者。"

庐隐的《月下的回忆》《灵魂可以出卖吗?》等文章控诉帝国主义与资本主义的残暴本性。她也发表了《一封信》《两个小学生》等有着深刻现实意义的短篇和小品。《中国的妇女运动的问题》一文呼吁妇女运动应为底层妇女"求到翻身求到自由!"她关注妇女尤其乡村妇女教育问题，提出"应根据调查现在乡村妇女实际生活状况为改善的标准，组织各种团体，促进她们正当的物质、精神两方面的生活，以期达到幸福人生程途"。③ 冰心是以发表"问题小说"而步入中国文坛的，她的《两个家庭》《斯人独憔悴》《最后的安息》《秋雨秋风愁煞人》深刻反映了五四时期黑暗的社会现实。

总之，庐隐、冰心以强烈的社会责任感，热切关注社会现实，积极参

① 冰心：《世纪之忆：冰心回想录》，第 142 页。

② 《冰心全集》第 1 卷，第 42 页。

③ 庐隐著，钱虹编《庐隐集外集》，书目文献出版社，1989，第 508 页。

与社会活动，她们的作品以充满爱和同情的心写出悲惨世界中下层人民的苦难遭遇，反映社会的积弊和现实的黑暗，充分发挥了文学作品唤醒民众、激励民气而变革黑暗现状的社会意义。

结　语

封建社会的女性，政治上，不能参与政事、国事；经济上，没有独立的职业，没有独立的经济地位；婚姻上，没有任何的自主权；教育上，缠足的中国妇女被迫严守“男女之大防”，无法走出闺阁接受教育。广大女性蔽聪塞明，束缚于“三从四德”的伦理纲常中，生活在社会最底层。与传统女性角色截然不同的是，五四时期的庐隐、冰心积极追求作为女性个体存在的价值与意义。她们走出闺门，掌握先进的自然和社会科学知识，“争女权”“谋平等”“求解放”，实现经济的独立，摆脱对男性倚赖的附属品地位，真正成为一个有尊严、有独立人格、有自觉意识、有自由意志的人类个体，是一个完整意义上的“人”。更可贵的是，庐隐、冰心能站守在五四时代的前沿，以平等的心态和姿态与男性一起参加国家和民族的解放大业，勇担启迪天下人的使命，以文学作品唤醒民众，激励民气，对社会的发展产生重大的影响。

教育是让女性素质得到提高、实现自身解放的最基本途径。毋庸置疑，新式教育对庐隐、冰心实现“角色转换”，对她们从传统走向现代的思想观念的生成和行为的选择发挥了必不可少的重要作用。

历史总是在不断发展变化并呈现新的内容。随着社会的进步和改革的深入，时代对女性尤其是知识女性的素质要求越来越高，因此，当下女性应加强学习，不断地提高自己的素质与修养，掌握自然科学，社会科学和交叉、综合的科学知识，并在知识的引领下，积极参与经济发展和社会管理，为祖国的强大和现代化建设贡献自己的聪明与才智。以有为谋有位，以奉献谋福祉，在为历史和社会做出重要贡献的同时，让自己的人生更加绚丽多姿。这应是五四时期庐隐、冰心所走的人生道路留给后来者的启迪和教益吧。

原载《教育史研究》2016 年第 1 期

涉外人物编

郑成功收复台湾的历史功绩与现实意义

谢重光

2011年是郑成功收复台湾350周年，站在今天的角度回顾历史，郑成功收复台湾的丰功伟绩愈发彰显，其现实意义也愈发强烈。对此，学界已有很多论述，笔者只想结合个人的心得，着重谈以下几点。

一 郑成功复台，是中国人民抗击西方殖民者的辉煌篇章

南明永历十五年（1661）三月，郑成功从思明州（今厦门）和金门挥师收复台湾。由于事先准备充分，指挥得当，很快攻克了荷兰人的重要据点赤嵌纳，围困住荷兰人的另一重要据点热兰遮城，经过九个月的攻战，荷兰殖民者派驻台湾的首领揆一投降，彻底结束了荷兰殖民者霸占台湾的历史。这一胜利，是中国人民抗击西方殖民者的辉煌篇章。

17世纪，正是西方殖民者对亚洲进行殖民掠夺的黄金时期。葡萄牙、西班牙、英国、荷兰等老牌资本主义国家都纷纷把掠夺的魔爪伸向亚洲各国。它们凭借火炮和甲板船的威力，把亚洲不少国家变成自己的殖民地。而我国的澳门、台湾等地也被殖民主义者强夺和霸占。其中荷兰的势焰尤为嚣张，明万历、天启之际，先以诡计和兵威夺取澎湖，继而又取代老牌的殖民帝国西班牙占有台湾，并不断侵扰闽浙粤沿海。当时，不但亚洲小国如吕宋（今菲律宾）、爪哇（属今印度尼西亚）、琉球等为之蹂躏而无力

反抗，腐败的明廷亦屡遭殖民者挫败而无御侮长策。即使在郑成功队伍的内部，也有不少人害怕荷兰殖民者的坚船利炮。当永历十五年正月，郑成功集众议取台湾时，“众俱不敢违，然颇有难色”。为什么感到为难呢？除了海路凶险、台湾荒芜瘴疠之外，主要就是害怕荷兰的军事实力。部将吴豪说：“豪闻其水路险恶，炮台坚利，纵有奇谋，亦无所用，不如勿取。”部将黄廷也说：“果如吴豪之言，是以兵与敌也。勿取为便。”[①] 这些人的言论，实际上反映出很多将士畏威惧战的情绪。而郑成功高瞻远瞩，大义凛然，毫不动摇地坚持渡海收复台湾的伟大战略，战胜攻取，终于把盘踞台湾 38 年之久的荷兰殖民霸主赶出宝岛。这在中国乃至亚洲反殖民史上都是值得大书特书的里程碑式的辉煌胜利！

二　郑成功在台湾建立郡县，极大地加强了台湾与祖国的联系，促进了台湾经济社会的进步

我们讲到台湾与祖国的关系，经常追溯到三国东吴曾派将军卫温、诸葛直率军队渡海到夷州，隋朝时又有朱宽、陈棱、张镇周等人率军队到了琉球，与当地土著有很多接触与交往。而三国时的夷州、隋代的琉球实际上都是台湾，以此说明台湾与祖国大陆的联系十分悠久。

诚然，台湾自古以来就是我国领土的一部分，台湾与祖国大陆的联系和交往由来已久。正因为如此，郑成功到台湾与荷兰殖民首领交涉时，才会理直气壮地说：“台湾者，中国之土地也……今余即来索，则地当归我。”[②] 他收复台湾后，才会写出下面这首充满自豪自信和深情的诗句：“开辟荆榛逐荷夷，十年始克复先基。田横尚有三千客，茹苦间关不忍离。”[③]

但是，在郑成功收复台湾之前，台湾与祖国大陆的交往，仅限于民间的往来，或官方一时的军事占领。即使是元朝至元中，在澎湖设立巡检

① 连横：《台湾通史》卷一《开辟纪》，九州出版社，2008，第 13 页。

② 连横：《台湾通史》卷一《开辟纪》，第 56 页。

③ 郑成功：《延平二王遗集》，收入《玄览堂丛书续集》第 120 册，1947 年影印本，第 3 页。

司，隶同安县，那也只是把澎湖正式列入国家的版图，当时国家的行政尚未及于台湾本岛。所以直到郑成功收复台湾之前，台湾还只能说是我国台湾土著居民的世居家园，即连横《台湾通史》中所谓“台湾固东番之地”。[①] 真正在台湾本岛设立行政区划，使台湾与大陆一样实行郡县制度和其他文教、经济制度的，乃是郑成功。南明永历十五年十二月，郑成功把荷夷全部驱逐出境之后，下令“以热兰遮城为安平镇，改名王城；建桔秩门，志故土也；赤崁城为承天府；总曰东都。设府一、县二。以杨朝栋为承天府尹，祝敬为天兴知县，庄之列为万年知县。澎湖别设安抚司。各戍重兵”[②]。简括地说，就是以荷兰人所筑的热兰遮城和赤崁城为政治中心，设立东都承天府，下辖两县：承天府之北为天兴县，之南为万年县。并在澎湖岛设安抚司，戍以重兵，完成一府二县一安抚司的行政建制。[③]

郑成功在台湾所设一府二县一安抚司的建制，是明代郡县制在台湾的延伸，是他把台湾正式地划入明朝的版图中，或者说是他在台湾延续了明代政权。因为他虽然已经得知永历帝在缅甸遇难的消息，却很策略地封锁了永历帝宾天的消息，仍然奉行南明正朔，仍然使用永历年号，他所建的东都，很明确地说明是“东都明京”，自己仍以明朝的藩王自居。因此，郑成功在台湾的一切举措，都是要把这个宝岛建成恢复明朝江山的基地。换句话说，这时的台湾，依然是祖国神圣领土不可分割的一部分。若有人把郑成功在台湾的举措说成是独立建国，要不是误会，便是别有用心。

郑成功在台湾设立府县的措施，辅以部署屯垦和实行文教的措施，为台湾的政治、经济和文教进步奠定了基础，使台湾迅速摆脱蛮荒落后的面貌，缩短了台湾与大陆的差距，也极大地增强了台湾人民对祖国的认同。

三　郑成功复台，开启了闽粤人民移民台湾的大潮

闽粤人民移民台湾，虽然在宋元时已肇其端，明中叶后有加速进行的迹

① 连横：《台湾通史》卷一《开辟纪》，第 1 页。

② 连横：《台湾通史》卷二《建国纪》，第 68 页。

③ 杨英《从征实录》记此事曰：“改赤崁地方为东都明京，设一府二县。以府为承天府，天兴县、万年县。杨戎政为府尹。以庄文烈知天兴县事，祝敬知万年县事。行府尹查报田园册籍，征纳□银。改台湾为安平镇。”

象，然而真正大规模的移民潮，还是从郑成功率领大军经略台湾开始的。据学者研究，荷据时代台湾的汉人人口约有五万人，郑成功带到台湾的军队和家眷共计三万多人，后来郑经又带去官兵和眷属六七千人，郑氏时代台湾汉人人口比荷据时代新增约六万人，也就是郑氏时代从闽粤移民到台湾的人口达两万至三万人。[①] 总计郑氏时代从闽粤迁入台湾的官兵和百姓达六万多人，显然这是大陆向台湾最集中而且规模最大的一次移民大潮。

闽粤百姓踊跃向台湾移民，与郑成功的鼓励政策分不开。针对清朝强制推行的“迁界”暴政，他下令各地“收沿海之残民，移之东土，开辟草莱以相助耕种”。[②] 根据这条史料，郑成功对于闽粤人民移民台湾，不只是一般的鼓励而已，还采取了实际的措施帮助和促成闽粤沿海百姓迁台。大量移民迁入台湾，加之明郑政权鼓励耕垦，在郑氏时代短短二十几年内，台湾新增耕地 17800 甲，比荷据时代扩大 1.45 倍。[③] 虽然，这些新垦土地有一部分因为种种原因而抛荒，并没有完全被合理利用，但这期间兵民开垦积累的经验，为此后的移民提供了宝贵的借鉴。他们所了解的台湾土地肥沃较易谋生的情况，也极大地鼓励了后来者冒险犯难移民台湾。所以，清领台湾之后，闽粤移民台湾的大潮一浪高过一浪，至乾隆四十七年（1782），台湾人口已达 912920 人，嘉庆十六年（1811），达 1944737 人，光绪十九年（1893），更达 2545731 人。[④] 这么大幅度的人口增加，除了人口的自然增长外，主要是得益于闽粤移民的大量迁入，尤其在同治元年（1862）之前，即在清领台湾的最初一百年，移民增加的数量远远高于人口自然增长的数量。

现在台湾的所谓本省人，就是由闽粤移民台湾的福佬人及客家人，他们的祖先或者是郑氏时代迁入台湾的移民，或者是由郑氏开启的移民潮移入台湾的闽粤移民。在这个意义上，可以说“所有台湾子民，所有番薯仔”，都是郑成功开台的好后生。大家都“应该不背祖不忘本，永远缅怀郑成功的丰功伟绩；应该做对得起开台圣王及开台祖先的事”。[⑤]

---

① 陈孔立：《清代台湾移民社会研究》（增订本），九州出版社，2003，第 138~139 页。

② 江日昇：《台湾外纪》，福建人民出版社，1983，第 52 页。

③ 陈孔立：《清代台湾移民社会研究》（增订本），第 139 页。

④ 陈孔立：《清代台湾移民社会研究》（增订本），第 144 页。

⑤ 郑坚：《番薯仔不忘本》，中国新闻网，http：//news. qq. com/a/20070405/001715. htm。

四　郑成功复台，实行开明的民族政策，对今天富有启迪意义

郑成功率部进入台湾后，很注意尊重和保护各族土著民。郑军攻克赤崁纳后，“各近社土藩头目俱来迎附，如新善、开感等里，藩令厚宴，并赐正副土官袍帽靴带。由是南北路土社闻风归附者接踵而至，各照例宴赐之。土社悉平怀服”①。“（四月）十二日，藩驾亲临蚊港，相度地势，并观四社土民男妇壶浆，迎者塞道。藩慰劳之，赐之酒□，甚是喜慰。”②在荷兰统治下深受压迫剥削的番社土著民，受到郑成功如此的尊重和礼遇，因而出现了各社头目都来迎附、土民男妇壶浆相迎塞道的盛况。

郑成功在颁布法令部署官兵屯垦时，一再告诫官兵“不许混圈土民及百姓现耕田地”，并采纳户部主事杨英的建议，悉心教导土著民先进的农耕技术，“抚其众而耕其地，教其法俾竭其力，使适意开垦”，使得原来“逐穗采拨，不识钩镰割获之便”“不知犁耙锄斧”又不懂水利灌溉的土著民，学会了牛耕铁犁耙锄播种、割获之法③，帮助土著民实现了农业生产方式的跨越式发展。

当然，郑成功手下也有个别部将欺凌土著民，激化了汉番矛盾。对于这样的意外事件，郑成功都及时妥善处理，处罚了犯错的部下，抚平了番社土著民的不满，取得了各族土著民的谅解。

这一系列措施，使郑氏时代台湾汉番关系的基调是和睦友善的，保证了明郑政权在台湾施政的顺利。同时，郑氏时代台湾处理民族关系的成功经验，也成为台湾历史上汉人与土著民关系的宝贵财富，至今仍有重要的借鉴意义。

总之，郑成功收复台湾，结束了荷兰殖民者对台湾的非法侵占，也粉碎了其他殖民列强对台湾的觊觎，保证了我们国家的领土和主权完整。他在收复台湾后采取的一系列措施，极大地加强了台湾与祖国大陆的政治、

① 杨英：《先王实录校注》，陈碧笙校注，福建人民出版社，1981，第250页。

② 杨英：《先王实录校注》，陈碧笙校注，第252页。

③ 杨英：《先王实录校注》，陈碧笙校注，第259页。

经济、文化联系，促进了台湾经济社会的发展，功在国家，功在民族。郑成功治理台湾所积累的各族物质和精神财富，对今天仍有巨大的借鉴和启迪意义。我们纪念郑成功收复台湾350周年，应该充分发掘和领会郑成功复台的重大而深远的历史意义，为推进海峡两岸和平发展服务，为振兴中华的伟大事业服务！

原载洪本地主编《郑成功研究文集》，厦门大学出版社，2012年版

蔡琦出洋考察与《随使随笔》

潘 崇

学界研究清末五大臣出洋，多依据留存的两部日记，即考察政治大臣戴鸿慈、载泽分别撰述的《出使九国日记》和《考察政治日记》。据笔者所见，李细珠在《张之洞与清末新政》一书中，最早发掘使用湖北随同考察人员蔡琦所著《随使随笔》。[①] 笔者数年前撰写博士学位论文《清末五大臣出洋考察研究》时，基于李著提供的线索，也参考使用了《随使随笔》。[②] 近来，笔者系统整理、研读该随笔，爰撰斯文，对蔡琦其人及其出洋缘由、他眼中的日本及欧美世界形象、中西对比之下的所思所想做一梳理，以期丰富我们对清末五大臣出洋以及近代以来国人走向世界、认识世界之艰难历程的认识。[③]

一 蔡琦其人及其出国考察缘由

蔡琦，字子钊[④]，福建龙溪县人，同治九年（1870）生，由监生报捐同知，指分湖北试用。[⑤] 蔡琦为张之洞重要幕僚蔡锡勇之子，与其父一样

① 李细珠：《张之洞与清末新政》，上海书店出版社，2003。笔者数年前撰写博士学位论文《清末五大臣出洋考察研究》（南开大学 2010 年博士学位论文，2014 年由中国社会科学出版社同名出版），基于李著提供的线索，对《随使随笔》做了初步使用。

② 潘崇：《清末五大臣出洋考察研究》，博士学位论文，南开大学，2010。

③ 笔者标点整理的《随使随笔》，近期将由《近代史资料》刊发。

④ 此据戴鸿慈所记，参见戴鸿慈《出使九国日记》，锺叔河主编《走向世界丛书》第 1 辑，岳麓书社，1986，第 321 页。另据奉天随同五大臣出洋考察人员张大椿记述，蔡琦之字为子昭。参见张大椿《随清朝出洋考察五大臣赴美考察纪事》，沈祖炜主编《辛亥革命亲历记》，中西书局，2011，第 356 页。

⑤ 秦国经：《清代官员履历档案全编》第 6 册，华东师范大学出版社，1997，第 692 页。

长期在湖北任职且为张氏所倚重。

蔡琦先是担任湖北钢药厂采办委员，[①] 后长期在湖北枪炮厂任职。1892 年，湖北枪炮厂动工兴建，时任湖北铁政局总办的蔡锡勇兼任枪炮厂首任总办。[②] 1894 年枪炮厂建成后，“采地建厂、购机兴工与夫平日用人、行政考工、核料诸事宜，另行委员为提调驻厂处理”[③]。光绪二十七年（1901）七月十四日，张之洞札委蔡琦为枪炮厂兼钢药厂采办委员：“查有分省补用同知蔡琦，堪以派委枪炮厂兼钢药厂采办，月支薪水银五十两，由该两厂支给。其武备学堂收支事务，仍令该丞兼办。”[④] 后蔡琦又担任枪炮厂副提调、提调职，“提调驻厂处理，以补用道蔡琦任职最久”。[⑤] 蔡琦任职提调期间，湖北枪炮厂生产规模显著扩大：“1902 年，枪炮厂提调蔡琦改良步枪和枪弹制造，日产枪由 12 支增至 50 支，月产枪弹达 80 余万颗，同年拟建机器、锅炉、翻砂、木样、打铜、打铁 6 厂。1903 年 6 月相继兴建，翌年 9 月建成。”[⑥] 1904 年，张之洞鉴于湖北枪炮厂规模扩大、分厂林立，非枪炮二字所能包括，乃奏请改名为湖北兵工厂。1907 年，蔡琦因办厂有功得张之洞奏奖：“湖北补用道、兵工厂提调蔡琦，请加二品顶戴。”[⑦] 至 1908 年，湖北钢药厂因经费支绌，与兵工厂合并，改称汉阳兵工厂，蔡琦出任首任总办。[⑧] 蔡锡勇、蔡琦先后担任湖北枪炮厂、汉阳兵

① 中国近代兵器工业档案史料编委会编《中国近代兵器工业档案史料》（一），兵器工业出版社，1993，第 1139 页。

② 《湖北枪炮厂历年总办厂长》，湖北省地方志编纂委员会编纂《湖北省志·工业志稿·机械》，武汉大学出版社，1990，第 335 页。蔡锡勇任至 1898 年，由沈锡洲接任总办。资料来源同上。

③ 《兵工署前第一工厂厂史》，中国近代兵器工业档案史料编委会编《中国近代兵器工业档案史料》（三），第 1174 页。

④ 《札委蔡琦接办枪炮厂兼钢药厂采办事务》（光绪二十七年七月十四日），赵德馨主编《张之洞全集》（六），武汉出版社，2008，第 377~378 页。

⑤ 《兵工署前第一工厂厂史》，中国近代兵器工业档案史料编委会编《中国近代兵器工业档案史料》（三），第 1174 页。

⑥ 《湖北枪炮厂沿革》，湖北省地方志编纂委员会编纂《湖北省志·工业志稿·机械》，第 329 页。

⑦ 《张之洞奏请奖励湖北兵工、钢药两厂出力各员折》（光绪三十三年七月二十六日），中国近代兵器工业档案史料编委会编《中国近代兵器工业档案史料》（一），第 1145 页。

⑧ 《湖北枪炮厂历年总办厂长》，湖北省地方志编纂委员会编纂《湖北省志·工业志稿·机械》，第 335 页。

工厂总办，足见张之洞在兵工行业对蔡氏父子的信赖和倚重。宣统年间，蔡琦调任四川兵工厂总办。[①]

光绪三十一年（1905）六月十四日，光绪皇帝颁布派遣大臣出洋考察的上谕："方今时局艰难，百端待理，朝廷屡下明诏，力图变法，锐意振兴，数年以来，规模虽具，而实效未彰，总由承办人员向无讲求，未能洞达原委，似此因循敷衍，何由起衰弱而救颠危？兹特简载泽、戴鸿慈、徐世昌、端方等随带人员，分赴东西洋各国，考求一切政治，以期择善而从。"[②] 此举展示出清政府追求政治革新以及求强求富的目的和追求，引起各省督抚大吏的密切关注。遣使谕旨颁布不久，湖广总督张之洞即致电外务部，认为此举对于中国全面了解国外发展大势大有裨益。他以湖北为例言道，近年湖北派往日本考察的官员不少，而"欧美各国重洋远隔，语文不同，派员考察其事不易，暂作缓图"，政府此次遣使出洋，"为中国自强求治之明证，各国闻有此举，无不乐于款待，凡有咨询必能开诚见告，详细无遗，实为难逢之机会"。[③] 正是基于此，张之洞在八月选定湖北试用道喜源、候补知府郑葆琛随同载泽一路考察团，试用知府金鼎、候补知府蔡琦随同戴鸿慈、端方一路考察团，分别出洋考察："此次亲贵出洋考察政治，甚有关系，敝处拟分派数员随同诸星使前往考察。若星使所询考之事，外国必肯指引详告，较之寻常游历，益处甚多。"[④]

---

① 罗尔纲：《晚清兵志》（第5~6卷），中华书局，1999，第168页。

② 中国第一历史档案馆编《光绪宣统两朝上谕档》第31册，广西师范大学出版社，1996，第90页。关于遣使出洋考察的动因参见拙文《清末东北边疆危机与清政府宪政改革决策的建立——以日俄战争时期清政府内部的讨论为中心》，《东北史地》2013年第6期。吴樾炸弹案后，徐世昌退出考察团，李盛铎、尚其亨加入。

③ 《张之洞致外务部电》，中国第一历史档案馆藏，外务部档案·综合类，第4331号。

④ 《致荆州清将军、荆宜道陈道台、喜观察源》（光绪三十一年八月初二日辰刻发），苑书义等主编《张之洞全集》第11册，第9366页。除湖北外，奉天、广东、江西、湖南也派有随同考察人员。随同载泽一路出洋考察人员有：周光棨、文廷楷（江西派往），苏舆、周开璧（湖南派往）。随同端方、戴鸿慈一路出洋考察人员有：张大椿、周宏业（奉天派往），高而谦、魏子京（广东派往）。以上名单据戴鸿慈《出使九国日记》、载泽《考察政治日记》综合而成。然而，直到考察团出行时，江苏仍未派委随同考察人员，舆论界对此颇感意外。《时报》报道："此次五大臣出洋考察政治，两湖、两广皆派随员同往，惟两江尚付阙如。"后两江总督周馥派委刘荔荪为考察团随从人员，并称"万一人多，即作为南洋随员"，然刘最终未能成行。参见《江督派员随同五大臣出洋》，《时报》光绪三十一年十一月二十一日，第3版。

从张之洞所派随同考察人员的职守来看，一方面具有考政大臣随员的身份，如“履历档”介绍金鼎时称：“经前湖广总督张之洞奏派，随同出使各国考察政治大臣戴鸿慈、端方充当随员，前赴美、德、俄、意、奥各国考察政治。”[①] 另一方面，也是更重要的是，担负张之洞委任的考察使命。就后一点而言，喜源、郑葆琛考察范围甚广，正如张之洞指示：“凡属吏治、军制、财政、法律、学堂、警察、监狱、工厂，及一切矿山、铁道、有关地方利益之事，均令虚心博访，分类详录，俟回省后呈缴，以备参考采择之资。”[②] 相较之下，金鼎、蔡琦考察范围则更为集中，据蔡琦《随使随笔》所记，张之洞特别交代“于造机、访价各事须为留心考究”[③]。前文述及，光绪三十年（1904）湖北枪炮厂扩充为湖北兵工厂，此时张之洞势必急切期望改进工艺、扩大生产，其派遣湖北兵工厂提调蔡琦特别留意“造机、访价”，也就不难理解了。总之，无论各员使命如何，正如有论者指出，张之洞的目的“是在为湖北新政作打算”。[④]

需要指出的是，比起清政府为五大臣出洋考察团筹措的经费额度，张之洞给予随同出洋考察人员更为充足的经费。先来看五大臣出洋考察团的出洋经费，计各省认解 80 万两、电报局认解 2.79 万两，共计 82.79 万两。其中湖北、江苏、直隶各认解 10 万两，以为各省表率。[⑤] 但 80 万两的经费额度则遭到舆论“经费太薄”的指责，如《新闻报》即刊发《论出洋经费太薄》一文。[⑥] 而张之洞则给予湖北随同考察人员相对充裕的经费额度。据《申报》报道，每人川资银合计八千两，且如有不敷仍准续拨。[⑦]

---

① 秦国经主编《清代官员履历档案全编》第 8 册，第 358~359 页。

② 《光绪三十一年八月二十九日附奏委派湖北试用道喜源等随同钦派大臣出洋考察政治片》，《张之洞紧要折稿》第 18 函，中国社会科学院近代史研究所藏，甲 182~20。

③ 蔡琦：《随使随笔》，铅印本，不著出版年，第 21 页。

④ 李细珠：《张之洞与清末新政研究》，第 296 页。

⑤ 详见拙文《清末五大臣出洋经费考》，《历史档案》2010 年第 3 期。

⑥ 文章指出，时至今日，“必参以各国之善政，乃足救中国之颠危”，故考察团在外洋“多调查一日即多一日调查之益，归而改良政治，庶无率尔操觚之讥”，“若限以财力草草毕事”，则不免“扼腕兴嗟”。《论出洋经费太薄》，《新闻报》光绪三十一年七月九日，第 2 版。

⑦ 《鄂督派员随同湘抚出洋》，《申报》光绪三十一年（1905）八月十二日，第 3 版。

二 蔡琦眼中的日本及欧美世界

蔡琦撰述的《随使随笔》，计有 31000 余字，起自光绪三十一年（1905）十一月二十三日放洋，迄于光绪三十二年（1906）五月二十日返鄂，贯穿考察始末。正如他自称："余此次奉派随同考察，自顾学识浅薄，时虑负此光阴，沿途未敢休息，凡所闻见，随为纪录，挂漏芜杂，知所不免，惟不敢稍事铺张，所谓存其真而已。"① 确如其言，蔡琦在六个多月的考察行程中，共历日本、美国、英国、法国、比利时、德国、俄国、奥地利、匈牙利、意大利十国，对各国市政建设、政府行政、工矿企业等方面做了重点考察，其思想认识也得到显著提升。

（一）市政建设

城市风貌与社会公共设施建设是到访者对一座城市最直接的观感，蔡琦对此有意识地观察了解，留下他眼中的各国城市形象。

日本长崎是蔡琦抵达的首个外国城市，第一印象即是"街市整洁"，"绝少尘嚣"。横滨尽管"街市上贫民甚多"，"然各有执事，攻苦习勤，类能自食其力"。② 美国及欧洲各大都市，在蔡琦笔下则描述更多。纽约之繁盛，给蔡琦触动颇大："该埠为美洲最繁盛之区，人数三百余万，电车往来如织，车道分三层：一在地面，一则飞架空中，一则凿隧为之隧道。"③ 又记美国首都华盛顿："地方整洁，以此为最，以其居家多而商务少也。"④ 较之美国都市，英国首都伦敦则颇为逊色："英京地方纯朴，不及美国整齐，路口纵横错杂，颇难辨认，楼房四五层者居多，地隧有火车、电车，惟街面全用双马拖两层之车。"⑤ 法国首都巴黎之繁荣程度，则比美国都市有过之而无不及："极繁华，房屋整齐，可与华盛顿媲美，而

① 蔡琦：《随使随笔》，第 48 页。

② 蔡琦：《随使随笔》，第 1、2 页。

③ 蔡琦：《随使随笔》，第 13 页。

④ 蔡琦：《随使随笔》，第 8 页。

⑤ 蔡琦：《随使随笔》，第 23 页。

街道公园之大有过之。”[①] 德国柏林也是“街道异常整洁，四望巡警甚少”。[②] 相比之下，意大利各都市则普遍整洁不足。罗马街市“不甚整洁，且沿途多溲溺道旁者，为欧美各国所罕见，可知其警察之未能严密矣”。那不勒斯街道较罗马更逊，“马粪渣滓常见于道”。[③] 日俄战争中战败的俄国也为蔡琦所重点关注，他记述：俄国首都圣彼得堡的建筑虽“不及欧美华丽”，“然亦坚固可观”，而街市“宽大为各国所不及，其通衢大道亦复车填马塞，大气磅礴，气象万千”。由此感慨：“诚未可以偶败于日为论断也。”[④]

蔡琦还来到公园、游乐场、图书馆、博物馆等处，留下了关于西方社会公共设施的一手记录。其记巴黎某公园景色之优美：“周围约十余里，深林密树，中有大湖焉，径回路折，绿草青葱，到此如入桃源，诚足令人心怡目悦。……礼拜日，游人以万计，肩摩踵接，上海之张园，千万不及一也。”[⑤] 在旧金山某游乐场，蔡琦看到除飞船、飞车及虎、豹、狮、象等各种动物外，“另设各镜，参以格致之理，藉以开浚民智者”。[⑥] 蔡琦在参观美国国会图书馆时，对其建筑精美、设施完备颇为惊叹：“全以意大利白石建造，地砌各种花式，工程之美，甲于全球。……闻此楼创造时，历十有一年，工始告竣，用款至七百万元之多，其规模可想。”[⑦] 参观大英博物馆时，蔡琦看到该馆存中国鸦片烟枪数支，不禁发出“真足令人羞煞”之慨。[⑧]

通过观览各国市政建设，蔡琦得出以下重要认识。首先，注重整顿地方，所谓“西人政治，皆先从地方整顿起”。[⑨] 并且政府对此不吝花费，所谓“尽心民事，乐民所乐，无不备极经营，不吝用款之多，必求其美备而

---

① 蔡琦：《随使随笔》，第 24 页。
② 蔡琦：《随使随笔》，第 25 页。
③ 蔡琦：《随使随笔》，第 42、43 页。
④ 蔡琦：《随使随笔》，第 35 页。
⑤ 蔡琦：《随使随笔》，第 24 页。
⑥ 蔡琦：《随使随笔》，第 4 页。
⑦ 蔡琦：《随使随笔》，第 13 页。
⑧ 蔡琦：《随使随笔》，第 23 页。
⑨ 蔡琦：《随使随笔》，第 37 页。

后已”。[①] 蔡琦对此颇为称道：“以治家之法治国，以治身之法治家，然后能脉络贯通，筋骨强壮，此可以即小见大也。”[②] 其次，寓教于乐。“西人于一切玩物，往往寓有普通教育，其用意至微。惜我国于此等细事漫不加察，好为高论，而昧其先入为主之义。”[③] 当然，通过中外对比，蔡琦更是深刻意识到中国在市政建设上的差距，就城市卫生而言他这样写道：“我国于清道一事鲜求实效，入市者但觉一种芜秽之气，辣喉刺鼻，不特有碍卫生，尤足贻笑外人，而生共轻视之心。事有视之若无足重，而关系绝大者，此亦其一端。”[④]

（二）政府行政

国外政府运行体系也是戴、端考察团的重要考察内容，蔡琦或随同考察，或自行考察，对以下几方面留下了深刻印象。

其一，账法完善。光绪三十二年（1906）正月二日，蔡琦随同戴鸿慈、端方参观美国财政部，对其规章之严格记录颇详：“所有纸币虽归刷印局代印，而两旁印花仍由部设机自印，以杜弊端。至照料印花、清理数目，皆用夫人以司其事，每经一手，必自签名。另有女司事一名，将每次经手人姓氏，用简明表登记，一有错误立可稽查。至其纸币出入之数，则更有专员经理。”[⑤] 蔡琦了解到，上述规章之所以能够实行，依托于西人账法之简赅：“来往虽繁，只设簿三册，凡人皆可按结，无庸经理人之指点，一目了然，故不论何时，立可结算。”反思中国，则“账法一道向未考求，官场惟以旧管新、收开除实在四者为定则，各立法门，无一定规，以此查彼，虽穷年累月，而不能得其端绪流弊，遂不可胜言。即以各省善后局而论，有能彻底查清者乎？”蔡琦进而呼吁：“故欲效法泰西，宜将账法急加讲求，正本清源，其有关于财政者，非浅鲜也。”[⑥]

其二，公私分明。蔡琦通过广泛考察，了解到“西人于公私之分最

① 蔡琦：《随使随笔》，第 24 页。
② 蔡琦：《随使随笔》，第 37 页。
③ 蔡琦：《随使随笔》，第 4 页。
④ 蔡琦：《随使随笔》，第 1 页。
⑤ 蔡琦：《随使随笔》，第 9 页。
⑥ 蔡琦：《随使随笔》，第 10 页。

明，若稍涉私事，必随口道谢”。他曾记述考察美国银元局的过程：“余由总办领入，然总办亦极避嫌，每指示一物后，即随手放置原处，有令工匠检取转递者，交还时总办必向之称谢，以工匠乃做工而来，非任检取转递之役也。”蔡琦在会晤美国财政部部长时，后者“按钟使侍者导余查阅，时侍者屏息听命，上下之分秩然。及余阅毕，还尚书办公处，则侍者之公事已毕，同入旁坐，一如友朋矣”。[①] 在华盛顿参观议院时，蔡琦记录了总统与议员辩难的情景，所谓“彼此声色甚厉，词甚激昂”，然议事既毕，“则朋友之交情如故初，无因意见不合而稍存芥蒂者”。[②] 反观中国，“名分太严，上下隔膜，涣而不合”[③]，实为阻滞行政效率提高之一大障碍。

其三，崇尚平等。蔡琦曾记录了在白宫与美国总统西奥多·罗斯福打招呼的情景：“总统由侧门入，见余点头问好为礼，貌甚和蔼，盖此间人皆可见总统。”[④] 在英国，蔡琦从报纸上看到一则新闻，卖花女子向英皇所乘马车投扔鲜花以致误伤其面，英皇鉴于其意在于“表爱慕之意”，“不但赦之，乃更嘉之”。蔡琦对此不禁发出“君民爱力有如此者”的慨叹。[⑤] 考察美国候审室时，蔡琦了解到政府对待罪犯亦注重平等：“各犯每星期必洗身一次，食物亦极清洁。……所内杂役待各犯皆有礼貌，绝无呼喝凌辱之事。”[⑥] 在奥地利，蔡琦了解到皇权甚尊，民间亦甚爱戴，但数年前曾发生皇后被刺事件。蔡琦认为此为国民程度颇高的体现，在他看来，“国民程度太低，则每苦专制之逼压；国民程度太高，又动多过分之苛求”，两害相形则“勿宁失之太高”，由此方能督促当政者“时时儆惕一秉至公至平之念”。[⑦]

（三）工矿企业

工矿企业是蔡琦考察的重点，用力最勤且收获最大。总的来看，有以下几点使蔡琦感触颇深。

---

① 以上引文皆见蔡琦《随使随笔》，第 20 页。
② 蔡琦：《随使随笔》，第 9 页。
③ 蔡琦：《随使随笔》，第 20 页。
④ 蔡琦：《随使随笔》，第 8 页。
⑤ 蔡琦：《随使随笔》，第 25 页。
⑥ 蔡琦：《随使随笔》，第 15 页。
⑦ 蔡琦：《随使随笔》，第 38 页。

其一，工业科技先进。蔡琦尤其对德国著名军工企业克虏伯广泛引入先进科技印象深刻。其记，该厂化铁炉打风机“提运铁炭全用起重悬车，丝毫无须人力，且前有运河一道，设起重悬空车提载煤铁，省工甚多，利便无穷”。在钢轨分厂，“作工之人不甚多，全赖机力以为运动，而其速率实倍人工也”。[①] 蔡琦了解到，德国工业科技在工矿企业的广泛使用，实与其实业教育之发达密不可分，蔡琦曾这样描述德国工艺大学堂：“房屋宏大无匹，工程美备，地处荒僻，往此沿途树荫浓密，取其清净，便于用功。内分六科，为机器、工程、矿学、电学、化学、图学。……德国研求之功，实较各国为锐，将来进步，诚未可量。各门专书，亦以德为最美备。”[②] 在美国铜壳弹子厂，蔡琦了解到“工匠大率粗谙化学，不特能守其所当然之法，且能名其所以然之理”。反观中国工人，“仅得皮毛便自诩为高手，迨造不合法，则又作种种推诿，诘以究竟如何而后能合法，瞠目结舌，不能道一字可比也”。[③]

其二，管理体制完备。在参观美国水师炮厂时，蔡琦了解到“厂虽隶于本部，司理者为水师提督。……以西人作事各分权限，虽上官亦不能擅自主张也”[④]。费城商办制造火车头公司亦是管理高效：“所用办事人员，又皆各视其所长，畀以专责，丝毫不能推诿，亦丝毫不容越俎，故能各尽各职。”[⑤] 毫无疑问，工矿企业的发展有赖于管理体制的完备，但这一点对清末中国而言实为短板。蔡琦直陈中国工矿企业管理的两大弊端：一是“用人疑忌太多，无从办事”[⑥]；一是厂务皆委诸一人，“无论各有专门，即勉强令其肩任”[⑦]。对此，蔡琦提出专家治厂的建议：由一人“握全厂之最高权”，其人须“具吞吐万象之能，学问、阅历两不可缺，更资群策群力，相佐为理”。[⑧] 即选之后，“必畀以全权，实加信用，方足以大展所长”[⑨]。

① 蔡琦：《随使随笔》，第 30 页。
② 蔡琦：《随使随笔》，第 29 页。
③ 蔡琦：《随使随笔》，第 11~12 页。
④ 蔡琦：《随使随笔》，第 11 页。
⑤ 蔡琦：《随使随笔》，第 19 页。
⑥ 蔡琦：《随使随笔》，第 14 页。
⑦ 蔡琦：《随使随笔》，第 26 页。
⑧ 蔡琦：《随使随笔》，第 41 页。
⑨ 蔡琦：《随使随笔》，第 19 页。

同样，负责从外洋购置机器之人，“非素系专门常阅各制造厂报告，胸有成竹者，不易为也”①。

其三，普遍使用女工。国外各行各业普遍是男女同工，这与中国则大相径庭。蔡琦参观芝加哥某商场时，了解到“该店共享女伙三百余人，以理各埠往来出入之数，或任收付，或任记载，以及货单笔札”。② 美国造币厂总共四千四百名工人，其中女工有两千名，取其做工细致之长，然考核则并不稍松：“女工每日工价一元五，如经手或有错误，归本人赔偿并加以罚。”③ 戴鸿慈在《出使九国日记》中，亦颇多关于国外工矿企业使用女工的记录。但戴鸿慈对于机器制造厂使用女工并不赞同：“盖机器学于身体，劳苦最甚，苟非体魄强实，未有不伤者也。”④ 相比之下，卷烟厂许多琐碎的生产流程，“若切烟、制匣、印商标等诸事，则以女工司之”⑤，他认为这很好地利用了女工作工细致的优势。

其四，注重专利。在考察过程中，蔡琦了解到各国普遍设立专利局，“凡能自出心裁创制新件及发明新理者，绘图具说，呈由总办分交各专门详核”。就美国而言：“大约一星期内制出新件并发明新理者，少亦四百余，多或至七八百件，其民智蒸蒸日上，如此无怪商业之愈形发达也。”⑥ 蔡琦指出，中国欲开办专利局颇非易事：“盖必先能集各国所已发明之物理，分门储备，遇有欲求专利者，令入局查考图说，或赴他国专利局调查，果无先我发明者，然后能呈请专利。即如此间专利局，每日前来调查者无虑数百起，甚有穷数年之力游历参考，而尚未敢出现者；有因求专利未得，以致上控者；有业已请准专利，又为前发明家呈出疑似，以致彼此涉讼者。闻已不知凡几。”⑦

此外，蔡琦还重点对留学教育做了调查。湖北为清末派出留学生大省，张之洞亦委令蔡琦顺道调查留学教育，并在蔡琦出国之际委托其带给

① 蔡琦：《随使随笔》，第 21 页。
② 蔡琦：《随使随笔》，第 6 页。
③ 蔡琦：《随使随笔》，第 12 页。
④ 戴鸿慈：《出使九国日记》，锺叔河主编《走向世界丛书》第 1 辑，第 347 页。
⑤ 戴鸿慈：《出使九国日记》，锺叔河主编《走向世界丛书》第 1 辑，第 357 页。
⑥ 蔡琦：《随使随笔》，第 10 页。
⑦ 蔡琦：《随使随笔》，第 10~11 页。

留学生笔墨、食品等礼物。[①] 具体看，蔡琦经过与各方人士接洽，了解到留学教育中存在的亟待解决的诸多问题。首先，留学生出国之前应学有根底。光绪三十二年（1906）正月十三日，蔡琦与留美学生监督周子仪晤谈，调查留学事宜。后者言道："以此间学费之巨，学生必先有三四年根底，或在华已毕业者，来此再求精进，庶成材较易，而款不虚糜。前年派来之学生，有并字母尚未识者，躐等之求，岂能有益？徒耗岁月耳。"并提出建议："后有续派者，务宜预习数年，弗蹈曩辙。"[②] 其次，留学生必待其学有所成后方能回国。光绪三十二年二月二十八日，蔡琦在德国拜会前汉口税关洋员赫君，并与之谈及留德教育事，后者对中国留学教育提出建议："留学生必须待其毕业后，方可调回国用，三二年程度者断不可用，且必偾事业。"进而以德国人受教育情况论之："以我德人论，生于斯、长于斯，语言风俗素所习熟，尚须读书十五年，始能任事。"[③] 最后，实业留学生偏少。前文述及，蔡琦曾考察德国工艺大学堂，然而"中国留学生未有入此学堂者"[④]，对此蔡琦颇感遗憾。上述史料，对于我们认识清末留学教育颇有价值。

小结

晚清时期，国人出国考察撰写考察日记实为定例，《光绪政要》记："历届出使大臣遴选高才之员出洋差遣，藉资阅历，各国政教风俗与农商矿各种制度、学问，课以日记，归为拜献之资，本系奏定章程。"[⑤] 国人因对五大臣出洋考察团寄予厚望，更是将其是否撰有考察日记作为评判考察成效高低的重要指标，《申报》即言："一士人之游历，必笔其考察所有得者于日记，归以馈饷我国人，而灌输其新学识者，无人不然。今以五大臣尊贵之躯，富强之力，加以数十随员辅助……其日记之编辑必大有可观，

① 蔡琦：《随使随笔》，第 26 页。
② 蔡琦：《随使随笔》，第 15 页。
③ 蔡琦：《随使随笔》，第 28 页。
④ 蔡琦：《随使随笔》，第 29 页。
⑤ 《谕总理衙门议定出洋学生肄业事宜》（1889 年 7 月），沈桐生辑《光绪政要》，沈云龙主编《近代中国史料丛刊正编》第 35 辑（345），台北：文海出版社，1964，第 1472 页。

而所以启发我国人之思想，增进我国人之智识者，其效力必无限量。”[①] 然而事与愿违，五位考政大臣中仅戴鸿慈、载泽撰有考察日记，其他三位端方、李盛铎、尚其亨则无[②]，考察团正式随从人员亦无日记留存[③]，此不得不称为遗憾之事。从这个角度说，作为目前仅见五大臣考察团留存的三部日记之一，《随使随笔》之珍贵性毋庸置疑。更重要的是，《随使随笔》内容颇为丰富。在这部考察日记中，蔡琦不仅记录了他眼中的日本及欧美世界形象，尤值得称道的是，蔡琦通过观瞻他国而反思诸己，对中国官场、工矿企业、市政建设、留学教育等方面存在的弊端颇多揭露指陈，生动反映出在中西对比刺激下其思想观念的提升。综上所述，我们有理由说，蔡琦撰述的《随使随笔》，并非应付差事的敷衍之作，而是一部颇有价值的出洋考察日记：一方面，该随笔可以和戴鸿慈《出使九国日记》对比互观，对于我们深入认识清末五大臣出洋大有裨益；另一方面，《随使随笔》字里行间展示出蔡琦对国外发展程度的艳羡以及中外对比之下的焦虑和无奈，为我们认识近代以来国人认识世界、反省自我的艰难历程提供了一个鲜活个案。

原载《团结报》2018 年 8 月 30 日，第 5 版

① 《论出洋大臣回国后之希望》，《申报》光绪三十二年五月二十五日，第 2 版。

② 据施肇基回忆：“余当时即虑材料太多，编译费时，曾建议（端方）仿照《洪文卿日记》之例，作一旅行日记，以便日后追记补述。若将来题材内容过于丰富，自不妨再出专书。然迄未实行，此亦由于端方好高骛远不且实际，一切求全责备，以致日后虽一简要纪行之作，亦不可得矣。”施肇基：《施肇基早年回忆录》，台北：传记文学出版社，1985，第 48 页。

③ 如姚鹏图为载泽一路随员，他在 1907 年致汪康年函中言及曾撰写考察日记，但因凌乱而未付印：“弟去年在日本半年……日记凌乱，无足观，议者早属陈言，不知者以为怪物，故未发印。”上海图书馆编《汪康年师友书札》第 2 册，上海古籍出版社，1986，第 1273 页。

宗教人物编

定光古佛信仰探索

林国平

佛教自两汉之际传入中国后，为了能在异国土地上扎下根来并发展壮大，逐渐走向世俗化。佛教世俗化主要表现在三个方面：一是佛学理论由艰深烦琐演化为通俗简明，成佛的道路也由漫长的苦行修炼甚至要累代修行发展为刹那间的“直指人心，见性成佛”；二是和尚尼姑从清净的寺院走向喧闹的尘世，由不食人间烟火发展为积极介入民间社会生活，主持或参与祈祷超度亡魂、驱邪镇妖、祈福禳灾等活动，扮演巫觋的角色；三是许多“有功德于民”的和尚和少数尼姑在生前或圆寂后，成为“有求必应”的地方保护神，接受百姓的顶礼膜拜。

佛教较迟传入福建，唐中期之前佛教在福建的影响很小，到唐末五代，福建佛教得到迅速发展，宋代达到鼎盛。由于福建佛教迅速发展和繁荣时期也是中国佛教世俗化的进程加快时期，所以与其他地区相比，福建佛教的世俗化色彩较为浓厚。以佛教俗神为例，出现在福建历史上的佛教俗神不计其数，还有不少至今仍在福建民间有较大影响，诸如清水祖师、三平祖师、显应祖师、扣冰古佛、惭愧祖师、满和尚、月光禅师、定光古佛、伏虎禅师等等，本文仅探讨闽西客家的保护神定光古佛信仰问题，其他的福建佛教俗神另文探讨。

一　关于“定光古佛”

定光佛的名称由来已久，丁福保《佛学大辞典》“定光”条曰：“（佛名）梵名提洹羯佛，Dipamkara，译言锭光佛或然灯佛。有足曰锭，无足曰灯，作定非。释迦佛尝称为儒童。此佛出世之时，买五茎之莲奉佛，因而得未来成佛之别记。”《大智度论》卷九曰：“如然灯佛生时，一切身边如灯，故名然灯太子，作佛亦名然灯，旧名锭光佛。”《瑞应经》卷上载：“锭光佛时，释迦菩萨名儒童，见王家女曰瞿夷者，持七枝表莲灯，以五百金钱买五茎莲奉佛。又见地泥泞，解皮衣覆地，不足乃解布地，使佛蹈之而过。佛因授记曰：‘是后九十一劫，名贤劫，汝当作佛，号释迦文如来。’”从上述记载可知，定光佛即然（燃）灯佛，因其点化释迦菩萨而成佛果，当九十一劫时，将转世普度众生。

我们知道，佛教有过去、现在和未来三世说，三世各有一名佛祖主持普度众生，称三世佛，通常认为过去世佛是迦叶佛，现在世佛为释迦牟尼，未来世佛为弥勒佛。在三世佛中，崇拜过去世佛的人不多，崇拜现在世佛的人最多，而由于未来世佛总是能给善男信女以希望，所以崇拜的人也不少。特别是在社会动荡不安、百姓生活困苦不堪的年代，生活在水深火热之中的善男信女对现世生活失去信心，许多人就把希望寄托在未来世佛祖身上，祈求未来世佛早日降世，超度他们到西方极乐世界去。与此同时，各种未来世佛转世救度众生的神话传说也产生。在民间，关于未来世佛是哪位佛祖，也有种种不同的说法，除了影响最大的弥勒佛之说外，还有燃灯佛、定光佛、无生老母等为未来世佛的说法。

有关定光佛将转世普度众生的传说，在五代时期的一些地区流传。当时有人将定光佛转世普度众生的传说与朝代的更迭联系起来，鼓吹宋太祖是定光佛转世，以此来哗众取宠，为赵宋王朝披上一层神圣的外衣。宋人朱弁在《曲洧旧闻》卷一中说道：

> 五代割据，干戈相侵，不胜其苦。有一僧，虽佯狂而言多奇中。尝谓人曰：“汝等望太平甚切，若要太平，须待定光佛出世始得。”至太祖一天下，皆以为定光佛后身者，盖用此僧之语也。①

① 朱弁：《曲洧旧闻》卷一“定光佛出世得太平”条，孔凡礼点校，中华书局，2002，第85页。

宋代初年甚至有人以宋太祖和宋高宗均出生于丁亥年，附会宋高宗也是定光佛转世，《曲洧旧闻》卷八又载：

> 予书定光佛事，友人姓某，见而惊喜曰："异哉！予之外兄赵，盖宗室也，丙午年春同居许下，手持数珠日诵定光佛千声。予曰：'世人诵名号多矣，未有诵此佛者，岂有说乎。'外兄曰：'吾尝梦梵僧告予曰："世且乱，定光佛再出世，子有难，能日诵千声可以免矣，吾是以受持。"'予时独窃笑之。予俘四十年，外兄不知所在，今观公书此事，则再出世之语昭然矣，此予所以惊而又悟外兄之梦为可信也。"公其并书之。予曰："定光佛初出世，今再出世，流虹之瑞，皆在丁亥年，此又一异也，君其识之。"①

无独有偶，佛门中也有人假托是定光佛转世。宋朱弁《曲洧旧闻》载五代宋初的浙江西湖法相寺的长耳和尚为定光佛转世，曰：

> 吾浙西湖法相寺，有长耳和尚肉身，相传此僧为定光佛转世。据《十国春秋》：长耳和尚于乾祐初化去，而宋太祖已生于天成二年矣，未能附会为一也。

查《十国春秋》卷八九《列传》中有关长耳和尚的记载颇为详细：

> 僧行修，泉州人，本陈姓子，生而异香满室，长耳垂肩。迨七岁，犹不言。……长游方外，至金陵瓦棺寺，祝发受具，参雪峰义存。武肃王天宝时，行修至四明山中独栖，松下说法，天花纷雨。又趺坐龙尾岩，结茅为盖，百鸟衔花飞绕。宝大元年，来杭之法相院，依石为室，禅定其中。乏水给饮，卓锡岩际，清泉迸出。乾祐初，忠懿王以诞辰饭僧永明寺。行修遍体疥癞，径据上座。王见大不敬，遣之去。斋罢，僧延寿告王曰："长耳和尚，定光佛应身也。"王趣驾参礼，行修默然，但

---

① 朱弁：《曲洧旧闻》卷八"定光佛再出世"条，孔凡礼点校，第202页。

云永明饶舌。俄顷跏趺而化。……后赐号宗慧大师。[①]

又据《涌幢小品》载：

定光佛，初为和尚，号法真，耳长九寸，上过于顶，下可结颐，吴越王宾礼之。居定光院，既寂，漆遗蜕，目翕口微张，以院为寺，正殿居中，龛蜕居左，覆以楼，殿屡毁，不及楼。[②]

民国《武平县志·艺文志》引《湖濡杂记》：

佛名行修，耳长数寸。吴越王于梁开平时，据两浙之地，佛携瓢适至。永明禅师告之曰："此长耳和尚，定光古佛应身也。"是定光之号，五代时，有之，不自宋方也。而宋因灵异加尊焉。[③]

又载：

杭州法相寺，定光佛之金身在焉。瞻礼者盥手熏香，香烟一缕，上从七孔而出，弹其腹若空。谓所有郡人岁于正月六日为佛诞事，爆竹冲霄，响彻空谷，遥与虎林、秦望诸山相答应，至今传者谈为盛事。[④]

清代俞樾《茶香室丛钞》引宋代方勺《泊宅编》记载，江西婺州有一位俗称猪头和尚者，百姓以为他是定光佛转世，曰：

---

① 吴任臣：《十国春秋》卷八九《僧行修传》，徐敏霞、周莹点校，中华书局，2010，第1285页。

② 朱国祯：《涌幢小品》卷二八"长耳和尚"条，中华书局，1959，第658页。

③ 民国《武平县志》卷一〇《艺文志·重建三宝殿碑记》，转引自王增能《谈定光古佛——兼谈何仙姑》，福建省武平县政协文史资料委员会编《武平文史资料》第八辑，1998，第53~67页。

④ 民国《武平县志》卷一〇《艺文志·重建三宝殿碑记》，转引自王增能《谈定光古佛——兼谈何仙姑》，福建省武平县政协文史资料委员会编《武平文史资料》第八辑，1998，第53~67页。

婺州有僧嗜猪头，一啖数枚，俗号猪头和尚。三衢之守，召师食，自牖窥之，见一鬼从旁食，师无预焉。师寻坐亡，阅师辞世颂，知是定光佛。[①]

俞樾在抄录《泊宅编》的有关定光佛转世的资料后，颇有感慨地说：

按吴越时，长耳和尚为定光佛转世，事见《十国春秋》，至今西湖法相寺，其遗蜕存焉。乃此猪头和尚，亦云是定光佛，何定光佛转世之多耶？[②]

二　闽西流传的“定光古佛”

在闽西客家地区有较大影响的定光古佛，均不同于以上各说。现存最早的记载闽西定光古佛生平的文献是南宋文人周必大（1126～1204）的《新创定光庵记》：

定光，泉州人，姓郑名自严。乾德二年（964）驻锡武平南安岩，淳化二年（991）别立草庵居之，景德初（1004）迁南康郡盘古山，祥符四年（1011）汀守赵遂良即州宅创后庵延师，至八年（即祥符八年，1015）终于旧岩。[③]

周必大对定光古佛生平的描述虽然比较简略，但寥寥数笔清晰地勾画出定光古佛生平的基本轮廓，没有任何神话色彩，成为后世志书撰写定光古佛传记的蓝本。由于古代同安县属泉州府管辖，故文中说定光古佛为“泉州人”。

现存较早而且比较详细记载定光古佛生平和宋代定光古佛信仰的是《临汀志》。《临汀志》成书于南宋开庆元年（1259），由汀州知州胡太初

① 俞樾：《茶香室丛钞》卷一三，贞凡、顾馨、徐敏霞点校，中华书局，1995，第268页。
② 俞樾：《茶香室丛钞》卷一三，贞凡、顾馨、徐敏霞点校，第268页。
③ 胡太初修，赵与沐纂（开庆）《临汀志》卷七《仙佛》，收入《永乐大典方志辑佚》第2册，中华书局，2004，第1447页。

修、州学教授赵与沐纂，是福建仅存的三部宋修方志之一（另外两部为《三山志》和《仙溪志》）。《临汀志》原书早佚，近年福建师范大学图书馆的廖天敏先生据《永乐大典》辑校成册，弥足珍贵。据胡太初、赵与沐的序跋可知，早在隆兴二年（1164）汀州就修纂了《鄞江旧志》，庆元四年（1198）又续修了《鄞江志》，《临汀志》是在这两部旧志的基础上编纂而成，"道释"的记载特别详细，为后世志书所不及，其中定光古佛传就多达两千余字，从中既可以了解定光古佛的生平，也可以窥视定光古佛信仰的产生和早期发展情况。

关于定光古佛的生平，《临汀志》载：定光古佛，俗姓郑，法名自严，同安县人。祖父仕于唐，为四门斩斫使，父任同安令。后唐应顺元年（934）郑自严出生，11 岁时出家，依本郡建兴寺契缘法师席下。17 岁时游历江西豫章、庐陵，拜高僧西峰圆净为师，在那里盘桓五年后，告别圆净法师，云游天下。乾德二年（964），来到武平县南安岩，见这里石壁陡峭，岩穴天成，遂结庵于此。景德初（1004），应邀往江西南康盘古山弘法，住持禅院。三年后返回南安岩。大中祥符四年（1011），汀州郡守赵遂良慕名延请郑自严到汀州府城，建寺庙于州府后供其居住，以便往来请教。大中祥符八年（1015）正月初六圆寂，享年 82 岁，遗偈共一百一十七首，其中二十二首乃亲笔所书。定光古佛去世后，百姓收集其遗骨及舍利，"塑为真像"，顶礼膜拜。①

上述郑自严的出生年是笔者根据其圆寂于大中祥符八年推算的，有关郑自严的出生年代，文献记载不尽相同，主要有五代说和元代说两种。

1. 五代说

主张郑自严出生在五代时期的除《临汀志》的作者外，元代刘将孙、清代的杨澜及康熙《武平县志》、光绪《长汀县志》和民国《福建通志》等的作者也持此说，但在具体出生年份上又有分歧。元代刘将孙在《养吾斋集》卷二八《定光圆应普慈通圣大师事状》中承袭了《临汀志》的郑自严卒于北宋大中祥符八年，享年 82 岁的说法。杨澜《临汀汇考》卷二

① 胡太初修，赵与沐纂（开庆）《临汀志》卷七《仙佛》，收入《永乐大典方志辑佚》第 2 册，第 1443~1445 页。

对郑自严的出生年说得比较含糊，但认为其为五代时人是很明确的："南唐保大年间，宁化天华山伏虎禅师诞生其地，为居民叶千益之子。生时天为雨花。同时，定光佛亦来武平，为白衣岩主，汀郡沙门，一时称盛。……伏虎、定光，生为汀人，没为汀神，救旱御兵，至今崇祀。"而《福建省志》、县志、府志多记载定光佛卒于宋淳化八年，如康熙《武平县志》卷九《人物·方外志》和光绪《长汀县志》卷二四《人物仙释》有完全相同的记载："淳化八年，师寿八十有二，正月六日申时集众而逝，遗骸塑为真像。"民国《福建通志》卷二六三《宋方外》："自严本姓郑，泉州同安人，沙门家所称定光佛是也。年十一出家得佛法，振锡于长汀狮子岩。……乾德二年，隐于武平县南岩。……淳化八年，坐逝，年八十有二，赐号定应。"而《福建高僧传·宋一》也记载：郑自严于"淳化乙卯正月初六，集众曰：'吾此日生，今正是时。'遂右肋卧而化，谥曰定光圆应禅师"。查历史年表，宋代淳化年号只有五年，并不存在上述各志书提到的"淳化八年"之说，也无《福建高僧传》所说的"淳化乙卯"年。"淳化八年"和"淳化乙卯"年很可能是"大中祥符八年（乙卯）"之误。另外，王增能先生据武平《何氏族谱·序》的"北宋乾德二年(964)，郑自严卓锡武平南安岩，时年四十八岁"的记载推算，认为"公元917年为定光古佛诞生之年，确属明白无误"。①

2. 元代说

《元至治自严尊者碑》："略曰：自严尊者，元仁宗时曾应诏入都，灵异卓著。南归杭州，遇山出蛟，以帝赐金钟覆之。入闽，喜此岩有'一峰狮子吼，万象尽归依'语，启道场，敕赐藏经。尊者接招归，有句云：'九重天上恩纶赐，顺得昙花满路香。'旋示寂于杭。闽人塑遗像于寺及岩中。"清末诗人丘逢甲见到此碑的记载后，不加考证，信以为真，认定定光佛是元代人，并说："今所传宋封定光圆应大德普度古佛者，当元仁宗而讹。"②

造成上述文献记载不同的原因，一方面是在历史上假托定光古佛转世

① 王增能：《谈定光古佛——兼谈何仙姑》，福建省武平县政协文史资料委员会编《武平文史资料》第八辑，1998，第53~67页。

② 民国《武平县志·古迹》，转引自王增能《谈定光古佛——兼谈何仙姑》，福建省武平县政协文史资料委员会编《武平文史资料》第八辑，1998，第53~67页。

的人不止一个，后世把他们混为一谈，如宣统《定光大师来岩事迹》碑文中有："按大师姓郑名自严，闽之泉州同安人也。《胡壖杂记》云：'师名行修，耳长数寸。'后梁开平时，吴越王据两浙，师携瓢适至。永明禅师告之曰：'此长耳和尚，定光古佛应身也。'行修盖师别一道号，非异人也。其封号已见于五代之初，其生当必于五代以上矣。……宗（'宋'之误）淳化间，坐化于杭州法相寺。杭人金其肉身，岩人塑其像以祀。"① 显然，碑文的作者误把杭州的长耳和尚与郑自严视为一人，结果在许多方面自相矛盾，闹出一些笑话。另一方面，由于年久代迁，一些文人学者在修志编书时，考证不精，以讹传讹。笔者以为，周必大和《临汀志》的作者离郑自严圆寂的时间较近，他们的学术态度也较为严谨，所以，有关郑自严的生平记载也较为可信，根据其卒年来推算出生年比较符合历史事实，凡是与《临汀志》不同的说法均不太可信。

三 "定光古佛"的传说事迹

定光古佛在世时，民间就流传着许多有关他的神话传说故事，这些神话传说故事可以分为五个类型。

一是除蛟伏虎，为民除害。如后周显德年间（954~960），定光古佛云游天下，路过大和县怀仁江时，江水突然暴涨，浊浪翻滚，当地百姓说是蛟龙经常在江中兴风作浪，危害百姓。定光古佛手写佛偈一首，投入江中，江水骤退，变成一片沙洲，后来当地人称之为"龙洲"。相传汀州城南的龙潭中有孽龙危害百姓，定光古佛也投偈潭中，孽龙遂销声匿迹。又传定光古佛设道场时，"大蟒前蟠，猛虎傍睨，良久，皆俯伏而去"。淳化间（990~994），牧场中的牛被老虎伤害，定光古佛闻讯后直奔牧场，在牛被老虎咬死的地方立一木牌，写上偈语，第二天天亮，猛虎死于路中。

二是疏通航道，寻找泉水。相传景德初（1004）定光古佛应邀到江西南康盘古山弘法途中，经过某一条江河时，江中布满槎桩，船只常常触桩而沉没，定光古佛用手抚摸着槎桩，说道："去，去，莫为害！"当天晚上，天未下

① 民国《武平县志·古迹》，转引自王增能《谈定光古佛——兼谈何仙姑》，福建省武平县政协文史资料委员会编《武平文史资料》第八辑，1998，第53页。

雨而江水暴涨，槎桩均被江水冲走。到了盘古山后，发现井水枯干，禅院缺水，遂用禅杖敲井沿三下，说道："快出，快出!"到了晚上，落泉溅崖之声不绝于耳，天明，井水涌出满溢。又传祥符四年（1011），郡守赵遂良结庵州后请定光古佛住持，庵前有一枯池，定光古佛"投偈而水溢，今名'金乳'"。

三是祈雨阳。祥符四年（1011），汀州久雨不晴，郡守赵遂良请定光古佛搭台祈晴，获应。不久，又发生旱灾，郡守胡咸秩遣使到南安岩请定光古佛祈雨，定光古佛写一偈语给来使带回汀州，刚进入汀州境内，大雨倾盆，是年喜获丰收。

四是为民请命。咸平六年（1003），官府向寺院征收布匹，布匹则由当地百姓代交，定光古佛于心不忍，写了一封要求免征布匹的信夹在上交的布匹中。官府发现后，十分恼怒，拘捕定光古佛讯问，定光古佛拒不回答，郡卒张畔愈怒，令人焚烧衲帽，可是火烧尽了衲帽却完好无损。张畔怀疑定光佛有左道妖术，令人用猪血蒜辛等厌胜后再焚，但衲帽越烧越白，只好把他放了，从此定光佛就一直穿白衣。

五是神通广大。相传宋真宗时，有一次在京都设宴请全国高僧，在皇帝面前无人敢就座。定光古佛姗姗来迟，进殿后就大大方方地坐在皇帝的对面，宋真宗感到惊讶，问道："大师从何处来？几时起行？"定光古佛答道："今天早上从汀州来。"真宗不相信，又问："汀州太守是谁？"答道："是胡咸秩。"宴毕，真宗故意叫定光古佛带一些斋饭赐给胡咸秩，斋饭带到汀州还不凉，胡咸秩惊诧万分，上表谢恩。真宗接到胡咸秩的表文后，才相信定光古佛非等闲之辈，称之为"现世佛"。又传大中祥符初年（1008），广东惠州有一艘运载砖瓦的巨船搁浅于河源县沙州，僧侣来到南安岩请求定光古佛帮忙。定光古佛书写一首偈语给来僧，来僧持偈到搁浅的船上，船只莫名其妙地拔动，顺利航行。①

上述神话传说故事曲折地反映了两个历史事实：一是定光古佛在世时曾为百姓做了一些好事，受到群众的爱戴，故亲切地称之为"和尚翁"②；

① 以上传说故事均见胡太初修，赵与沐纂（开庆）《临汀志》卷七《仙佛》，收入《永乐大典方志辑佚》第 2 册，第 1444～1445 页。

② 胡太初修，赵与沐纂（开庆）《临汀志》卷七《仙佛》，收入《永乐大典方志辑佚》第 2 册，第 1445 页。

二是定光古佛在世时就带有一定的神秘色彩，其影响不限于闽西，在江西和广东等地也有一定的影响，所谓“自江以西，由广而南，或刻石为相，或画像以祠，家有其祀，村有其庵”①。郑自严圆寂后，很快被群众奉为神灵，尊称为“圣翁”。②

值得注意的是，定光古佛去世后，许多文人士大夫也纷纷撰写诗文，盛赞定光古佛，志称：“名公巨卿，大篇短章，致赞叹意，无虑数百篇。”③其中以大文学家苏东坡的赞词最为有名，他写道：

> 定光石佛，不显其光。古锥透穿，大千为囊。卧像出家，西峰参道。亦俗亦真，一体三宝。南安石窟，开甘露门。异类中住，无天中尊。彼逆我顺，彼顺我逆。过即追求，虚空鸟集。驱使草木，教诲蛇虎。愁霖出日，枯旱下雨。无男得男，无女得女。法法如是，谁夺谁与。令若威怒，免我伽梨。既而释之，遂终白衣。寿帽素履，发鬓皤皤。寿八十二，与世同波。穷崖草木，枯腊风雨。七闽香火，家以为祖。萨埵御天，宋有万姓。乃锡象服，名曰定应。④

郑自严在世时，百姓就把他看作定光佛的脱胎转世，《鄞江集》载：“初波利尊者自西土来住盘古山，即有谶曰：‘后五百岁有白衣菩萨自南方来居此山，即是定光佛也。’”《临汀志》也有类似的记载：“初，南康盘古山波利禅师从西域飞锡至此，山有泉从石凹出，禅师记云：‘吾灭后五百年，南方有白衣菩萨来住此山。’其井涌泉，后因秽触泉竭，与议请师

① 刘将孙：《养吾斋集》卷二八《定光圆应普慈通圣大师事状》，收入《全元文》第20册，第412页。

② 胡太初修，赵与沐纂（开庆）《临汀志》卷七《仙佛》，收入《永乐大典方志辑佚》第2册，第1445页。

③ 胡太初修，赵与沐纂（开庆）《临汀志》卷七《仙佛》，收入《永乐大典方志辑佚》第2册，第1445页。

④ 胡太初修，赵与沐纂（开庆）《临汀志》卷七《仙佛》，收入《永乐大典方志辑佚》第2册，第1445~1446页。光绪《长汀县志》卷二四《人物·仙释》说上述赞词是北宋著名诗人、书法家黄庭坚撰写的，实际上黄庭坚的赞词是：“石出山而润自丘壑，松不春而骨立冰霜。今得云门拄杖，打破鬼窟灵床。其石也将能万里出云雨，其松也欲与三界作阴凉。此似昔人非昔人也，山中故友任商量。”

主法席，以符古谶。师许之，乃泛舟而往。”① 然而据现有资料来看，郑自严在世时，只有“白衣岩主”“和尚翁”等称号，去世后不久，百姓称之为“圣翁”，还没有径称之为“定光古佛”的记载。郑自严被朝廷正式敕封为“定光”是在北宋绍圣四年（1097）。

四 “定光古佛”的封赐

我们知道，宋代地方神明追封敕号蔚然成风。敕封的程序一般是地方官僚或乡绅上表请封，列举所谓“功及生民”的种种“灵异”，朝廷派人到实地核实后，就颁诰敕封，所以宋代所敕封的神明很多，但也并不是像有些人所理解的那样，只要有申报便必定敕封，而是有一定的规制可循。史称：“诸神祠无爵号者赐庙额，已赐额者加封爵，初封侯，再封公，次封王，生有爵位者从其本封。妇人之神封夫人，再封妃。其封号者初二字，再加四字。如此，则锡命驭神，恩礼有序。欲更增神仙封号，初真人，次真君。”②

据《临汀志》引《行实篇》记载，郑自严获得朝廷的八字敕封也并非易事，前后花去近百年的时间，请封过程如下：

> 熙宁八年（1075），郡守许公尝表祷雨感应，诏赐号定应。崇宁三年（1104），郡守陈公粹复表真相荐生白毫，加号定光圆应。绍兴三年（1133），虔寇猖獗，虔化宰刘仅乞灵于师，师于县塔上放五色毫光，示现真相，贼遂溃，江西漕司以闻。绍兴二年（疑为“三年”之误）嘉普通二字。乾道三年（1167），又嘉慈济，累封至八字大师。民依赖之，甚于慈父。……绍定庚寅（1230），䃥寇挺起，干犯州城，势甚岌岌，师屡现显。贼驻金泉寺，值大雨水不得渡，晨炊粒米迄不熟，贼众饥困，及战，师于云表见名旗，皆有草木风鹤之疑，遂惊愕奔溃，祈哀乞命。汀民更生，皆师力也。嘉熙四年（1240），州人士

---

① 胡太初修，赵与沐纂（开庆）《临汀志》卷七《仙佛》，收入《永乐大典方志辑佚》第2册，第1444页。

② 脱脱：《宋史》卷一〇五《礼志八》，中华书局，1977，第256页。

列状于郡，乞申奏赐州后庵额，有旨赐额曰定光院，续又乞八字封号，内易一圣字，仍改赐通圣，今为定光圆应普慈通圣大师。①

刘将孙《养吾斋集》也有类似的记载：

熙宁八年（1075），守许当之祷雨感应，初赐“均庆禅院”，开山和尚号“定应大师”。至崇宁二年（1103），守陈粹言白衣菩萨木雕真相，绍圣三年（1096），于额上连眉间生白毫百余茎，毫末各有舍利，至四年，面上右边及后枕再生白毫。有旨加号“定光圆应”，仍许遇圣节进功德疏，回赐度牒一道。绍兴三年（1133），以江西转运司奏虔州南安岩定光圆应大师于虔之虔化县塔上放五色毫光，惊破剧贼李敦仁，收复二县，乃赐“普通”二字。乾道三年（1167），再以福建转运司奏汀州祈祷列上实迹，复加赐八字，师号为“定光圆应普通慈济大师”。嘉熙四年（1240），敕以师像留州治后庵，赐后庵额曰“定光”，仍于封号内易一“圣”字云。②

① 胡太初修，赵与沐纂（开庆）《临汀志》卷七《仙佛》，收入《永乐大典方志辑佚》第2册，第1446页。

② 刘将孙：《养吾斋集》卷二八《定光圆应普慈通圣大师事状》，收入《全元文》第20册，第414页。关于定光佛的封号，据说河南洛阳白马寺有一碑文，雕刻宋徽宗崇宁二年（1103）的敕书，其中有“定应大师赐号定光圆应大师；……汀州武平县南安岩均庆禅院，今后每遇圣节各许进奉功德……”的字样，进一步证实《临汀志》记载的可信度。然而，民间对于定光古佛的封号，另有说法。《定光大师来岩事迹》：“真宗朝，御斋召天下名僧。师现身说赴谒。上问何来？对曰：‘今早自汀州来。’上异之：‘郡守谁？’曰：‘屯田胡咸秩。’斋罢，忽倦卧，上以黄袍加其身。今睡像之塑，乎此也。赐金钟，重以千计，并命持馔食，往赐汀州守。谢诏归，有‘九重天上恩纶赐，拾得昙花满路香’之句。以伞把悬金钟至汀，馔食尚温。咸秩惊异，疑是妖，命左右即以钟覆之，铄火三日不熄。发视之，但额有点汗而笑曰：‘近日天时较暑耶？’咸秩愧惭，乃叙其事表谢，且建寺于府署之东。或谓是时并晋封圆应大德徽号。一说御斋乃仁宗悼念李太后，召僧追见，众僧无术。师独以能言不现身，现身不能言。请言，许能言，因咒，果得与言。仁宗大悦。……叙大中祥符四年（1011），赐‘均庆护国禅师’。”民间还流传这样的传说故事：定光佛施行法术，让李太后现身与宋仁宗见面后，宋仁宗大喜过望，遂给自严封号，连封数次，让他选择，自严就是默默无语。宋仁宗笑道：“您这个和尚怎么不说话？你呀，真是尊古佛。”郑自严随即谢恩。据说“定光古佛”之称由此而来（上述资料转引王增能《谈定光古佛——兼谈何仙姑》，福建省武平县政协、文史资料委员会编《武平文史资料》第八辑，1998，第53~67页）。

从郑自严的八字封号的由来，还可以看出两个不容忽视的历史事实。一是圆寂后的定光佛，其主要职能是祈雨和御寇，除此之外，“他如起疫疠，解冤诅，盲者视，跛者履，猎者悔过，机械者息心，梦寐，迁善远罪，起死回生，无远弗届”。而且有保佑科甲仕途的职能，其职能大大超过生前。其中治病的方法最为有趣：“凡病而祷者，捧纸香上，良久可得药。药五色，红黄者即愈，褐者缓，黑者不可为。或轻如炉灰，或实如粟粒。”① 二是郑自严的八字封号有六字来自闽西官员的请封，有两字来自江西南部官员的请封，这种情况极为少见，说明在两宋时期，定光佛信仰主要在福建的西部、江西的南部地区流传。

五　崇奉“定光古佛”的寺庙

宋代，定光古佛信仰影响最大的无疑是闽西武平县均庆寺，所谓“若其化后香火之盛，栋宇之崇，其威光显赫，不可殚载。（南安）岩介乎闽、广之间，前五里为梅州境。幽篁旷野，极目无居人，寇盗之所出没。然数郡士女，结白衣缘，赴忌日会，肩骈踵接，岩寺屹然，道不拾遗，无敢犯者”②。其次是江西吉安的西峰宝龙祥符寺。《养吾斋集》卷一七《西峰宝龙祥符禅寺重修记》记载：“庐陵（江西省吉安一带）城中诸禅现大神通道场者，西峰第一。西峰之盛，繇定光古佛。古佛之得道，繇圜净禅师。圜净则西峰之第六世也。今法堂题‘古佛参处’以此。然郡士民与四方皆知事定光，请药，药现五色异彩。祈嗣悉应，祷雨阳，雨阳若。……定光之辞去也，圜净曰：‘留福德镇山门。’以是西岩虽盛于临汀，而灵异尤著于庐陵。与仰山等。方寺盛时，每岁孟春六日，人皆袨服车徒，波腾尘沸，十里争道。环为园林，游娱炫丽，地主遨头，歌衢击壤，耳喧目夺。忽转禅林，乔木如云，高堂法坐，风幡肃然。虽接迹坌至，入门意消。稽首足尊，生平何行，未有不俯仰自失也。”定光佛在广东的北部也有较大

① 详见元代刘将孙《养吾斋集》卷二八《定光圆应普慈通圣大师事状》，收入《全元文》第20册，第417页。

② 详见元代刘将孙《养吾斋集》卷二八《定光圆应普慈通圣大师事状》，收入《全元文》第20册，第412页。

的影响，洪迈《夷坚志》记载这样的故事：宋岘益谦，少时遇一僧人，相约到梅州见面，绍兴以后，宋氏到梅州当官，“追忆僧言，至即访之，彼人云：‘未尝有。’或曰：‘此邦崇事定光佛，庵在城外，有签告人，极灵感。’欣然往谒。再拜，仰瞻貌像，乃一化僧真身，与昔溪上所睹无少异。自是日往焚香致敬。既而因母老故，恩许自便，作木像僧真，舆以归。到新安，于宅旁建庵，名曰‘慈报’”。①

南宋末元初，由于战乱，一些寺庙被破坏，连武平南安岩的均庆寺也“寺焚碑毁”。有些寺院在元代初年被重修，如南岩均庆寺于元代初年重修，无论是达官贵族还是平民百姓，均慷慨解囊，捐资修建，到大德七年（1303）已是规模宏伟的寺院，当地官员刘将孙描写道：“予客授临汀，大德癸卯，有旨诵经。环一郡六邑，惟南岩均庆禅寺定光古佛道场有新藏，于是陪府公莅焉。贝叶新翻，列函严整。宝轮炫耀，栋宇高深，龙蛇通灵，护持显赫。”后来，又得到汀州、梅州、循州、惠州、连州等地善男信女的巨额捐资，修建了大雄宝殿、雨华堂、山门、五百罗汉堂、云会堂、斋堂、塔等建筑，并购买若干寺田，经过元代的修建，均庆寺成为汀州最大的寺院。②

江西庐陵西峰宝龙寺在元代初年也在战乱中被毁，“仅存灵柱”。总管周天骥发大誓愿，用三十年时间募缘修建，“繇门达堂，鼎新越旧。宗风法席，炜炜煌煌。佛殿尊严，法堂重阁。僧会宏宇，宝藏新轮。古佛殿祠，深靓环拱。僧寮方丈，潇洒不尘。廊庑改敞，山门增高。补松种树，像设金碧。制器备用，既美既完。施田日增，度徒岁广。其余力者，为太平桥。厥自至元丙子以及大德丙午，西峰新寺无处不新，无物不备”。③

六　明清以来的“定光古佛”信仰

明清以来，定光古佛信仰的影响进一步扩大，主要表现在以下三方面。

① 洪迈：《夷坚志·志补》卷一四“梅州异僧”条，何卓点校，中华书局，1981，第1677页。

② 刘将孙：《养吾斋集》卷一七《汀州路南安岩均庆禅寺修造记》，收入《全元文》第20册，第252页。

③ 刘将孙：《养吾斋集》卷一七《西峰宝龙祥符禅寺重修记》，收入《全元文》第20册，第250页。

（一）奉祀定光佛的寺庙增多，分布也较广

元代以前，有文献记载的奉祀定光古佛的寺庙不多，而且主要分布在福建、江西和广东三省交界处。明清以后奉祀定光古佛的寺庙剧增，分布也较广，黎愧曾《重修梁野山定光禅院题辞》写道：“佛氏之盛，精蓝绀宇遍海内，而汀之禅院独称定光，定光禅院于临安、于泉南、于江右无弗有，而汀为最著。”① 武平县南安岩均庆寺作为定光古佛信仰的祖庙，曾在明万历年间和清乾隆十六年（1751）先后两次被重修，乾隆十六年的重修所需银两，除了在武平境内募缘外，还“外募十方，远及台湾”②，一共花了一千多两银子重修，使之更加富丽堂皇。在武平县，还有伏虎庵、禅果院、定光伏虎庵等奉祀定光佛的寺庙。③ 在沙县洞天岩建有老佛庵，庵旁岩石上雕刻着定光古佛的睡像，俗称“灵岩睡像”，旧时这里香火鼎盛。洞天岩还“有长耳佛像，水旱祷着灵迹”④，建瓯县铁狮山定光岩，“深邃奇绝，中祀定光佛”⑤。顺昌芹山“里人以为定光佛第二道场”⑥。泰宁也有定光佛的传说，曰：“乾德间驻锡于邑之保安寺，趺坐三月余。夏日偶游叶家窠，见儿童饮于溪，因谓曰：‘溪水夏则不净，不宜饮。’遂随手指地，涌泉成井，夏清冬浊。后在汀州武平之南安岩示寂，邑人塑其像，称曰南安公。”⑦ 连城县白仙岩、崇安县大浆岭以及清流县境内都建有寺庙奉祀定光古佛。⑧ 明清时期定光古佛信仰还传入台湾，至今台北、台中还有若干座专祀定光古佛的寺庙。

---

① 道光《临汀汇考》卷四《山鬼淫祠》。

② 民国《武平县志》卷十《艺文志·重建三宝殿碑记》，转引自王增能《谈定光古佛——兼谈何仙姑》，福建省武平县政协文史资料委员会编《武平文史资料》第八辑，1998，第53~67页。

③ 详见《洞天岩志》。

④ 董其昌：《画禅室随笔》卷三，华东师范大学出版社，2012，第124页。

⑤ 张琦修：康熙《建宁府志》，南平地区地方志编纂委员会，1994，第46页。

⑥ 黄仲昭修纂，福建省地方志编纂委员会旧志整理组、福建省图书馆特藏部整理《八闽通志》卷一〇《地理》，福建人民出版社，1990，第189页。

⑦ 乾隆《泰宁县志》卷九下《仙释》。

⑧ 详见道光《临汀汇考》卷二《山川》；康熙《崇安县志》卷一《方域》及《洞天岩志》。

（二）与定光古佛传说有关系的“胜迹”遍布闽西、闽北地区

据文献记载，定光佛在世时，足迹遍布东南沿海各省，尤其在福建留下许多与之有关的“胜迹”，如清流县灞涌岩，这里飞泉怪石，茂林修竹，为一方胜境，相传“旧无水，定光佛至飞锡，凌空七日复返，始有泉涌。其夜，风雷大作，雨水滂沱，僧惊避迟。明视之，庵推出谷口，其下飞瀑数丈如珠廉，至今莫寻其源”[①]。连城县滴水岩，“相传定光佛尝驻锡于此”[②]。上杭县东安岩，“宋定光佛常栖于此岩”[③]。武平县是定光佛信仰的中心，有关“胜迹”尤多，如禅果院后有龙泉井，常有龙珠在井中发光，相传为定光佛所凿。离南安岩数十里处的绿水湖，水色深绿，相传定光佛创院时，拄锡成湖，建寺院的杉木从湖中涌出，定光佛取其绿色的湖水为颜料画梁柱。[④] 南安岩前有12座山峰并峙，相传因定光佛的偈语“一峰狮子吼，十二子相随”而得名。黄公岭上有泉水名圣公泉，相传乃定光佛杖击泉涌，泉口虽仅杯勺大小，但千人饮之不竭。武平县还有蛟塘，相传亦为定光佛所凿。[⑤] 武平县的许多地名也由来于定光佛的神话传说，如“寄子岭”的传说至今仍为当地百姓津津乐道。相传宁化余某，曾向定光佛祈求子嗣，不久，妻子果真怀孕，生下一子。余某夫妇感恩不尽，抱着儿子一齐到南安岩均庆寺叩谢，想不到离南安岩20里处小儿子突然死去。余某夫妇仍坚信定光佛法力无边，定能使自己的儿子死而复生，就把儿子暂且安放在荒岭，一起到南安岩均庆寺进香祈祷。拜毕，回到荒岭，死去的儿子早已复活，正坐在那里吃馒头，后世人称此荒岭为“寄子岭”。[⑥]

（三）与定光古佛信仰有关的某些宗教活动转化为民俗

定光古佛在闽西的影响很大，被当地百姓奉为最灵验的神灵，志称：

---

① 道光《临汀汇考》卷二《山川》。

② 郑宝谦编《福建省旧方志综录》，福建人民出版社，2010，第413页。

③ 何乔远：《闽书》卷二一《方域》，厦门大学《闽书》校点组校点，福建人民出版社，1995。

④ 详见《洞天岩志》。

⑤ 详见《洞天岩志》。

⑥ 详见《定光大师来岩事迹》碑，现立于福建省武平县岩前镇均庆院后、狮岩洞口。

"汀人朔望岁时持香灯，诣院稽首礼拜者，男女常及万人。"[①]《榕村语录》也说："闽自五季，崇尚佛教，汀中古刹，昔时创建者甚多，但迄今庙貌剥落，俗中敬奉者，只有定光（伏虎）二佛，其余寺观率改为关圣大帝庙矣。"由于定光古佛的影响很大，有些与之有关的宗教活动久而久之就转化为民俗。一是"抢佛子"习俗，光绪《长汀县志》载："汀俗佞佛，民间借祈报之礼以间行怪事，如郡城正月初七，鄞河坊迎神于南廨寺前，将长竹二竿结伏虎佛号牌于上，嗣艰者分党纠集，候迎神毕，钩牌坠下，听各攘臂分抢，抢获者众，用鼓乐果酒导引归家，以庆举子之兆，间有获应者。不记肇自何年，俱昔日好事之徒为之。"[②]《闽杂记》也有类似的记载："长汀县向有抢佛子之俗。每年正月初七日，定光寺僧以长竹二竿悬数十小牌于杪，书伏虎佛号，无子者群奉之而行，自辰至酉，咸以长钩钩之，一坠地则纷然奇取，得者用鼓乐迎归供之，以为举子之兆，然亦有应，有不应，惟其纷夺，或至斗殴涉讼耳。"[③] 二是"请湿风""请燥风"习俗，"汀州府城东南赤峰山上有定光佛寺，为一郡最高处。寺中一长幡，久雨久晴则竖寺前，有风自南来幡脚飘北，次日必晴，俗谓之'请燥风'。久晴求雨则竖寺后，有风自北来幡脚飘南，次日必雨，俗谓之'请湿风'"[④]。有时还要抬出定光古佛和伏虎禅师的神像巡绕田野，祈求丰收。杨登璐《芷溪竹枝十九首》之五："首夏青苗发水田，定光伏虎绕横阡。醮坛米果如山积，奏鼓冬冬祝有年。"[⑤]

余　论

随着定光古佛信仰的进一步扩大，各种神话传说被大量编造出来，这

① 道光《临汀汇考》卷二《山川》。

② 光绪《长汀县志》卷三三《杂识》，《中国方志丛书》第 87 册，台北：成文出版社，1967 年影印本，第 532 页。

③ 施鸿保：《闽杂记》卷七"抢佛子"条，来新夏校点，福建人民出版社，1985，第 112 页。

④ 施鸿保：《闽杂记》卷一"燥风湿风"条，来新夏校点，第 8 页。

⑤ 转引自民国《连城县志》卷一七《礼俗》，收入《中国地方志集成·福建府县志辑》第 35 册，上海书店出版社，2000 年影印本，第 166 页。

些新编出来的神话传说与宋代相比，具有三个鲜明特点。

一是人情味较浓。《洞天岩志》载，清顺治三年（1646），大图京率兵至百步铺，有两位僧侣晋见，说："城即开，幸勿伤民。"言讫，忽然消失。第二天，又看见两位僧侣从卧龙山颠往下洒水，深感诧异，召见当地百姓询问，并描述两位僧侣的形状，百姓曰："汀州府有定光、伏虎二位古佛，大王所见或许就是他们显灵。"大图京半信半疑，来到定光佛寺一看，所见到的僧侣与佛寺中的定光、伏虎古佛的塑像相同，遂命郡人重修寺院。[①] 在这里，定光古佛不是像宋代那样通过"灵异"来阻挡或吓跑入侵者，而是见大势已去，采取了劝告清兵不要屠杀无辜的灵活措施来保护汀州百姓，成为一个"识时务"的神灵，富有人情味。

二是与闽西人文紧密结合。一方面与何仙姑的传说相联系，据武平《何氏族谱》记载，何仙姑的父亲何大郎曾任宁化知县，定居在宁化石壁村，后唐天成元年（926）迁居武平南安岩，后晋天福二年（937）生女何仙姑。何仙姑自幼喜清静，不饮酒，不茹荤，隐遁在南安岩中修真，成为神仙。乾德二年（964），郑自严游历武平，选中南安岩为寺院，到处募化建造寺院。有人劝何仙姑另找地方修炼，仙姑不答应，说："我生于此，长于此，静修于此，岂能舍岩而他往?"有一天，何仙姑出观看洪水，郑自严乘机入岩趺坐。仙姑回岩后，发现有大蟒猛虎盘伏在郑自严周围，十分驯服，就将所见告诉父亲。何大郎钦其神异，遂施岩为佛殿，并捐献地三十三亩八分，腴田四千七百八十秤，塘田四十六亩为寺院供养。乡人在建造佛殿供定光佛居住外，还构楼以祀仙姑。[②] 另一方面与李纲的传说相联系，相传定光佛游历沙县时，变成一个老和尚，从溪南腾空而渡，正好被李纲遇见，李纲知道老和尚非凡人，就上前叩问姓名、住址，并要拜他为师。定光佛拒收他为徒后，李纲又以前程卜问。定光佛写一偈语送他，偈语曰："青着立，米去皮，那时节，再光辉。"最初，李纲不知道偈语的

---

① 详见道光《临汀汇考》卷四《山鬼淫祠》。

② 王增能：《谈定光古佛——兼谈何仙姑》，福建省武平县政协文史资料委员会编《武平文史资料》第八辑，1998，第53~67页。关于八仙中的何仙姑的籍贯，众说纷纭，有零陵人说，有歙县人说，有武平县人说。福建自古是巫术盛行的地方，历代女巫很多，百姓通常称女巫为"某某仙姑"。武平县的何仙姑是否就是八仙中的何仙姑，值得作进一步探讨。

含义，到了靖康元年（1126），金兵包围开封时，李纲应诏入朝，出任尚书右丞，翌年出任宰相，偈语的预言（“青着立”三字寓“靖”字，“米去皮”三字寓“康”字）得以验证。[①]《沙县志》卷四又载，李纲被贬谪于兴国时，看见一个老和尚渡溪时，足不履桥，离地腾空而行，觉得诧异，尾随和尚到洞天岩。老和尚在岩石上闭目养神，李纲待老和尚醒来后，前去与他攀谈，并边走边谈，至溪桥才相别。待李纲回首，发现老和尚驾云腾雾而去，才知道老和尚是定光佛的化身。

三是宣扬善有善报、恶有恶报的宗教观。相传某地筑陂，因水流湍急，久而不能合龙。一天，一位老太婆给筑陂的儿女送饭，正好遇到变化成乞丐的定光佛向她乞食。老太婆将筑陂事及家中困苦状一五一十地告诉定光佛，对他的乞食面有难色。定光佛拖着沉重的步伐走开了，老太婆见他饿成这个样子，忽动恻隐之心，将所有的饭菜施舍给定光佛。定光佛吃完后，来到水陂，叫众人走开，即脱下草鞋，甩往垄口，弹指间水陂合龙，且十分牢固，经久不毁。乡人德之，立庙奉祀。又传定光佛某日到武平县梁山下的箩斗坑一带化缘，某富翁不但不理睬他，而且连借锅煮饭也不给柴火，定光佛说：“我只好用腿当作柴火了。”说罢，竟将双腿伸入灶膛，劈劈啪啪烧了起来。须臾饭熟，餐毕，定光佛扬长而去。富人发现定光佛双腿完好，而家中的饭桌、板凳悉被烧光，遂持打狗棍追了上来。定光佛行走如飞，来到水口，背起一块大石头放在梁山顶，让石头悬空而立，摇摇欲坠，使为富不仁的富翁担心巨石从山上滚下来而惶惶不可终日，以示惩罚。[②]

原载台湾《圆光佛学学报》1999 年第 3 期

---

① 详见《沙县志》卷一五《祥异》。

② 详见王增能《谈定光古佛——兼谈何仙姑》，福建省武平县政协文史资料委员会编《武平文史资料》第八辑，1998，第 53~67 页。

清水祖师信仰探索

林国平

清水祖师俗称“祖师公”“乌面祖师”等，原是宋代的一名僧人，圆寂后逐渐演变成为闽南地区有影响力的佛教俗神，至今仍在福建、台湾及东南亚一些地区拥有数以百计的分炉和众多的信仰者。不过，现今学者对此研究甚少，笔者根据教内外资料，对清水祖师信仰做一较全面考察。①

一　清水祖师的生平

清水祖师在历史上确有其人，现存最早的有关清水祖师生平的文献资料是宋政和三年（1113）十二月邑令陈浩然撰写的《清水祖师本传》。《清水祖师本传》包括两部分的内容，前半部分记载清水祖师的生平，后半部分记载清水祖师圆寂后被奉为神灵的情况，兹将前半部分的内容转录如下：

> 祖师生于永春县小姑乡，陈其姓，普足其名也。幼出家于大云院，长结庵于高泰山，志甘槁薄，外厌繁华。闻大静山明禅师具圆满觉，遂往事之。道成业就，拜辞而还。师曰：“尔营以种种方便，澹足一切。”因授以法衣而嘱之。曰：“非值精严事，不可以有此。”祖师还庵，用其师之言，乃劝造桥梁数十，以度往来。后移庵住麻章，为众请雨，如期皆应。元丰六年，清溪大旱，便村刘氏相与谋曰：

① 笔者曾在《福建民间信仰》（林国平、彭文宇著，福建人民出版社，1993）中对清水祖师信仰做过初步的研究，本文在此基础上进一步增修。

> “麻章上人，道行精严，能感动天地。”比请而至，雨即沾足，众情胥悦，咸有筑室请留之愿，乃于张岩山辟除蓊翳，剪拂顽石，成屋数架，名之曰清水岩，延师居焉。以其年，造成通泉桥、谷口桥，又十年，造成汰口桥，砌洋中亭，糜费巨万，皆取于施者。汀、漳时人有灾难，皆往祷焉，至则获应。祖师始至，岩屋草创，凡三经营，乃稍完洁。岩东惟枣树一株，祖师乃多植竹木，迨今成荫。其徒弟杨道、周明，于岩隈累石为二窣堵，临崖距壑，非人力可措手，盖有阴相之者。刘氏有公锐者，久不茹荤，坚持梵行，祖师与之相悦。一日公锐至，辄嘱以后事，仍言“形骸外物，漆身无益”。说偈讫，端然坐逝，享年六十五岁，建中靖国元年五月十三日也。①

陈浩然撰写的《清水祖师本传》是由刘公锐口述、邑绅薛缮笔录整理成“行状”后，再“转请”陈浩然撰写成文的。刘公锐，安溪蓬莱人，“素悦禅理，不茹荤能持戒行”。他对清水祖师特别崇拜，元丰六年（1083）延请清水祖师到安溪蓬莱祈雨就是由他“倡谋于众议”。祈雨获应后，恳切请求清水祖师“移宅蓬莱山”也是由他首先提出来的。清水祖师弘法蓬莱清水岩时，刘公锐经常去清水岩“亲聆讲经”，与清水祖师“情益契合”，关系极为密切。他还捐献“山林田地，充作寺业”，对清水岩的发展做出贡献，故被“立为檀樾主，祀于岩左东轩。凡春日抬大师像下山迎香，必以公锐像配迎驾前，盖所以报其功也”。② 由于《清水祖师本传》的素材是由清水祖师的崇拜者刘公锐提供的，难免有一些溢美之词。但同时刘公锐由于与清水祖师的特殊关系，对清水祖师的生平最为熟悉，因此《清水祖师本传》应该说基本上是可信的。据《清水祖师本传》，结合其他文献数据，对清水祖师的生平作一些必要的考证。

（1）关于清水祖师的俗名。《清水祖师本传》记载，“祖师生于永春县小姑乡，陈其姓，普足其名也”。永春县小姑乡为今福建永春县岵山镇铺

---

① 民国《安溪清水岩志》卷上《本传》，收入《中国佛寺志丛刊》第101册，江苏广陵古籍刻印社，1996，第51~52页。安溪清水岩志编纂委员会编著《清水岩志·清水祖师传略》，泉州市文物管理委员会出版，1989，第3页。

② 民国《安溪清水岩志》卷上《本传》，收入《中国佛寺志丛刊》第101册，第73~75页。

上村，据当地珍藏的《桃源南山陈氏族谱》记载，清水祖师俗姓陈，名荣祖，《清水祖师本传》中所谓名“普足”实际上是法名，非俗名。在民间，关于清水祖师的俗名还有“陈应”说、“陈昭”说等。民间传说清水祖师有七个分身，分别被称为蓬莱祖师、落鼻祖师、昭应祖师、辉应祖师、显应祖师、普庵祖师、三代祖师等，其中显应祖师、普庵祖师、三代祖师是其他佛教俗神的尊称，与清水祖师混淆。如三代祖师姓林名珌，号自超，相传为毗舍浮佛现身，坐化于德化县美湖乡。显应祖师原名黄惠胜。普庵祖师俗姓余，名丘肃，号普庵，宋代江西省宜春人，事迹与清水祖师相似。

（2）关于清水祖师的家世，陈浩然的《清水祖师本传》未作任何记载，但光绪间杨浚编写的《四神志》中的《清水岩志略》则记载：

> 神姓陈，名普足，永春县小姑乡人，为宋理学名儒温陵陈知柔字体仁，号休斋之裔，父某，母洪氏。

陈知柔是宋代福建著名学者，《福建通志》《泉州府志》《永春州志》等均有其传记，他本人是进士，七个儿子也都是进士，故有“一门八俊”之美称。查《桃源南山陈氏族谱》，清水祖师这一支也是世代书香，太祖父陈□珹、曾祖父陈彦圣、大伯父陈朴、二伯父陈模、四叔陈权、弟弟陈梦得均是进士出身。其父陈机，“学问该贯，尤长于诗，写诗泳物，信笔立成”。《桃源南山陈氏族谱》记载：

> （清水祖师）儿时持斋诵经，日常与山下里人牧牛子戏，日暮吟经，牛自知归，后化清水祖师佛。①

（3）关于清水祖师生卒年，现有文献有三种不同记载。一是《清水祖师本传》记载清水祖师圆寂于建中靖国元年（1101），享年 65 岁。二是据

① 林尉文：《略谈清水祖师文化的内涵与外延》，清水祖师文化学术研讨会会议论文集，安溪，1998 年 12 月，第 80 页。

在清水祖师的圆寂年之后有一行显然是后人加上去的注释："祖师公生于宋仁宗二十二年正月初六日，即庆历七年是也。"庆历七年即1047年，据此推算，清水祖师享年55岁而不是65岁。宋代长泰余克济也说：

今考行状，以庆历七年生，其迁化乃建中靖国元年也。①

《安溪清水岩志》也沿袭此说，明确写道：

北宋仁宗庆历七年丁亥正月大师降世。②

三是乾隆《安溪县志》卷九《普足禅师》记载，清水祖师在建中靖国元年圆寂时，享年57岁。据此推算，清水祖师应出生于庆历五年（1045）而不是庆历七年。《清水岩志略》说得更清楚：

（清水祖师）生于仁宗二十二年，即庆历五年乙酉正月初六，涅盘于建中靖国元年辛巳五月十三日，年五十有七。③

上述三种说法中，清水祖师出生于庆历五年比较可信。理由有二：一是查宋仁宗于1023年即位，二十二年后即庆历五年；二是大多数文献记载清水祖师于元丰六年（1083）担任清水岩住持，时年39岁，十九年后圆寂。如宋代长泰余克济记载：

（元丰六年，清水祖师应当地百姓邀请，结庵于清水岩，）自是诛茅□草，岩栖穴处，十有九年。④

明何乔远《闽书》：

① 光绪《清水岩志略》卷三《清水宝塔记》，光绪十三年刻本，第6页。
② 民国《安溪清水岩志》卷上《史略》，收入《中国佛寺志丛刊》第101册，第55页。
③ 光绪《清水岩志略》卷一《传略》，第4页。
④ 光绪《清水岩志略》卷三《清水宝塔记》，第5页。

普足术行建、剑、汀、漳间，檀施为盛，居岩十九年。①

道光重纂《福建通志》：

普足名重建、剑、汀、漳间，檀施为盛，居岩十九年。②

据此推算，正好出生于庆历五年，享年57岁。

（4）关于清水祖师出家、拜师、成道的历程，《清水祖师本传》作了简明的记载，幼年出家于大云院，长而结庵于高泰山。旋慕名诣大静山，拜谒明禅师，道成业就后，受衣钵再归高泰山，后移居麻章庵。在39岁之前，主要生活在永春县。到了元丰六年（1083）应邀往安溪县蓬莱祈雨，获应后，在当地百姓极力挽留下，清水祖师移居清水岩，直至圆寂。出身于书香门第清水祖师为何自幼削发为僧呢？有人以为清水祖师生活在动荡不安的南宋，一家都有强烈的忠君思想和民族气节，特别是隐居山林的父亲陈机对清水祖师有强力影响，清水祖师是以出家为僧来济世拯民、忠君爱国的，陈荣祖出家为僧，不是纯属消极避世、遁入空门，而是从另一角度来寄托自己救国救民于水火的理想。③ 这种观点虽然自成一说，但仅仅是一种主观推测，缺乏历史依据。史书记载清水祖师从不懂事的幼年就削发为僧，恐怕不能与“以出家为僧来济世拯民、忠君爱国的”理想联系在一起。至于说清水祖师“出家为僧、济世拯民，从另一角度参加到抗金斗争中”④，就更让人难以接受了。因为清水祖师生活在1045~1101年，这时北宋与辽、夏对峙，而金是在1115年才立国，1120年宋朝还联合金夹攻辽，1125年辽灭亡后，金才开始攻打宋，全国各地才开始奋起抗金，而这时清水祖师已圆寂二十五个年头了，怎么也不可能“参加到抗金斗争中”。实际上，凡是熟悉福建佛教史的人对清水祖师出家为僧不会感到困惑，因

① 光绪《清水岩志略》卷三《志乘》，第1页。

② 光绪《清水岩志略》卷三《志乘》，第3页。

③ 陈诗忠：《清水祖师、先祖世系及出家原因考略》，清水祖师文化学术研讨会会议论文集，安溪，1998年12月，第113页。

④ 陈诗忠：《清水祖师、先祖世系及出家原因考略》，第113页。

为宋代是福建佛教鼎盛时期，福建寺院之多，僧尼人数之众，均居全国首位，时人有“闽中塔庙之盛，甲于天下”[①]和“山路逢人半是僧”[②]的描述。在宋代福建，百姓对僧侣十分尊敬，出家为僧既是一条生活出路，也是一种时髦，像清水祖师这样出身于世代书香门第的人出家为僧比比皆是，既不足为奇，更不足为怪。

（5）关于清水祖师主要功绩。从《清水祖师本传》记载来看，清水祖师在佛学理论上并无太多的建树，其主要功绩有二。一是热心于慈善事业，他在永春时，“劝造桥梁数十，以度往来”。在安溪时，又募化劝造通泉桥、谷口桥、汰口桥等。有宋一代，随着海外贸易的迅速发展，福建东南沿海地区特别是闽南地区兴建了大批桥梁，南宋在闽南还形成了所谓“造桥热”，一些僧尼道士也加入造桥铺路的行列。清水祖师一生劝造数十座桥梁，实践了佛教的“济人利物”“广种福田”的教义，而对百姓而言，修桥铺路是功德无量的善举，符合“凡有功德于民则祀之”的原则，所以清水祖师得到百姓的敬仰甚至崇拜也是很自然的事。二是清水祖师在世时，以祈雨经常“获应”而闻名，在百姓看来，祈雨获应是因为“道行精严，能感动天地”。所以百姓赋予清水祖师以神奇甚至神秘色彩。最近，学术界对清水祖师信仰的宗教属性展开讨论，一部分学者认为属于佛教信仰[③]，也有人认为属于道教信仰[④]，还有人认为是一种纯粹的民间信仰[⑤]。笔者以为从清水祖师的生平来看，属于佛教是毫无疑义的。清水祖师去世后，演化成佛教俗神为百姓所崇拜，在某种意义上也可以说演化为民间信仰。当然在清水祖师崇拜活动中，不可避免掺杂一些道教形式，但无论如何，都不能将清水祖师信仰归入道教信仰。

---

① 黄榦：《勉斋集》卷三七《处士唐君焕文行状》，收入《全宋文》第 288 册，上海辞书出版社、安徽教育出版社，2006，第 414 页。

② 乾隆《福州府志》卷二四《风俗》，收入《中国地方志集成·福建府县志辑》第 1 册，上海书店出版社，2000 年影印本，第 504 页。

③ 郑焕章：《安溪清水岩属佛不属道》、郑梦星：《还我如来真面目——对清水祖师与清水岩是佛是道的辨识》，清水祖师文化学术研讨会会议论文集，安溪，1998 年 12 月，第 209~214 页。

④ 蔡柏年：《三论清水祖师信仰的宗教属性》，清水祖师文化学术研讨会会议论文集，安溪，1998 年 12 月，第 205~208 页。

⑤ 陈育伦、李菁：《清水祖师信仰是佛是道之浅见》，清水祖师文化学术研讨会会议论文集，安溪，1998 年 12 月，第 215~217 页。

二　清水祖师的封赐

陈浩然撰写《清水祖师本传》的时间离清水祖师圆寂才十二年，从《清水祖师本传》后半部分的有关记载来看，清水祖师去世后，就被当地百姓奉为神灵，加以崇拜。《清水祖师本传》载：

> （清水祖师圆寂后，远近百姓云集于清水岩）瞻礼赞叹。越三日，神色不异，乡人乃运石甃塔，筑亭于岩后，刻木为像而事之。杨道落发为僧，奉承香火，信施不绝。雨旸有祷，迎奉塑像，最宜精诚斋戒，或慢易不虔，致有雷电迅击之异。岩旧有巨石当衢，往来患之，一夜转而道侧。妇女投宿者，岩前麻竹四裂，遂不敢入。分身应供，理形食羹，凡所祈求，无不响答……①

这段史料提供了这么几条历史信息：一是清水祖师去世后，当地百姓除在清水岩后建塔安放清水祖师骨灰外，还用木头雕塑清水祖师的神像，并由杨道专门照看香火，百姓前去烧香礼拜者还不少；二是清水祖师去世后，主要的职能是祈雨，当地群众还抬出其塑像祈雨；三是民间流传着诸如巨石一夜之间转于道侧和妇女投宿清水岩，岩前麻竹就会四裂等神话传说；四是有些地方还到清水岩分香回去供奉。这四条历史信息归结起来说明一个问题，即清水祖师去世后，就从高僧演化为佛教俗神了。

南宋时期，清水祖师的神阶大大提高，其标志是他先后四次得到朝廷的敕封，敕封清水祖师牒文均完整地保存在《清水岩志略》《安溪清水岩志》等志书中，牒文详细地记载了请封和敕封的经过。

第一次请封是在绍兴年间，由安溪姚添等人上文朝廷请封，理由是清水祖师生前剃发为僧，苦行修炼，死后“本州岛岛岛亢旱，祷祈感应”。到了绍兴二十六年（1156）三月，礼部批示福建路转运司，派人到实地调查。龙溪县主簿方品奉命到清水岩视察，认为“委有灵迹，功及于民，保

① 民国《安溪清水岩志》卷上《本传》，收入《中国佛寺志丛刊》第101册，第53页。

明指实”。旋又委派转运司财计官赵不紊前去核实，结论与方品相同。礼部再与太常寺勘会后，认为符合有关敕封条文，隆兴二年（1164），下牒敕封清水祖师为“昭应大师”。[①]

第二次请封大约在淳熙初年（1174），由安溪县迪功郎政事仕林时彦等联名上文请求增加封号，并赐塔额。理由是清水祖师“祈祷感应，有功于民”。礼部下文泉州府派人核实。最初派遣永春县主簿迪功郎黄惯前去询究，黄惯通过实地调查，证实清水祖师“祈祷雨晹，无不感应，委有灵迹，功及于民”。不久，又按条例，“委派邻州兴化军，差官前去地头体究”。莆田县丞姚仅等奉命前去安溪清水岩一带调查，再次证实清水祖师“迁化之后，英灵如在，凡人有疾病，时有雨晹，及盗贼之忧，随祷随应”。后来，又下文要求漳州府差官再次前去核实。漳浦主簿周鼎以奉命到安溪清水岩视察，当地百姓列举一系列灵异证明清水祖师确实“委有灵迹，惠利及民”。经过这样反反复复的调查核实，直到淳熙十一年（1184），礼部与太常寺才同意增加封号，下牒敕封，封号为“昭应慈济大师”。但赐塔额的请求，由于无有关条文可依，未能满足要求。[②]

第三次请封是在庆元六年（1200），理由是“近日雨泽稍愆，……灵应显迹有功，乞加封”。嘉泰元年（1201）牒下，加封为“昭应广惠慈济大师”。同时被敕封的还有福州南台武济庙的英护武烈镇闽王、左协威广惠灵惠侯、右翊忠嘉泽显应侯。这次封赐，手续比较简单，从请封到敕封仅用一年时间，比历次封赐所花时间都短。[③]

第四次请封是在嘉定元年（1208），请封的理由主要是开禧三年（1207）泉州大旱，在求助其他神佛祈雨不应的情况下，嘉定元年抬出清水祖师，“为民祈雨，随即沾足”。礼部先委派仙游县主簿韩淤前去体究，而后又派长泰县尉何葆复实，均以确实“祈祷灵验，惠利及民”上报。嘉定三年（1210）牒下，再加封为“昭应广惠慈济善利大师”。[④]

在不到半个世纪中，清水祖师先后四次被敕封，封号达到最多的八个

---

① 光绪《清水岩志略》卷二《敕牒》，第 1~2 页。

② 光绪《清水岩志略》卷二《敕牒》，第 2~7 页。

③ 光绪《清水岩志略》卷二《敕牒》，第 7~9 页。

④ 光绪《清水岩志略》卷二《敕牒》，第 9~12 页。

字，充分反映了南宋时期清水祖师信仰影响的扩大，并且得到了地方官府的扶植和朝廷的承认。

我们知道，宋代地方神明追封敕号蔚然成风。敕封的程序一般是地方官僚或乡绅上表请封，列举所谓“功及生民”的种种“灵异”，朝廷派人到实地核实后，就颁诰敕封。敕封神明有一定的规制，并不是像有些人所理解的那样，只要有申报便必定敕封。史称：

> 诸神祠无爵号者赐庙额，已赐额者加封爵，初封侯，再封公，次封王，生有爵位者从其本封。妇人之神封夫人，再封妃。其封号者初二字，再加四字。如此，则锡命驭神，恩礼有序。欲更增神仙封号，初真人，次真君。①

查阅有关方志，不难发现大多数神明的封号是在宋代被敕封的，但其中有相当一部分是信徒捏造的，目的在于抬高神灵地位以扩大影响。而清水祖师的四次敕封比较可信，其理由除了历代清水岩志保存十分完整的赐封牒文外，宋朝的清水祖师的信徒为了纪念朝廷的敕封，还在清水岩建造纶音坛，将四道牒文完整地雕刻在摩崖石壁上，这些牒文虽然经过七百多年的风风雨雨，但多数文字依然清晰可辨，为我们研究宋代文书制度提供了重要依据。特别是牒文末具有勘押官员的职务、姓氏或姓名，通过对这些勘押牒文官员的考证，进一步证实了清水祖师四次封赐的真实性，弥足珍贵。②

第一次牒文末有“参知政事王押，参知政事周押”字样。查《宋史》，“参知政事王”为王之望，“参知政事周”为周葵。王之望，湖北襄阳谷城人，绍兴八年（1138）进士。隆兴二年（1164）授参知政事兼同知枢密院事。③ 周葵，江苏宜兴人，宣和六年（1124）进士，隆兴二年（1164）以

---

① 脱脱：《宋史》卷一〇五《礼志八》，中华书局，1985，第2561页。

② 杨清江：《宋清水祖师敕牒勘押官员考》，清水祖师文化学术研讨会会议论文集，安溪，1998年12月，第95~97页。

③ 脱脱：《宋史》卷三七二《王之望传》，第11537~11539页。

参知政事兼权知枢密院事。[①]

第二次牒文末有“参知政事黄洽押、参知政事施师点押、右丞相王淮押、左丞相曾押”字样。查《宋史》，黄洽字德润，福州侯官人，隆兴元年（1163）进士。淳熙十年（1183）自御史中丞迁参知政事。[②] 施师点字圣与，江西上饶人，淳熙十年（1183）除参知政事兼同知枢密院事。[③] 王淮字季海，浙江金华人。绍兴十五年（1145）进士，淳熙八年（1181）拜右丞相兼枢密事。[④] 封牒中的“左丞相曾”为曾怀，字钦道，福建晋江人，曾公亮的玄孙，乾道八年（1172）拜参知政事，翌年代梁克家为丞相，淳熙元年（1174）为右丞相[⑤]。淳熙十一年（1184）发布牒文时，曾怀已离开相位近十年，为什么仍请曾怀署名画押呢？唯一可以解释的是，晋江和安溪同属泉州府，清水祖师的这次请求封赐，泉州人必派人求曾怀帮忙疏通关节，而曾怀在请求封赐中也确实起着重要作用，当时丞相王淮等推重前辈，故请曾怀共同签押，仍挂丞相名号。

第三次牒文末有“知枢密院兼参知政事何押、右丞相押”字样。查《宋史》，“知枢密院兼参知政事何”即何澹，何澹字自然，浙江龙泉人。乾道二年（1166）进士，庆元二年（1196）除同知枢密院事、参知政事，翌年兼知枢密院事。[⑥] 封牒中“右丞相”缺姓名，查《宋史》，此时任右丞相的是谢深甫，字子肃，浙江临海人，乾道二年（1166）进士，庆元六年（1200）拜右丞相。[⑦]

最后一次敕封牒文末有“参知政事娄押、参知政事黄押、知枢密院参知政事雷押、题复右丞相押”字样。查《宋史》，嘉定三年（1210）无黄姓参知政事，疑有错讹。“参知政事娄”为娄机，字彦发，嘉兴人，乾道二年（1166）进士。嘉定元年（1208）授参知政事。[⑧] “知枢密院参知政

---

① 脱脱：《宋史》卷三八五《周葵传》，第 11835 页。
② 脱脱：《宋史》卷三八七《黄洽传》，第 11873～11875 页。
③ 脱脱：《宋史》卷三八五《施师点传》，第 11836～11838 页。
④ 脱脱：《宋史》卷三九六《王淮传》，第 12069～12072 页。
⑤ 脱脱：《宋史》卷二一三《宰辅志四》，第 5579 页。
⑥ 脱脱：《宋史》卷三九四《何澹传》，第 12024～12026 页。
⑦ 脱脱：《宋史》卷三九四《谢深甫传》，第 12038～12041 页。
⑧ 脱脱：《宋史》卷三九四《娄机传》，第 12335～12338 页。

事雷”为雷孝友，江西高安人，乾道五年（1169）进士，开禧三年（1207）授参知政事，嘉定元年（1208）迁知枢密院事。①“右丞相”缺姓名，查《宋史》，嘉定三年（1210）任右丞相的为史弥远，字同叔，浙江宁波人，淳熙十四年（1187）进士，嘉定元年（1208）迁枢密院事，进奉化郡侯兼参知政事，拜右丞相兼枢密使兼太子少傅。②

三　清水祖师的职能

从敕封牒文和其他文献记载来看，清水祖师祈雨职能较之其他神灵突出，自宋代以来一直成为闽南地区祈雨的主要对象，志称：

> （清水祖师）于祈雨最灵，自宋至今，由来已久。③

仅南宋时期，有文献记载的向清水祖师“祈祷雨，无不感应”的“灵异”就有十六次，列举如下。

绍兴二十六年（1156），安溪大旱，当地百姓向清水祖师祈雨，果然“感应”，普降甘霖，解除旱情，百姓感恩戴德，上奏朝廷，要求赐予封号。④

乾道九年（1173），永春县始安里发生蝗灾和旱灾，五月二十日，乡民叶尾率一百余人浩浩荡荡地到清水岩祈祷礼拜，并请回清水祖师的香火奉祀，不久“果蒙感应”，蝗灾与旱灾均解除。⑤

淳熙元年（1174），尤溪县干旱，二月十八日大田保乡民温大立等到清水岩进香祈禳，并乞请清水祖师神像回乡奉祀。同年，德化县贵湖里刘德崇等也到清水岩祈雨。不久，果然“雨水露足，年岁有成”。翌年正月，温大立等还专程到清水岩“设供答谢”。⑥

---

① 脱脱：《宋史》卷二一三《宰辅志四》，第5597页。

② 脱脱：《宋史》卷四一四《史弥远传》，第12415~12418页。

③ 民国《安溪清水岩志》卷上《岩志序》，收入《中国佛寺志丛刊》第101册，第129页。

④ 光绪《清水岩志略》卷二《敕牒》，第1页。

⑤ 光绪《清水岩志略》卷二《敕牒》，第4页。

⑥ 光绪《清水岩志略》卷二《敕牒》，第4~5页。

淳熙元年，永春、德化县“久旱损畜”，刘德崇等人到清水岩祈雨，“祷求立应”。[①]

淳熙六年（1179）九月，安溪干旱，麦苗焦枯。知县承事郎赵勋于十二月十八日委派主簿迪功郎曹纬到清水岩，迎请清水祖师神像下山，在县城里设立道场，为民祈雨。老天果真下起了雨，至二十日才转晴，“二麦（大小麦）生长，民人有收”。[②]

淳熙七年（1180），安溪大旱，禾麦焦枯。县令赵勋又委派曹纬于六月初二到清水岩迎请清水祖师像下山祈雨，神像才抬出岩谷到觉苑寺，天就下起了雨，只好避雨于觉苑寺。大约一个时辰后雨才停下来，迎神队伍继续向县城进发，县官及百姓均到郊外迎接。入城后，设祈雨台祈雨。六月初四，大雨滂沱，至初八才天晴，当年获丰收。[③]

庆元五年（1199），长泰县大旱，乡贤余克济等人到清水岩祈雨，果蒙感应，天降甘露，解除了旱情，余克济因此写了《喜雨纪事》诗，诗云：

> 百里精诚遂有春，蓬莱一祷不须频。亢时方虑谷增价，得雨先将麦惠民。[④]

开禧三年（1207）九月，泉州少雨，官府到寺观神祠祈雨未获感应。到了嘉定元年（1208）春，又迎请城内诸佛祖神王祈雨，仍滴雨未下。四月二十二日，官府派人到清水岩迎请清水祖师祈雨，神像刚抬到州门，阴云四起，当晚降雨，次日沾足，“七邑之民，遂得耕种续施”。[⑤]

开禧三年（1207）冬，安溪无雨，翌年春无法播种，县令赵遵夫迎请清水祖师塑像在县堂设坛，为民祈雨，果蒙感应，随即下雨沾足，农民得

① 民国《安溪清水岩志》卷下《圣迹感应》，收入《中国佛寺志丛刊》第101册，第430页。

② 光绪《清水岩志略》卷二《敕牒》，第5页。

③ 光绪《清水岩志略》卷二《敕牒》，第5页。

④ 光绪《清水岩志略》卷四《艺文下》，第1页。

⑤ 光绪《清水岩志略》卷二《敕牒》，第9页。

以播种春耕。①

嘉定元年（1208）秋至二年春，泉州连续干旱，安溪也“苦旱魃”，安溪县令赵沽鬬亲自上清水岩“奉慈济之像，聿来祈雨，不崇朝而已周浃，于是疏灵迹以达于州，乃夏四月，州遣南安县僚，亲诣岩迎奉入城，阴云四起，一之日既雨，二之日沾足”。②

嘉定二年（1209）秋，泉州又大旱，判府侍制给事邹公，前去清水岩祈雨，“克日得雨”。③

嘉定三年（1210），安溪干旱，县令陈宓向清水祖师祈雨，获感应，果真下了一场大雨，故作《谢雨》诗曰：

> 我来两月值冬晴，多谢灵明答寸诚。一瓣清香犹未足，四郊甘雨已如倾。④

嘉定十年（1217），泉州大旱，太守真德秀在“上下奠瘗，靡神不举”的情况下，迎请清水祖师到州城，搭台祈雨，并亲自撰写了祈雨疏文，文曰：

> 伏以维盛夏，实司长养，久阙甘霖，与此邦有大因缘，莫如清水，肆迎法驾，来驻梵宫。昔混迹世间，不惮曝身以救旱。今游神天上，岂难翻手以为云？愿垂慈悯之仁，亟降滂沱，泽与情共瞩，响应是期。⑤

据载，真德秀诵念祈雨疏后，天空“由然作云，沛然下雨”⑥，解除了严重的旱情。

---

① 光绪《清水岩志略》卷二《敕牒》，第9页。

② 光绪《清水岩志略》卷三《艺文上》，第4~5页。

③ 光绪《清水岩志略》卷三《艺文上》，第5页。

④ 光绪《清水岩志略》卷四《艺文下》，第2~3页。

⑤ 光绪《清水岩志略》卷三《艺文上》，第7页。参见真德秀《真西山文集》卷五〇《安奉清水疏》，收入《全宋文》第314册，第418页。

⑥ 光绪《清水岩志略》卷三《艺文上》，第7页。

绍定间（1228~1233），安溪久旱未雨，县令刘庞向清水祖师祈雨，果获感应，大雨滂沱，为此他特地写了《谢雨》诗，诗曰：

为民望岁祷金仙，一念才通果沛然。人道旱时那得雨，我知佛力可回天。物盈宇宙皆生意，身到蓬莱亦夙缘。但愿岩间常晏坐，不妨谢燮屡丰年。①

咸淳元年（1265），安溪县令钟国秀祈雨于清水祖师，获感应下雨，为此作《诣岩谢雨诗》曰：

瓣香一再谒岩扉，既雨方晴又细霏。霖雨天瓢销旱魃，民安佛国免年饥。②

咸淳五年（1269）夏，安溪干旱，邑令祈雨于清水祖师，“夕梦‘二九’二字，果应，十八日大雨”。③

祈雨是农业发展到一定阶段才出现的一种宗教迷信活动，由来已久，殷墟发现了不少占雨晹的甲骨卜辞，说明至迟在商朝就有了祈雨活动。祈雨的对象最初是茫茫的“天”或至高无上的“帝”。后来，祈雨的对象逐渐增多和形象化，春秋战国时期出现了能兴云布雨的雨神萍翳，秦以后龙王又成为百姓的祈雨对象。汉唐以后，祈雨的对象急剧增多，各种神灵几乎都成为百姓祈雨的对象。祈雨对象的增多反映了中国多神教的特征和宗教信仰功利性、实用性的倾向。古人之所以热衷于祈雨，根本原因在于科学文化落后，不知道气候变化的科学道理，不知道雨是一种不以任何人的意志为转移的自然现象，而以为自然界的种种变化都是由“天”或“神”主宰的，只要虔诚地祈祷于“天”或“神”，那么“天”或“神”必然会有感应，并通过祥异来满足百姓的愿望。这种“天人感应”的观念早在先

① 光绪《清水岩志略》卷三《艺文上》，第3页。
② 光绪《清水岩志略》卷三《艺文上》，第7页。
③ 民国《安溪清水岩志》卷下《圣迹感应》，收入《中国佛寺志丛刊》第101册，第431~432页。

秦就出现了，《周易》中就提到“天垂像，见吉凶”。汉代董仲舒正式提出“天人感应”论后，使这一观念渗入人们的文化意识中，支配着人们的行为。祈雨就是在“天人感应”观念支配下的宗教迷信活动。

雨暘既然是不以任何人的意志为转移的自然现象，而文献记载又为什么连篇累牍地说“祈祷雨暘，无不感应”呢？是作者无中生有，故意编造，抑或是真的有“灵验”呢？我们认为都不是。在古代福建，旱涝灾害频繁发生，每一次旱灾发生，各地百姓都要举办各种形式的祈雨活动。在诸多的祈雨活动中，并不排除真的下起雨来的偶然性，百姓把这一偶然性无限夸大，并将这一自然现象归功于神灵的庇佑，加以渲染。而文人士大夫同样受到“天人感应”观念的影响，相信向“天”或“神”祈求雨暘，会发生感应，所以不少文人士大夫特别是地方官吏也热衷于祈雨活动。他们在记载祈雨的结果时，是有所选择的，那些祈雨不下的多避而不谈，而偶然“有验”的则大肆渲染。如前面提到的嘉定元年（1208）泉州府官民曾多次“迎请在州诸佛诸庙神王”祈雨，但“未有感应”，对于这些祈雨活动，文献仅一笔带过，而且避而不谈向哪一些神灵祈过雨，到了四月二十二日，在百般无奈的情况下迎请清水祖师祈雨，碰巧天降甘霖，文人士大夫对此则大肆渲染，并申报朝廷，请求“特加封号”。又如嘉定十年（1217）真德秀也是在“上下奠瘗，靡神不举”的情况下，“爰闻清水大师，往而祷焉”。对于前几次的祈雨活动，文献也是略而不谈，而对于这次祈雨的结果，文献则详加记述。总之，每遇到旱灾，各地百姓（包括官府）就四出祈雨，求此神不灵，就转而求彼神，求当地神不灵，就到外地求神赐雨，祈雨活动不断累积增多，总有一次正好下雨，久旱必雨也是自然界的现象，百姓就把这一偶然性夸大成必然性，加以渲染，文人士大夫则又选择那些所谓“祈雨有验”的例子记录下来，故文献大多是“祈祷雨暘，无不感应”的记载。当然，“祈雨有验”的记载也不乏牵强附会的例子。如咸淳五年（1269）夏安溪大旱，邑令林泳曾祈雨于清水祖师，虽然下些小雨，但旱情未解。林泳遂撰写祈雨疏文派主簿到清水岩祈雨，“又躬祷于广惠庵”，也没有任何效果，旱情越来越严重。到了六月二十二日，林泳等迎请清水祖师神像到城内观音堂，设坛祈雨，“官民作礼，日率同僚三焉”，不能不说是相当虔诚了。但是“旱火夕红，溪流日涸，旱禾绝，晚禾枯”。直到七月十八日，天才下起大雨，缓解了旱情。从开始祈雨到旱情缓解，前后延续了两三个月，仅在县城设坛祈雨的时间就将近一个月，这么一来清水祖师祈雨特别灵验就很难自圆其说了。但是林泳在《致祭大师文》中编造故事，作这样的附会，他说在七月十一日，曾撰写祈雨疏：

> 密祷于佛，是夕梦有示幅纸，文字数行，觉不能省，忆有“二九”二字，晓悟之，岩僧一杲曰：其应在十有八日，至是而云疾沛然，甘霖甲夜，大雷震，大雨绵，吏庆于朝，农歌于野。佛者订二九之验，曰：我佛神通，能克日以告县官也。[①]

地方官僚之所以积极参与祈雨活动，而且千方百计地证明自己主持的祈雨“灵验”，其目的是一方面通过祈雨来表示关心民众疾苦，树立自己爱民形象；另一方面利用所谓“祈雨辄验”来证明自己是一个“有德”之人，故能与“天”发生感应，得到“神”的庇护。蔡襄曾作诗曰：

> 年年乞雨问山神，羞见耕耘陇上人。太守自知才德薄，彼苍何事罪斯民。[②]

陈宓的《谢雨》诗中也写道：

> 早知县令才能薄，赖有神翁愿力宏。粟麦频苏民自乐，更期膏润接春耕。[③]

均反映了地方官僚祈雨时的上述心态。

---

① 光绪《清水岩志略》卷三《艺文上》，第9页。

② 蔡襄：《蔡襄全集》卷八《乞雨题西方院》，陈庆元等校注，福建人民出版社，1999，第213页。

③ 光绪《清水岩志略》卷四《艺文下》，第3页。

由于福建的气候受季风影响，气象灾害对福建人民的生产和生活影响很大。据福建地方志数据记载，近五百年来，福建90%的年份发生不同类型、不同强度的气象灾害，其中干旱是最严重的灾害。福建的干旱带有季节性特征，可分为春旱、夏旱和秋冬旱三种，春旱约占十分之二，夏旱和秋冬旱各约占十分之四。危害性最大的是夏旱，春旱次之，秋冬旱较小。从干旱的地区分布来看，东南沿海为重旱区，尽管这个地区的水利设施也比较发达，但仍无法抗御较大的旱灾。一旦旱情无法控制，百姓便把最后的希望寄托在神灵身上，所以福建各地神灵大多具有祈雨的职能，比较有名的“雨神”有闽东的马仙、闽西的伏虎禅师、闽北的扣冰古佛、闽南的清水祖师等。

南宋时期，清水祖师除了祈雨这一主要职能外，还有治病、驱逐蝗虫以及防御盗贼等职能，志称：

> 凡人有疾病，时有雨旸，及盗贼之扰，随祷随应。①

有关文献还记载着这么几件事。

①隆兴三年（1165）二月初四，南安县崇仁乡焦坑保乡民张廷干突然双目失明，其父到清水岩祈求圣水回家点洗，仅月余张廷干就“获光明如故”。②

②乾道二年（1166）春，南安县由凤里一带发生瘟疫，双坑保乡民一百余人在劝首林赠的率领下，前往清水岩祈求清水祖师保佑，并将神像抬回去“镇静乡闾”，还请“法水”回家给病人喝。到三月二十三日，林赠率乡民200多人送清水大师神像回清水岩，并在岩寺中设坛答谢清水祖师的救命之恩。③

③乾道二年初，惠安县安仁里一带发生瘟疫。五月初四，金相院前保劝首何佛儿等50余人诣清水岩投疏祈祷，并请香火及法水回去禳除瘟疫。

---

① 光绪《清水岩志略》卷二《敕牒》，第3页。
② 光绪《清水岩志略》卷二《敕牒》，第4页。
③ 光绪《清水岩志略》卷二《敕牒》，第4页。

六月十三日，何佛儿等人到清水岩“设供谢恩”。[①]

④乾道九年（1173）五月十二日，永春县始安里小边保劝首叶尾率乡人100余人，诣清水岩投疏，称乡间庄稼受到蝗虫侵害，又缺雨水，切虑绝收，拜请清水祖师香火回去驱蝗祈雨，“果蒙感应”。[②]

⑤嘉定元年（1208），安溪发生大蝗灾，蝗虫遮天蔽日，所经之处苗稼荡然无存，乡老刘辅等人率众到清水岩迎请清水祖师神像，“行道祛禳，不三日而蝗虫灭除，秋成有望”。[③]

从上述记载可以看出，南宋时期清水祖师的职能扩大了，变成了当地的守护神，“每逢病疫，乡人即恭抬神像，求师祛除；每遇亢旱，乡邻以至府县官员，也必迎请佛像祈雨驱灾，于是师名大噪于泉、汀、漳等地”。[④]

宋代之后，清水祖师的职能仍以祈雨为主。《安溪清水岩志》记载元朝至民国15年（1926）清水祖师的“圣迹感应”共九次，除一次驱逐女鬼外，其余八次均为祈雨。[⑤]

四　清水祖师的神话传说

任何宗教信仰都离不开神话传说，神话传说在宗教信仰的确立和发展过程中起着十分重要的作用。而研究者透过光怪陆离的神话传说，往往可以窥视当时宗教信仰的某些真实情况。

清水祖师的神话传说早在北宋时就出现了，但数量不多而且情节简单。明中期以后，随着清水祖师信仰的扩大，有关神话传说的数量增多了，而且情节也趋于曲折。

在清水祖师的神话传说中，与山鬼斗法最为曲折生动。明万历十四年（1586）何乔远在《觉亭记》中就提到了降伏鬼众的传说：

---

① 光绪《清水岩志略》卷二《敕牒》，第4页。
② 光绪《清水岩志略》卷二《敕牒》，第4页。
③ 光绪《清水岩志略》卷二《敕牒》，第10页。
④ 《清水岩志》卷二《清水祖师传略》，第4页。
⑤ 民国《安溪清水岩志》卷下《圣迹感应》，收入《中国佛寺志丛刊》第101册，第433～435页。

> 祖师生时，灵通神异，山中有魔鬼数十辈，频出为民害，祖师即约诸鬼，往临深涧上，展帨如桥，皆满座，有顷帨断，鬼坠落涧下多死，不死者走下石穴中，祖师封闭之，悉无得出。[①]

康熙十年（1671），安溪县令谢宸荃在《清水岩序》中也提到“出水灌园，出米饷工，丹臼炼以救世，鬼洞禁其邪魔”[②]的神话传说。乾隆七年（1742），王植在《清水岩序》中写道：

> 挹其蜕像，貌瘽而色黝，旧云与山鬼争道场，厄于烟焰而燃。[③]

而民间传说更为曲折生动，由“试剑削巉石”“比法渡帨”“脸黑被火熏”“袈裟收鬼众”等四个小故事组成。故事梗概是陈普足初筑清水岩，常遇山鬼干扰，与之争道场。一日，普足持剑，与山鬼比试法力，称一剑能将岩左悬崖上的巨石削为两半。山鬼不信，普足对准巉石，把剑一挥，只听霹雳声响，顿见巨石分为两半，一半滚下山坑，另一半仍屹立在悬崖间，后人称之为试剑石。传说：山鬼见巉石被削，知道神剑厉害，无不惶恐，但又见普足只身一人，自恃鬼众，上去围攻。普足解下腰带帨巾，运用法力，将帨巾拴在深壑两边的树干上，成为帨桥，独自从帨桥渡过。再问众鬼敢不敢从帨桥渡过。众鬼应声上帨桥，走到帨桥中间，帨桥突然断裂，鬼众多被摔死。一些幸存的鬼众，跛着脚上岸，见普足静坐在石头上，遂搬来许多湿柴，累叠成堆，然后燃火压焰，企图用浓烟将普足熏死。普足安详端坐，任其熏蒸，一连七天七夜，众鬼以为普足必死无疑，暗暗高兴。不料，普足突然跃起，哈哈大笑，只是脸被熏黑而已，众鬼大惊失色，抱头鼠窜。但山鬼心中不服，屡屡挑战，普足遂生一计，将袈裟铺在地上，自己坐在袈裟正中，让众山鬼揪拉。山鬼一齐拥上，狠力扭挽，袈裟纹丝不动。普足问山鬼敢不敢进入袈裟。山鬼自恃人多势众，便一齐坐入袈裟。普足忽然将袈裟四个角提起，猛然一摔，山鬼大多被摔

① 光绪《清水岩志略》卷三《志乘》，第 13 页。
② 光绪《清水岩志略》卷三《志乘》，第 18 页。
③ 光绪《清水岩志略》卷三《志乘》，第 20 页。

死，只从袈裟角迸出四个山鬼，跪地求饶，发誓永不作祟，愿效犬马之劳。普足遂将他们收为殿前护法神，即至今仍屹立在清水岩法门内的赵、王、苏、李四大将（又称四大元帅）[①]。毋庸讳言，真正的“山鬼”在现实中根本不存在，但神话传说中的“山鬼”应该是有所指的，笔者以为，“山鬼”很可能泛指居住在清水岩一带深山老林里的土著，重纂《福建通志》称“山鬼”为“畲鬼”[②]，也不排除“山鬼”为畲族人。清水祖师与山鬼斗法的故事反映了清水祖师开辟清水岩付出常人难以想象的艰辛。

不同宗教信仰之间相互影响，在神话传说上也得到充分反映。清水祖师的神话传说受八仙、玄天上帝、济公、妈祖等神话传说的影响较深。如传说清水祖师自幼父母双亡，依赖各个哥哥生活，受嫂嫂的虐待。一日，嫂嫂教祖师上山采薪，祖师未去拾柴，却把双脚放入灶膛当柴火烧。此神话传说中的双脚当火烧的情节模仿八仙中李铁拐类似故事的痕迹十分明显。又如传说清水祖师原是屠夫，一日，妈祖化为老妇在溪边洗衣，祖师怜其老迈，代为洗衣。说也奇怪，衣服越洗越黑，祖师问何故，妈祖告其业屠太脏。祖师顿悟自悔，回家后持屠刀剖腹，掏出肝脏，洗净后再放回肚内，以示清白。妈祖见他能痛改前非，所以度他为神，民间尊称其为清白公正无私之神。此神话传说显然脱胎于玄天上帝被观音引度成神的神话传说。又如传说普足建造清水岩寺时，缺少巨材大梁，普足遂扮成商人，到内地购买杉木。杉主问要购买多少，普足说要买下所有的“无尾杉”，杉主早知山林中无尾杉不多，当即收下几缗钱，许诺林中无尾杉在五日内任凭砍伐，逾期禁伐。普足不去砍伐，却回清水岩令徒众挖一方池，池中凿一孔眼，众人不解其意。次晚，狂风骤起，将林中粗大杉树断尾齐腰地刮断不少。第三天，普足亲自去取杉，选择几棵大树，投放于水沟中，悠然回岩。只见投放于水沟中的杉木从岩中的方池孔眼接连冒出。当第十根木材刚冒出杉头时，小沙弥说了声“够了”，再也拔不出来了。直至今天，方池孔眼中还留着露出头的大杉木，为世人所津津乐道。显然，此神话传说源于济公营造杭州灵隐寺的故事。再如传说真德秀迎请清水祖师神像到

① 《清水岩志》卷八《清水祖师的传说》，第64~65页。

② 光绪《清水岩志略》卷三《志乘》，第3页。

泉州祈雨，高搭芦棚，供奉祖师，而空其棚下，发布告示，晓谕百姓前来祈雨时多带纸钱香楮，堆栈于清水祖师的神座下，暗示若投疏祈祷不下雨的话，就放火焚楮。时届中午，雷电交加，大雨倾盆，知府斋中飘落梧桐树叶，树叶上的四行字依稀可辨，诗云："雨是江西雨，移来泉州府，老佛若无灵，浑身成火灰。"真德秀读罢，佩服极了，亲自送清水祖师神像回岩，并在前贤题悬的"真人"匾上，添一"真"字，成为"真真人"，以示崇敬。此传说与妈祖的"拯兴泉饥"异曲同工。[①]

五　清水岩沿革

清水岩庙宇草创于北宋元丰六年（1083），当时只有草庵数间，十分简陋。宋元祐七年（1092）清水祖师主持改建岩宇，略有改观。清水祖师圆寂后，宝庆三年（1227）僧惠清募捐改建岩楼，费金钱千缗。绍定六年（1233）又改建大藏楼，费金钱千缗。景定三年（1262）改建复阁，费金钱两千缗。经过僧惠清的三次改建扩建，清水岩寺庙初具规模。但到了南宋景炎二年（1277），因兵乱，岩宇遭焚，成为一片废墟，清水祖师神像也只好安放在露天之下。翌年，僧一杲主持清水岩，竭力募捐，历时二十年，重建清水岩殿阁及香积茶寮等。元至元二十七年（1290）前后，僧一杲去世，其弟子崇远继承师志，续修寺宇，大小山门、门楼、官廨、仓宇、浴室、后架、邮亭，未盖者盖之；雕饰像相，漆绘灰土，未完者完之。甚以内外更张，开宗明目，有所利益，毕力成之。[②] 此次重建，前后延续 40 年之久，至元代延祐四年（1317）才告成。重建后的清水岩宇规模大大超过宋代，相传清水岩宇的"帝"字形结构，99 间的规模，至此时才确立下来。至今仍竖立在清水岩"枝枝朝北树"东侧的岩图碑，记录了当时清水岩的建筑规模和布局。岩图碑由两方花岗岩合并而成，高 2.75 米，宽 0.97 米，厚 0.15 米，上半部浮雕清水岩"帝"字形建筑布局图，下半部雕刻建筑物的具体度数，有些文字经过几百年的风化，难

---

① 《清水岩志》卷八《清水祖师的传说》，第 65~66 页。

② 民国《安溪清水岩志》卷上《重修记》，收入《中国佛寺志丛刊》第 101 册，第 99 页。

以辨认，但图案和大部分文字仍清晰可辨。据《安溪清水岩志》载，岩图碑的原文为：

清水岩殿宇度数
香门至庭二丈九尺深
佛殿脊二丈八尺高
祖殿脊二丈一尺高
法堂脊二丈一尺高
大厅脊二丈六尺六寸
塔殿由上至仰托一丈七尺六寸高
塔庭次塔脊一丈七尺高
前见山窗五尺高
方丈佛殿地平散水同
后楼二丈八尺高上下平
藏殿脊二丈八尺高
大悲阁高藏殿楼三尺，脊二丈二尺二寸
天台阁高大悲阁平三尺三寸
僧堂仰托下一丈四尺高
钟楼仰托下一丈七尺六寸高
昊天拜亭仰托下九尺八寸高
小山门脊一丈六尺高①

元末兵燹，至明初仅存佛殿一座，破屋三间。嘉靖四十三年（1564）僧正隆主持清水岩后，就四出募捐，致力于修整扩建，历22载才大功告成，“殿宇辉煌，超过旧观矣”。② 万历二十七年（1599），邑令廖同春捐资倡建觉亭、开觉路。顺治二年（1645），县令周宗璧倡建清水法门，重塑四尊护法神像。邑绅李日煚、李梦植重修东西楼。康熙、

① 民国《安溪清水岩志》卷中《度数》，收入《中国佛寺志丛刊》第101册，第183页。
② 民国《安溪清水岩志》卷上《史略》，收入《中国佛寺志丛刊》第101册，第64页。

雍正年间，僧顶觉、玄觉、惺因、惺源、法远、弥超、弥在、彻明、雪冠等均在不同程度上“重整岩宇”。乾隆二十六年（1761）僧满林、泽峰又修整殿宇。道光十五年（1835）里人陈希实、柯大梁、刘漂芳等捐银两千余元，较大规模地重修岩宇。嘉庆十七年（1812）许玉成、凌翰、林大鸿、刘清振、陈仲高等往厦门募得修建清水岩款三千余元，存县备用，被县令杨思敬因事亏空，捐款尽没。光绪二十五年（1899），“凡大殿、释迦楼、东西楼、昊天口、观音楼等，一律重新”。[①] 光绪二十六年（1900）修岩路。光绪二十九年（1903）又花银一千余两改建大殿的石龙柱、岩面石窗堵、岩庭的石狮等。宣统元年（1909），僧智慧“广募捐资，倡修岩宇”。[②]

民国15年（1926），修建觉亭、半岭亭、海会院等。民国22年至24年（1933~1935），部分殿宇被毁。民国30年（1941）僧礼钵开始募修岩宇，民国33年（1944）翻建观音阁和檀樾厅、半岭亭等，民国35年（1946）旅居新加坡华侨柯贤树等捐款修建大殿、释迦楼等。

1953年，觉亭被风刮倒。1955年重修大殿佛龛、三忠庙、清水法门、护界宫等。1961年被定为首批县级文物保护单位。“文化大革命”期间，清水岩遭到严重破坏。1975年侨胞李月等捐款修建岩宇，此后大陆善男信女、台胞、侨胞纷纷慷慨解囊，齐心协力对清水岩进行全面、彻底的整修，至今清水岩焕然一新，规模超过历史上任何时期，交通也更加便捷，已成为福建重要的旅游区，每年有上百万人前去观光礼拜。

六　清水岩的历代住持僧

安溪清水岩与一般的民间宫庙不同，自北宋元丰六年（1083）至1966年的八百余年间，除了极短的时间无人主持外，绝大多数时间内由僧侣主持，共有40位僧侣主持清水岩事，颇具特色，从此也可以证明清水岩应该属于佛教而不是道教。兹将清水岩历代住持僧列表如表1。

---

① 民国《安溪清水岩志》卷上《史略》，收入《中国佛寺志丛刊》第101册，第69页。

② 民国《安溪清水岩志》卷上《史略》，收入《中国佛寺志丛刊》第101册，第71页。

表1　清水岩历代住持僧

住持僧名	主持起讫年代	备注
普足	宋元丰六年至建中靖国元年	
杨道、周明	普足圆寂后，主持岩事	为普足大弟子
惠清	宋宝庆年间至景定年间(约1225～1264)	安溪人，修建、扩建岩宇，劳苦功高
惠然	宋景定年间至宋末元初(约1264～1271)	修建永安桥等
一杲	宋末元初至元皇庆年间(约1271～1313)	重建岩宇，奠定清水岩“帝”字形建筑布局
崇远	元皇庆年间至明初（约1313～1368）	继承一杲遗志，完成岩宇建筑。建登仙楼、龙津桥。砌洋中亭
正隆	明嘉靖四十三年至万历十八年（1564～1590）	泉州开元寺僧，主持清水岩后，募建岩宇历时22年，功绩卓著，其圆寂后，清水岩主持僧形成东西楼二派
日恩 日盈	万历十八年—？ 万历十九年—？	东楼派 西楼派
慈悟 西竺	万历至崇祯 万历十九年—？	苦行勤修，普化四方。西楼派，精通文学，与仕宦交往密切
静悟	崇祯—？	素行冰清，善疗人病
冲遐	承西竺宗嗣	能通草药。西楼派，素性贞良，精诗文，与仕宦交往密切
顶觉、玄觉、惺因、惺源、法远、永觉、弥超、弥在、彻明、彻果、彻机、雪冠	康熙至雍正年间	各僧的主持起讫年代、所属东西楼派均不明。各僧均参与岩宇的修建，皆有功于清水岩
满林	乾隆～？	西楼派，有文词，募修岩宇，振兴西楼派
泽峰	乾隆～？	矢志修真东楼，整顿佛门，修理寺宇
勉求	乾隆～？	泽峰弟子，继承师业，重修寺宇，东楼派后起之秀
荷担	起讫年代不详	西楼派，不忘师志，自外归岩，克勤克俭
意求	承荷担法嗣	修真苦行，募化修理西楼之俎豆馨香，为西楼派终结者
妙云	宣统元年至民国18年(1909～1929)	智慧的徒孙
瑞兴	民国18年	妙云的长子，在厦门被杀
瑞玉	民国19年前后	瑞兴之弟，因战乱离岩

续表

住持僧名	主持起讫年代	备注
李火树	民国 21 年	众人邀请智慧派的末徒芳善主持岩事。芳善又委托李火树主持，未满一年，即离去
圆策	民国 21~28 年	
李金树	民国 28 年	仅主持几个月，又离去
礼钵	民国 30 年至 1957 年	清苦奉佛，募修岩宇
义素	1957~1960 年	
王留	1960~1966 年	历代僧侣主持岩事至此结束

表 1 据前揭书《安溪清水岩志》卷上《史略》、卷下《历世徽音》，《清水岩志》卷十二《历代主持僧概略》等制作。

值得注意的是，在清水岩住持僧中，泉州开元寺僧侣一度成为主角，明代尚书詹仰庇撰写《开元正派分基住清水岩记》，详细记载传承世系：

> 大明嘉靖甲子岁，泉州开元寺僧正隆与徒来住诸山，隆安徒众三十余人，更张二十四载。隆老，将岩事付与徒弟日恩，承住三载。至庚寅冬，隆师坐逝。其师兄日盈原系分住开元三轩，近因师故，前来共理，同住四载，退与徒弟昙勋。恩逝，付于徒弟昙俊。俊逝，付于徒弟行端。余为此山中主，备知其事，诸上人皆有功于岩者。①

自正隆主持清水岩之后，其弟子形成东楼派（又名东轩派）和西楼派（又名西派），并一直延续到清代的乾隆年间。由于文献数据记载很少，有关东楼派和西楼派的区别知之甚少。从现有数据来看，东楼派比较注重戒行，而西楼派善诗文，与官员关系比较密切。东楼派和西楼派有各自的传承世系和田产，但也不是势不两立的宗派，相反，东楼派和西楼派经常互相照应，如清乾隆年间，西楼派式微，“田变园尽，无人克承佛门”，其香火皆赖东楼派主持勉求维持，“如是者数年”，直到西楼派的荷担继任住持为止。②

---

① 光绪《清水岩志略》卷三《志乘》，第 12 页。

② 民国《安溪清水岩志》卷下《历世徽音》，收入《中国佛寺志丛刊》第 101 册，第 65 页。

七 清水祖师的迎春绕境活动

在安溪蓬莱等地，随着清水祖师信仰的扩大，逐渐形成了颇具特色的迎春绕境活动。相传此习俗早在宋代就初具规模，经元明清民国，一直延续至今。据现存记载最早清水祖师的迎春绕境活动是在清嘉庆年间，当时刚上任不久的安溪教谕谢金銮，参与处理嘉庆九年（1804）正月峣洋迎请清水祖师绕境活动，引起械斗，打死一人，有七名生员被诬为主谋的案件。谢金銮在《再上王府宪书》中简要描述了迎春绕境习俗：

> 峣洋之俗，于正月迎神为祈禳，其神曰祖师，其迎也以金鼓器械，其从者数十人，抹脸为鬼卒，少年喜事者群喧逐焉，环走山村数十里，悦其神者具酒果赛焉。①

实际上，清水祖师的迎春绕境活动要比谢金銮记载的丰富得多，其组织也相当严密。《清水岩志》对清水祖师的迎春绕境活动作了比较详尽的描述，因篇幅有限，简介如下。

迎春绕境主要在蓬莱平原点以及汤内、涂桥等地进行，按姓氏居住的自然区域，划分顶、中、下三个庵堂。各庵堂又自分为三个“保社”，每个保社再分为三个“佛头股”，共 27 股。每年迎春绕境三天，由顶、中、下三庵堂中各一个当值的佛头股负责执事，各股九年轮值一次，周而复始。若由于特殊原因无法承担者，由其他姓氏顶接。

三庵堂中轮值的三个佛头股当年的三月初一举行“拈大旗”仪式，即通过抓阄确定“大旗”“神前鼓”“车鼓亭”的分工。拈得“大旗”的佛头股，推选出一名德高望重的长者当“巡境司”，主持次年的绕境迎春的一切组织事宜。同时，还要推举出“旗头”“旗手”两人，于次年正月初二到魁斗镇西村“旗主祖师”处挖掘大旗竹。大旗竹长三丈三尺，旗布长二丈八尺左右，旗布上大书“敕封昭应广惠慈济善利大师菩萨”字样。挖

---

① 谢金銮：《二勿斋文集》卷二《再上王府宪书》，第 103 页。

大旗竹前，要备礼品祭祀一番。另外，还要通过“杯”投卜确定翌年迎春绕境的“开香”日期。“开香日”一般不超过正月初十，迎春绕境不超过元宵。如“开香日”定在初八，那么初九、初十、十一日便是“三日大迎”，十二日为“香散日”。

开香日凌晨，佛头股的各家各户，都要备办猪头五牲、青菜香果到中庵堂佛头厝祭祀，然后将祭品带回宴请宾客。下午，中庵堂的佛头股要抬清水祖师像上清水岩，其他庵堂“头人”“都会统”也要上山。翌日凌晨，齐集中殿，由岩僧主持隆重的赞礼，诵念“清水咒语”和“落座疏文”，迎请清水祖师下山绕境。清水祖师落座开迎前，还要整仪诣三忠庙（奉祀张巡、许远、岳飞），拜请“三忠火”。

在迎春绕境的三天里，要举行许多隆重而烦琐的祭祀仪式，单单从山上到鹤前的这段路程里，就要先后举行请祖师火仪式、献花献茶仪式和换衫换轿仪式。至于仪仗也十分庞大，规矩严格。“春官阵”的仪仗是：前面由一对“头人鼓”开道，接着是身穿羊羔皮夹袄、手执竹梢儿的“跑遍”，和四个执有“龙、虎、清、道”的旗牌手，两面大铜锣，一个大鼓，两支号角，四个持竹板和铁铐的“衙役”，一个两个人抬的钱柜；随后有四名穿长衫礼服、戴有色眼镜的礼生，一顶写着“清水巡境司”的红凉伞；最后是一抬挂有“清水巡境司”轿灯的春官大蓝轿，内坐“春官”。“火阵”的仪仗是：大旗前行，“肃静”“回避”板牌紧随；接着是三十六人身穿前后贴有“勇”字的衙差服，手持敕封的“驾”的队伍；再其后是由大鼓、花鼓、舞龙、舞狮、彩阁、南音、车鼓等组成的鼓乐队；随后是车鼓亭、茶花枞、火香盆、神前的“寮鼓吹”、彩绣的“清水大师”凉伞；最后是由一面大锣和僧人铙钹拥送的三辆大辇，头辆供抬圣旨牌，第二辆供抬契母妈（檀樾主刘公锐的雕像），第三辆供抬清水祖师。绕境仪仗的行走路线以及各庵堂祭祀清水祖师的地点都有严格的规定。①

自宋代以来，随着福建宗教信仰的迅猛发展，每逢神诞日或年节，各地都要举行盛大的迎神赛会活动，这成为福建民俗文化的一大奇观。闽南地区的迎神赛会最为频繁隆重，《厦门志》称：

---

① 《清水岩志》卷九《清水祖师的迎春民俗》，第67~76页。

> 满地丛祠，迎神赛会，一年之交，且居其半。①

在泉州，上元后数日，“大赛神像，妆扮故事，盛饰珠宝，钟鼓震鍧，一国若狂”。② 在漳州，宋代人陈淳指出：

> 南人好尚淫祀，而此邦尤甚。……逐庙各有迎神之礼，随月迭为迎神之会。③

清水祖师的迎春绕境活动就是在这样大背景下形成的，有三个鲜明的特点。

1. 组织严密

迎春绕境之前，蓬莱平原点以及汤内、涂桥一带的居民点是依据姓氏和自然条件各自相对独立的。迎春绕境时，根据需要将这一按姓氏居住的自然区域，划分为顶、中、下三个庵堂。各庵堂又自分为三个“保社”，每个保社再分为三个“佛头股”，从而形成了由庵堂、保社、佛头股三个层级构成的严密组织，保证每年的大规模迎春绕境活动能顺利进行。

2. 宗族参与

自古以来福建社会具有聚族而居的特点，像迎神赛会这样大型的宗教活动非个人财力所能承受，有时由大宗族独立操办，有时按姓氏轮流操办，有时则由许多不同姓氏共同操办。清水祖师的迎春绕境活动属于由许多不同姓氏共同操办的类型。如顶庵堂的三个保社九个佛头股是这样分工的：可卿保社由岭美张姓自分为三股；便元保社由溪南苏姓自分为两股，由埔顶杨姓与连顶蔡姓合为一股；虞山保社由温、陈、蔡各分一股。中庵堂的三个保社九个佛头股的分工如下：湖滨前保社由顶刘姓自分成三股；代贤保社由大熥林姓自分成三股；黄柱保社由寮内陈姓自成一股，魁头柯

① 道光《厦门志》卷一五《风俗记》，鹭江出版社，1996，第517页。

② 乾隆《泉州府志》卷二〇《风俗》，收入《中国地方志集成·福建府县志辑》第22册，上海书店出版社，2000年影印本，第490页。

③ 道光《重纂福建通志》卷五六《风俗志》，收入《中国地方志集成·福建省志辑》第4册，凤凰出版社，2011年影印本，第369页。

姓与邢厝林姓合分两股。下庵堂的三个保社九个佛头股的分工如下：魁美保社由下刘与巷口张姓、竹脚李姓合成三股；腾角保社由井边陈姓与孙、吴、杨姓合成二股，后山王姓自成一股；华美李姓与美山林姓合为一股，华美陈姓与赵姓合为一股，汤内周、邹、卢三姓合为一股。总之，参与操办清水祖师迎春绕境活动的有十七个姓氏，能将这么多姓氏联合起来，确实是一件极不容易的事。

3. 模仿官府出巡仪式

民间迎神赛会仪式五花八门，没有定规，由于受传统的官本位思想的影响，民间迎神赛会仪式有不少模仿官府甚至天子出巡仪式，以示高贵和隆重。清水祖师的迎春绕境活动中的“春官阵”模仿官府的“春官出巡”，“火阵”仪式模仿钦差出巡的色彩十分浓厚。清水祖师的迎春绕境活动之所以模仿出巡仪式，与清水祖师得到宋朝廷四次正式封赐有密切关系，在信徒看来，得到封赐的清水祖师出巡完全有资格享受与官府出巡一样甚至更隆重的待遇。

八　清水祖师信仰的传播和影响

宋代，清水祖师信仰中心区是安溪县，信仰亚中心区是泉州府各县，漳州、三明一带为散播区。这一点从向清水祖师祈雨旸、祛疾病等获感应的有关记载中得到充分的反映。

表 2　向清水祖师祈求时间、地点及事由

祈求时间	地点	事由
1156 年	安溪	祈雨
1173 年	永春	祈雨
1174 年	尤溪、永春、德化	祈雨
1179 年	安溪	祈雨
1180 年	安溪	祈雨
1199 年	长泰	祈雨
1208 年	泉州、安溪	祈雨
1209 年	泉州	祈雨
1217 年	安溪	祈雨

续表

祈求时间	地点	事由
1228~1233 年	泉州	祈雨
1265 年	安溪	祈雨
1269 年	安溪	祈雨
1164 年	南安	疾病
1166 年	南安、惠安	疾病
1173 年	永春	驱蝗、祈雨
1208 年	安溪	驱蝗

元代，清水祖师信仰继续发展。其重要标志是重建后的清水岩宇的规模大大超过宋代，如果在元代不拥有众多的信徒，要完成如此浩大的工程是不可想象的。另外，元代统治阶级对清水祖师信仰也予以扶植。大德五年（1301）三月，安溪县尹兼劝农事陈均与敦武校尉泉路安溪县达鲁花赤兼劝农事秃忽鲁等，奉朝廷谕旨，制文备疏，诣清水岩致祭清水祖师。①天历三年（1330），泉州府大旱，官府派简较吴等到清水岩迎请清水祖师神像入郡城祈雨，果然“大雨沛然”，故制“为霖”匾额送挂岩殿。②

元末至明嘉靖年间，清水祖师信仰一度衰微。一方面，清水岩庙宇遭受元末兵燹，至明初仅存佛殿一座，破屋三间；另一方面，在这 100 余年间，也无僧人主持清水岩。到了明嘉靖四十三年（1564），乡人延请开元寺僧正隆住持清水岩，才使清水祖师信仰逐渐复兴，影响进一步扩大。明末李日焜称：清水祖师的“炉火遍于闽中”。③

清末张际青在谈到清水祖师的影响时，说道：

> 自宋以来，历任郡守司牧，祷雨祈祥，靡不辄应，庙食于今八百余年矣。自上游延、建、汀、邵，以及下游福、兴、漳、泉，晋殿而分香火者，不胜纪数。④

① 民国《安溪清水岩志》卷上《祭文》，收入《中国佛寺志丛刊》第 101 册，第 85 页

② 民国《安溪清水岩志》卷上《祈雨略》，收入《中国佛寺志丛刊》第 101 册，第 81~82 页。

③ 民国《安溪清水岩志》卷上《二楼序》，收入《中国佛寺志丛刊》第 101 册，第 107 页。

④ 民国《安溪清水岩志》卷上《小引》，收入《中国佛寺志丛刊》第 101 册，第 131 页。

上述记载虽然夸大其词，但不否认，明清时期清水祖师影响超出闽南地区，清水祖师为其他一些州县的百姓所信仰。清水祖师的影响在明清时期得以进一步扩大，与安溪移民有着密切的关系。清初迁界，安溪县的郑姓等北迁到浙江温州平阳的雁荡山和闽北武夷山等地，清水祖师作为保护神也随移民传到闽北和浙江东南部。当地有许多山岩，如霞宝岩、珠帘洞、峅岫岩、青狮岩、土地公岩、天心岩、天井岩等，在这些山岩上都有供奉清水祖师的庙宇，故谚曰："有岩就有祖师公。"①

明末清初，清水祖师信仰随安溪移民传入台湾，据《台湾省通志》记载，有年代可考的台湾最早的清水祖师庙建于南明永历年间（1647～1661），共有 2 座，一座是台南市楠梓区的清福寺，另一座是彰化县二林镇的祖师庙。从雍正七年（1729）至 1949 年台湾岛内又先后建造了 73 座清水祖师庙，清水祖师成为台湾最有影响力的神灵之一。② 1994 年统计，台湾有清水祖师庙 98 座，仅台北地区就有 63 座。据统计，从 1990 年至 1993 年 9 月，以团体名义来安溪清水岩祖庙进香谒祖的台湾分庙有 70 多个，3400 多人（不含零星的台湾信徒），近年来，台湾香客来清水岩进香的络绎不绝。他们都慷慨解囊，为清水祖庙重放异彩做出贡献。③

明末，清水祖师信仰还随安溪移民传播到东南亚的马来西亚、缅甸、新加坡、印度尼西亚、菲律宾、泰国、越南等国家。最早建造的清水祖师庙是于万历二年（1574）建造的马来西亚的祖师公庙（后改名灵慈宫）。最有特色的是槟城的清水庙（俗称蛇庙），庙内各个角落盘绕小蛇，从不咬人。改革开放以来，东南亚侨胞纷纷回中国寻根谒祖，不少人来到清水岩进香，热心捐资修建清水祖庙。④

原载台湾《圆光佛学学报》1999 年第 4 期

---

① 《清水岩志》卷一〇《清水祖师与海内外的关系》，第 77 页。

② 台湾省文献委员会编《台湾省通志》卷二《人民志宗教篇·下》，众文图书股份有限公司，1980，第 48～50 页。

③ 《清水岩志》卷一〇《清水祖师与海内外的关系》，第 78 页。

④ 《清水岩志》卷一〇《清水祖师与海内外的关系》，第 79～82 页。

何乔远——与艾儒略交游的泉州士大夫

林金水

何乔远（1558~1632）是明末著名的方志学家、福建中西文化交流史上的一位重要人物。他先与耶稣会士龙华民晋接，并应其要求为殉职的葡萄牙炮手若翰哥里亚作《钦恤忠顺西洋报效若翰哥里亚墓碑铭》。后与艾儒略相交，以诗赠送，并为艾儒略的《西学凡》作序。何卒后，艾儒略参加他的葬礼，并为他作像赞。[①] 外国人为中国人作像赞，这在中西交通史上是鲜有的故事。

明末，与艾儒略交游的泉州士大夫，据李嗣玄《泰西思及艾先生行述》记载，有“吾闽则张令尹夏詹”（张赓）、“何司空匪莪”（何乔远）、“苏司徒石水”（苏茂相）、“林宗伯季翀”（林欲楫）、“蒋相国八公”（蒋德璟）等。而赠诗艾儒略的则有张瑞图、张维枢、庄际昌、周廷鑨、郑之玄、黄文照等；为艾儒略《三山论学记》作序的有大司寇苏茂相、大学士黄景昉；其他文献提到的还有吕图南、李叔元、郑孩如等。以上诸公都是何乔远的挚友。本文拟对何乔远与明末泉州士大夫之交作探讨，以黄景昉、吕图南、郑孩如、黄文照等为个案，究其他们获交艾儒略背后的历史处境和真正原因。

一　何乔远其人其事

何乔远，字穉孝，又字稚孝，号匪莪，晚号镜山，又号镜休二山人，[②]

① 林金水：《艾儒略在泉州地区史地详考》，《晋阳学刊》2016 年第 5 期，第 58~68 页。

② 李焻：《先师何镜山先生行述》，何乔远《镜山全集》卷首，陈节、张家壮点校，福建人民出版社，2015，第 69 页。

自称“镜石山人”。[①] 万历丙子（1576）经魁，授建阳教谕。[②] 万历丙戌（1586）进士，选授刑部云南司主事，擢礼部精膳司员外、仪制司郎中。万历二十四年（1596），以宗室册封本尾误遗衔名事，谪广西布政司经历。假归几三十年。[③] 何乔远“当官好为德”，宗室名封之事，责任应是他的上司主事洪桂渚，何乔远与洪桂渚为书友，曾同许敬庵等诸公论学。他认为都受处罚，不如他一人承担，足见其对友情之看重。“本尾误遗师衔名，其时洪桂渚为主事，当对读，不及详阅，师坐奏牍不恭，例罚俸三个月。中贵人从中吹求，六改旨，谪添注广西布政司经历。小史请委罪于洪公，师叱去之。洪公作一疏，愿自受，师闻而亟止之，以俱去无益。不数日，洪公改吏部，洪公曰：‘我坏何长官，尚敢就职耶?’即请告归。而师去之粤西，几微不见颜面。”何乔远被贬广西后，次年，因“温淑人先于六月不禄，旋假归”。[④] 此后，何乔远“归葺休山下，结束冠盖，不问户外事者二十七年”[⑤]。

何乔远居家27年，这是他一生中的辉煌时期，著书立说，结社讲学，倡酬吟咏，广交天下朋友。《晋江县志》云：“假归几三十年。日与缙绅游士倡酬论学，讲德考业，求书问字，益屦满。”[⑥]

万历四十年（1612），何乔远在一峰书院率“诸门人集讲其中，尝题一联于座右曰：‘人心中无私便圣，天理内行事最乐。’”[⑦] 耻躬社中与艾儒略交游的有郑孩如、黄文照。后因求学者多，次年，“复于镜山下买田家数椽为休山书院，扁其堂曰‘耻躬堂’。尝语楫：‘人当以圣贤自期，圣贤无不可为者，在刻刻提醒，无自怠弃。’”[⑧] 何乔远所创办的、从耻躬会

---

① 何乔远：《道南一脉序》，黄文炤《道南一脉》，明抄本，日本内阁文库藏，编号：8981。

② 道光《晋江县志》卷五六《人物志·文苑》，晋江县地方志编纂委员会整理，福建人民出版社，1990，第1348页。

③ 道光《晋江县志》卷三八《人物志·名宦》，晋江县地方志编纂委员会整理，第1132页。

④ 林欲楫：《先师何镜山先生行略》，何乔远《镜山全集》卷首，陈节、张家壮点校，第52页。

⑤ 黄文炤：《泰昌集序》，何乔远《镜山全集》卷首，陈节、张家壮点校，第27页。

⑥ 道光《晋江县志》卷三八《人物志·名宦》，晋江县地方志编纂委员会整理，第1132页。

⑦ 林欲楫：《先师何镜山先生行略》，何乔远《镜山全集》卷首，陈节、张家壮点校，第55页。

⑧ 林欲楫：《先师何镜山先生行略》，何乔远《镜山全集》卷首，陈节、张家壮点校，第55页。

（亦称耻躬社）到耻躬堂，修身、忏悔、养性，参加的人越来越多，“数年之间，弟子操觚执铅者益众。虽少自稚髫，僻而穷乡，持文来郢，欣动颜色。字句剖晰，咸与发蒙。每一题辄自为一文以式之，人人群坐春风化雨中也”。[①] 他制定了入社的原则，要志同道合，相互尊重，“讲求诚意之学，以不欺为主。出山惟遵守‘靖共尔位，正直是与’八字。不知门户何人，为何党，但其人之贤则友之，其议之是则同之”[②]。何乔远居家讲学，经济拮据，但他并不想通过求官来脱贫，“家贫既久，不以仕进为意，未尝通长安一书，而两台无岁不奏起，台省无日不奏闻，海内以师与邹南皋、赵侪鹤有‘四君子’之称，其一已忘其人矣”[③]。

离开仕途造就了何乔远学术上的成就。1612 年至 1616 年，何乔远《闽书》稿完成。该书是明代继黄仲昭弘治《八闽通志》之后又一部承前启后的福建史志。“闽故无志，黄仲昭始创为之，久而莫续，故弗传也。”[④] 何乔远“尽取八郡一州五十七邑之乘而遍阅之，岁佣书手二人，如在官之禄，而饩门下士二三人职其校雠，他笔札之费无算，皆师以问遗润笔诸所人，裁家用给之，无分毫縻官帑。起壬子（1612）及丙辰（1616），五年而成书。以名儒兼良史，惟师其人”[⑤]。门人郑之玄亦云：“闽志久帙，前直指山阴陆公请公为之尽，裒八郡一州五十七邑之乘，有《闽书》。”[⑥] 然而，对他后半生影响至关重要的是得到了大学士叶向高的器重。叶向高为《闽书》作序，这是在礼部尚书林欲楫引荐之下得以实现的：“癸丑岁，楫人都得侍叶文忠公，尝从容问楫：‘何稚孝何如人也？’楫曰：‘何师之文章气节，海内皆知之。其深于道学，人未必知也。’文忠曰：‘稚孝，吾未

① 林欲楫：《先师何镜山先生行略》，何乔远《镜山全集》卷首，陈节、张家壮点校，第 55~56 页。

② 林欲楫：《先师何镜山先生行略》，何乔远《镜山全集》卷首，陈节、张家壮点校，第 59 页。

③ 林欲楫：《先师何镜山先生行略》，何乔远《镜山全集》卷首，陈节、张家壮点校，第 56 页。

④ 叶向高：《闽书序》，何乔远《闽书》卷首，厦门大学《闽书》校点组校点，福建人民出版社，1995，第 5 页。

⑤ 林欲楫：《先师何镜山先生行略》，何乔远《镜山全集》卷首，陈节、张家壮点校，第 55 页。

⑥ 郑之玄：《拟请谥恤揭》，何乔远《镜山全集》附录，陈节、张家壮点校，第 1939~1940 页。

尝见其讲学。’楫曰：‘惟不讲道学，乃真道学耳。’因具述师生平得力，惟自誓、寡过、不求人知。文忠叹曰：‘粹然君子也。国家何可无此人！’以是序《闽书》。”① 叶向高序作时间是万历四十七年（1619），据称：“公家世源流，具载志末。生平笃学真修，无愧宋儒。里居二十余年，日惟谈道著书，诲引后进。于古今成败，国家典故，无不考究，谈之历历如指掌。以名儒而兼良史，惟公其人，于志闽何有?”② 从此，二人过从甚密，唱诗酬和，何乔远次韵叶向高诗四十多首，内容包括升迁、游山、节日问候、人生感悟、祝寿等；还有1篇枚乘体散文赋《七归呈叶太傅》及3篇赞文。最早一首诗是何乔远居家廿年期间受人冷落时，叶向高来泉与他交善，“放逐廿年，世厌老丑。公适来泉，慨然与友”③。何乔远感激不已作《叶进卿相国来游泉州赋赠》：“国朝廊庙盛平章，文雅但推怀麓堂。公自鉴湖无待乞，独凭鸠杖信行将。渔樵迹远同流俗，社稷心劳鉴上苍。紫帽清源环百里，大风东海起泱泱。丞相无私断扫门，素交心事对忘言。总知汲引繇来切，未必泥涂不是恩。只问青山无恙否，私夸黄阁有人存。浮生鼎鼎徒为尔，千载堪留竹帛尊。”④ 叶、何二人在镜山相会，叶向高曾作杂咏诗，何乔远酬和作《叶进卿先生见寄山中杂咏诗，率尔次答》计16首⑤。除唱和诗外，何乔远还为叶向高《苍霞续草》作序：“盖远囊岁读先生所为《苍霞草》而大有当于心，谓先生之文真可起八代之衰而非徒以今日之位望为此谀言。而先生近示《苍霞续草》，则若古柏高松，稀枝直干而郁苍之气掩映霞区，盖益简易平淡而益不可及矣！”“先生当揆辅主则平其政，处于士大夫则平其心志、平其议论而复为此平文，远徒见夫先生之文之无以加也。”⑥ 何、叶之间书信往来，现见到的有五札，其中以《上叶进卿少师书》最显二人诤友之交。该书以辽宁边事向叶向高建言，“说者

① 林欲楫：《先师何镜山先生行略》，何乔远《镜山全集》卷首，陈节、张家壮点校，第55页。

② 叶向高：《闽书序》，何乔远《闽书》卷首，厦门大学《闽书》校点组校点，第6页。

③ 何乔远：《镜山全集》卷六四《叶进卿太师诔》，陈节、张家壮点校，第1685页。

④ 何乔远：《镜山全集》卷一二《叶进卿相国来游泉州赋赠》，陈节、张家壮点校，第397页。

⑤ 何乔远：《镜山全集》卷一三《叶进卿先生见寄山中杂咏诗，率尔次答》，陈节、张家壮点校，第429页。

⑥ 何乔远：《镜山全集》卷三九《苍霞续草》，陈节、张家壮点校，第1053页。

谓阁下慈仁之过，长此安穷，率以攸行且酿成南宋之弱”。他说：“盖古人学问皆知其气质之所至，反而振之，则圣人之道可几焉。今阁下自知能为太平宰相，而不能拨乱反正，则亦在反而振之。而远所望于阁下之反而振之者，亦第如周公之诛管、蔡，孔明之罪李平、廖立而已。”何乔远最后发出肺腑之言：“远沐阁下知爱素深，今日不言，又谁为阁下言者？”①

叶向高对艾儒略所传播的天学的认同，通过他赠艾儒略诗、《职方外纪序》、《西学十诫出解序》充分地表达出来，这无疑对何乔远认识西学与天学产生很大的影响。二人信仰上的交流也可从何乔远的次韵诗中窥见一斑：“末世好佞佛，弟兄于天亲。而吾孔门徒，岂复希斯人。但付东流波，遣此羡与嗔。中怀苟有契，含心各自伸。吾非无阶梯，彼自有梁津。一日洞九天，攀跻当无因。”“世人但出门，殷勤嘱儿女。一朝乘化徂，仓卒无一语。四言是叶公诗中语。达哉至人言，天行何处所。皎皎织女星，踟蹰乱机杼。脉脉一水中，隔如汉与汝。况我尘土人，血魄徒相侣。”② 从何乔远好佞佛可以清楚地看出，他赠诗艾儒略赞成艾儒略传播天主教，同时也指出不要贬损佛教的原因所在。③

1620 年，光宗登极八日，何乔远“即起光禄少卿”④。何乔远自尊心很强，认为这不过是先帝驾崩新帝即位的恩宠，并不想出山，后来在叶向高劝驾下，赴京就任。林欲楫说：“师感泣拜命，以为大行而得迁，且龙髯再断，肠裂眦枯，不忍出山。叶文忠公书为劝驾，乃以辛酉（1621）春就道。”⑤ 何乔远于辛酉六月抵京，七月有山西典试之命，“故事，门帖回避，师曰‘吾何私哉？用形迹为！’撤之去。凡阅卷，主考只批‘取’字、‘中’字，师详悉加评订、勘瑕疵，三场皆有品第，遂拔宗生二人”⑥。此

① 何乔远：《镜山全集》卷三三《上叶进卿少师书》，陈节、张家壮点校，第 892~894 页。

② 何乔远：《镜山全集》卷一三《叶进卿先生见寄山中杂咏诗，率尔次答》，陈节、张家壮点校，第 430 页。

③ 林金水：《艾儒略在泉州地区史地详考》，《晋阳学刊》2016 年第 5 期，第 58~68 页。

④ 乾隆《泉州府志》卷四四《明列传》，收入《中国地方志集成·福建府县志辑》第 23 册，上海书店出版社，2000 年影印本，第 431 页。

⑤ 林欲楫：《先师何镜山先生行略》，何乔远《镜山全集》卷首，陈节、张家壮点校，第 56 页。

⑥ 林欲楫：《先师何镜山先生行略》，何乔远《镜山全集》卷首，陈节、张家壮点校，第 56 页。

次复职，再次体现出何乔远作为乡试主考官为国家选拔人才的高度负责的态度和不谋一己之利的品行，他曾告诫自己："吾为朝廷得士，岂我私人耶?"乡试发榜后，受到当地诸生的称赞。"录文出，南北群推第一。发榜，见诸生亲如父子。行之日，诸生追送徒步十余里，人为尽三觯。所经州邑，有父兄若子侄携果盒馈于道左者，师必为酌之。诸生至京，辄引见治饭，却其贽，并免犒役诸费。名柬不称友生，曰：'吾为朝廷得士，岂我私人耶?'"[①] 自山西返朝，何乔远"晋添注太仆少卿"[②]。此时，辽阳已失，他报国尽忠之心油然而生，"念关外日蹙，神京单危，每思慷慨自效，至自请于兵部，以京朝官四品对除旁道，事虽不果，然日日以无人分忧朝廷为叹"[③]。他提出为更好抵御清军，应引进西方的火炮：

> 奴酋作乱，失我辽左，于今五年矣。我所以御之者莫如火攻，火攻之器铳最良，铳之制造西洋国最良，发铳之法西洋国之人又最良。天启元年，太仆少卿李公之藻奉朝命治战车、炼火器。李公言于朝，请召西洋之贾于广东香山者。遂有学道人龙华民等率其族二十四人至于京师，图形上览。上嘉其忠顺，宴劳至再。居数月，教艺练药，具有成绩。朝中诸公请演于草场，发不费力，至可及远，诸公奇之。演二日，若翰哥里亚炸伤焉。上闻悼惜，赐葬于西便门外青龙桥之阳，柔远人也，奖忠义也。于是龙华民请何乔远碑之。[④]

由此可见，何乔远获交艾儒略之前，龙华民、李之藻传播西学，尤其西方科学技术和西洋火铳对何乔远产生影响，使他对明末耶稣会士在华所作所为早有所闻。他应龙华民请求作《钦恤忠顺西洋报效若翰哥里亚墓碑

① 林欲楫：《先师何镜山先生行略》，何乔远《镜山全集》卷首，陈节、张家壮点校，第56页。

② 乾隆《泉州府志》卷四四《明列传》，收入《中国地方志集成·福建府县志辑》第23册，第432页。

③ 林欲楫：《先师何镜山先生行略》，何乔远《镜山全集》卷首，陈节、张家壮点校，第57页。

④ 何乔远：《镜山全集》卷六八《钦恤忠顺西洋报效若翰哥里亚墓碑铭》，陈节、张家壮点校，第1740页。

铭》，表彰耶稣会士群体从利玛窦进贡自鸣钟到若翰哥里亚之试铳所做出的贡献。铭文如下：

> 西溟洋洋，黏天无垠。载厥瑰宝，航苇望暾。岭表海裔，以廌以屯。钟自鸣时，镜可瞩氛。复有火器，一发百奔。天子召试，御我蹄毙。水治舟艒，陆饰车鞎。教我和合，启我发喷。雹爆炸裂，死于厉熏。国觞不辞，华慕斯芹。帝锡黄壤，宠之涂輴。形图丹陛，骨配苍珉。彼酋者奴，累世陪臣。朝贡不绝，燕赐良勤。害马布帑，压手金银。一朝跳梁，悖我抚填。瘠牛其畏，瘈犬徒狺。视此翰哥，如山比蚊。彼生而殄，此殁而闻，遥遥西极，洸洸忠魂。我作铭碑，垂示廌獯。①

何乔远获交艾儒略前，是以“龙君学”统称利玛窦所传之天学。他说：“西方先辈入吾中国者，万历中有利君玛窦，今则先生（按：艾儒略），余于京师又得接龙君华民焉。余方奔走辇毂风尘下，未能深究龙君学，今在山中则朝夕艾先生矣。”② 何乔远提出“龙君学”之说，应是他在京造访龙华民，在其寓所见到西学诸书、地球仪、望远镜、西琴之后，令他耳目一新而萌生的：“今岁有西方人龙华民者来游京师。予往扣之，见其所藏先世至人之书，皆旁行手书，亡虑数百卷，岂不劳而费功哉！入其卧榻之旁，有二球焉，以测天地之圆方。有竹筒乘镜一寸许，以观天之象、度地之里，无不了然，不似中国懵懵尔也。有琴焉椟而架之，牙在弦下，抽其牙则弦鸣，如中国之琴，声非如中国简易也。”③ 何乔远有关西方科学仪器之“三亲”资料，在中西文化交流史上尚属首次披露。

天启二年（1622），何乔远“进左通政。邹元标建首善书院，朱童蒙等劾之。乔远言：‘书院上梁文实出臣手，义当并罢。’语侵童蒙”④。由此

① 何乔远：《镜山全集》卷六八《钦恤忠顺西洋报效若翰哥里亚墓碑铭》，陈节、张家壮点校，第 1740 页。

② 何乔远：《镜山全集》卷三七《西学凡序》，陈节、张家壮点校，第 1008 页。

③ 何乔远：《镜山全集》卷三七《真奇图序》，陈节、张家壮点校，第 1009 页。

④ 张廷玉：《明史》卷二四二《何乔远传》，中华书局，1974，第 6287 页。

可见，何乔远对东林党人的支持，并愿意为建首善书院与邹元标同罢免，再疏不报，“进光禄卿”。光禄寺卿“掌祭享、宴劳、酒醴、膳羞之事”[①]。何乔远居家“三十年林下，囊无一钱”[②]，他不想借此陆海之地从中捞一把，而是处心积虑为“为国节省金钱”：“盖以光禄为陆海也。师洗手自将寺积书奸猾百出，剔蠹除奸，宿弊顿销。放米皆亲坐门验发，革外解铺垫，即与交纳，解官欢呼。每月上供银，躬亲封秤，不敢委之僚吏。疏省差遣、节冗滥，疏省差宴虏，皆冀为国节省金钱。”[③] 此时，何乔远在天启帝眼里已是“白须如土地者”，“圆颅丰颐，双目凤彩，须髯尽白，如神仙中人”。[④] 何乔远每天上朝只“啖二烧饼”，一怕迟到，二怕麻烦厮仆做早餐，而“衙门又甚辽绝”。皇子生的时候，他一天两次趋朝，“如此者两次，既积劳困惫，饥饱失时，夜忽吐淤血数升，遂注籍欲归”。[⑤]

天启三年（1623），擢通政使，“言者谓其‘因病得升’”。乔远闻之，“即日出都，抗疏力辞”。[⑥] 何乔远是在城外崇恩观上疏，天启帝未允。有旨：“何某笃学清修，起用未久，不得遽去，且进退当出上命，方成法纪。”[⑦] 按常规“阁臣无出城之例”，但叶向高“躬诣观中”，尽力劝导何乔远留下，再次流露出他对何乔远的厚爱。叶向高力挽何乔远留京都，而自己却向天启帝乞休返乡，其乞休疏比何乔远要多得多，天启二年（1622）二月至天启四年（1624）七月共乞休六十七疏。[⑧] 尽管叶向高一再挽留，何乔远“再坚辞，疏凡五上，乃晋户部右侍郎以归”[⑨]。谈迁《国

---

① 张廷玉：《明史》卷七四《职官志三》，第1798页。

② 林欲楫：《先师何镜山先生行略》，何乔远《镜山全集》卷首，陈节、张家壮点校，第57页。

③ 林欲楫：《先师何镜山先生行略》，何乔远《镜山全集》卷首，陈节、张家壮点校，第57页。

④ 林欲楫：《先师何镜山先生行略》，何乔远《镜山全集》卷首，陈节、张家壮点校，第58页。

⑤ 林欲楫：《先师何镜山先生行略》，何乔远《镜山全集》卷首，陈节、张家壮点校，第58页。

⑥ 乾隆《泉州府志》卷四四《明列传》，收入《中国地方志集成·福建府县志辑》第23册，第432页。

⑦ 林欲楫：《先师何镜山先生行略》，何乔远《镜山全集》卷首，陈节、张家壮点校，第57页。

⑧ 林金水：《叶向高致仕与艾儒略入闽之研究》，《福建师范大学学报》（哲学社会科学版）2015年第2期，第115~124页。

⑨ 李清馥：《闽中理学渊源考》，凤凰出版社，2011，第782~783页。

榷》亦云："（天启四年正月）乙亥，通政使何乔远请老，进户部右侍郎。"[①] 年夏，何乔远回到泉州，"甲子（1624）夏抵里"[②]。同年七月，叶向高也允准返乡，途经杭州邀艾儒略入闽，1624 年十二月二十九日返抵福州。

何乔远第二次辞官归里，至崇祯即位复任前的 4 年时间，开始了他第二轮的结社讲学。此时，正值逆珰煽焰，何乔远躲过这一劫，"归劳镜石，青山无恙"。而其挚友邹元标遭迫害，他"寄文为奠，以写吾道之恸"。其他受害者何乔远则"贻书慰存如平生，人咸为师缩舌"[③]。在学术成就上，最著者是继续编写未完成的 74 卷《皇明文征》，"取列圣鸿藻、贤士大夫所称说，择其词之雅驯近古者，汇为一部，下及于方外、闺秀、外夷之作，无不兼采，欲令一代事功文章巍然焕然，长存天地之间。至是逐日较研，名其集曰《文征》，以卷计者七十四"[④]。1626 年春夏，何乔远获交艾儒略，二人在镜山朝夕相处，何乔远有更多机会，以艾儒略传教的言行来"深究龙君学"。

崇祯二年冬，起南京工部右侍郎，"己巳（1629）之冬，铨部以先生陪推南少司空，上特点用"。何乔远"本坚意疏辞，适奴骑阑如内地，三辅震动，道路梗涩，疏格不果上"[⑤]。何乔远以国家有事，闻警趋任，甫至南都，"即上疏言：'敌盘踞内地，须日夜挠乱之，毋以塘报为了事、截杀为虚名。请开镇江之练湖以通运道。'"[⑥] 崇祯帝嘉其"老成体国"，"署工部、户部二篆。宵夙兴寐，毫无怠旷。在户部，有《复清冗役以破窟穴考仓期以示振刷疏》。在工部，则以空乏已甚，取解不赀，无其人而有其出"。[⑦] 何乔远任职"仅二三月，侃侃敷陈，言人所不肯言，而不忍以代庖传舍一日，自溺其职。凡杂用不取库中一钱，即造几凳、柜灶皆自出钱给

① 谈迁：《国榷》卷八六，天启四年正月乙亥，中华书局，2005，第 5255 页。

② 乾隆《泉州府志》卷四四《明列传》，收入《中国地方志集成·福建府县志辑》第 23 册，第 432 页。

③ 林欲楫：《先师何镜山先生行略》，何乔远《镜山全集》卷首，陈节、张家壮点校，第 57 页。

④ 林欲楫：《先师何镜山先生行略》，何乔远《镜山全集》卷首，陈节、张家壮点校，第 59 页。

⑤ 李焻：《先师何镜山先生行述》，何乔远《镜山全集》卷首，陈节、张家壮点校，第 70 页。

⑥ 李清馥：《闽中理学渊源考》，第 783 页。

⑦ 林欲楫：《先师何镜山先生行略》，何乔远《镜山全集》卷首，陈节、张家壮点校，第 61 页。

佣，谢绝司官赂遗，曰：‘吾方为属官表率，而受其物，何以教之清正耶?’题其堂曰‘表端堂’。堂之西偏有四柏焉，复题曰‘四柏堂’，至即书四律于屏末，云：‘明岁只应从汝别，故山亦有老松关。’”[①] 可见，何乔远晚年执政依然廉洁奉公，不为私利，他以松柏傲骨峥嵘喻比自己，“破老为国儆而来”，反对他的人抓不到其辫子，唯以衰老来讥讽他。何乔远得病，早有归意，“苦痢疾，有归志”[②]。给事中卢兆龙上疏崇祯帝，“劾其衰庸”[③]。崇祯早已知道这位白须如土地者，上谕“素著清名”留他。崇祯三年（1630）十月，何乔远从《邸报》捧诵天语，即沥辞奏《乞归疏》：“为衰老乞归，仰祈恩放以谢人言事：臣顷阅邸报，见科臣卢兆龙题‘为特纠衰庸之臣等事’，内论臣龙钟已甚，当知止足。奉圣旨‘何乔远既素著清名，不必苛求。钦此’。”[④] 他深感“志气虽无时而衰，血气则有时而衰，即行放遣，以表臣守孔门近礼之初心，而又尊老氏不辱之明训”[⑤]。十二月，圣旨：“何乔远起用未久，着照旧供职，不准辞。”[⑥] 崇祯四年（1631），在万寿、元旦、千秋大礼之后，何乔远又上《乞休致疏》，以老说老，感动了崇祯帝：“今大礼已毕，而犬马齿亦七十四矣。自揣耳目艰于视听，手足艰于拜跪，揆之人理，正合归休。若徒窃名位，尸素已甚。”圣旨：“何乔远屡疏乞休，准回籍调理，以成恬尚。”[⑦] 何乔远以 74 岁余生归老山林。四月，何乔远“自南都解舟抵镜山，则八月之杪矣”[⑧]。路经武夷山，在建阳停二十余日，对朱熹和先儒在该地区活动留下的遗址和祠墓作详细考察，留下了珍贵诗文记载。先谒建阳考亭，后遍历西山莒口书林，拜谒宋代理学家蔡元定（号西山）、刘子翚（号屏山）、黄榦（号勉斋）诸先儒祠墓。作为理学家，他有幸在崇化里（今书坊）与张载子孙相

① 林欲楫：《先师何镜山先生行略》，何乔远《镜山全集》卷首，陈节、张家壮点校，第 61 页。

② 李焻：《先师何镜山先生行述》，何乔远《镜山全集》卷首，陈节、张家壮点校，第 70 页。

③ 张廷玉：《明史》卷二四二《何乔远传》，第 6287 页。

④ 何乔远：《镜山全集》卷二三《乞归疏》，陈节、张家壮点校，第 673 页。

⑤ 何乔远：《镜山全集》卷二三《乞归疏》，陈节、张家壮点校，第 674 页。

⑥ 何乔远：《镜山全集》卷二三《乞归疏》，陈节、张家壮点校，第 674 页。

⑦ 何乔远：《镜山全集》卷二三《乞归疏》，陈节、张家壮点校，第 677 页。

⑧ 林欲楫：《先师何镜山先生行略》，何乔远《镜山全集》卷首，陈节、张家壮点校，第 62 页。

会："有张横渠子孙在焉，盛暑盘礴石碑上，亲书祠记。"① 他谦卑地说："平生有志于学，老大无闻。" 但对张载的《西铭》，他说："缪自谓能通其意，敢书之祠下以告学者。" 何乔远《张横渠先生祠堂记》云："《西铭》一篇，括尽仁体，而要以完天所生为主。无常变，无死生，一以顺受天命，还秉天则，此则先生一生横绝千古之见，合之《正蒙》所论撰，多是此意。""杨龟山初年爱无差等之疑，既未能见先生本原之地，而程朱二先生理一分殊之说，似犹未呈露而使其灿然也。"② 何乔远至延平，又去拜谒杨时祠墓："买小舟入将乐谒杨龟山、游玉华洞探奇而返。"③ 八月底，何乔远抵镜山后，在每月三、八日"会讲于泉山书院，而撰讲《惩忿》、《窒欲》二解"④。这是何乔远临死前几个月的讲学，所谓"惩忿""窒欲"，即人修身养性，要从"'惩''窒'上用工夫。大凡人有不是，只是求多于人，要讨便宜，要争体面，便是忿之未惩。古人不忮不求，何等见地。若衣服、饮食、男女上头，多求便益，便是欲之未窒。克伐怨，欲不行，孔子以为未仁，鄙见谓今有人如此，已是仁人有余矣"⑤。这些说法与艾儒略传播的天主教教义是相一致的。在学术上，何乔远"欲汇列朝实录，纂为《编年》，曰：'左氏成传，厥有《国语》，吾志欲俪二书。'是秋归，益取《实录》，窜掇仁、宣二庙，至腊月脱稿。廿日，犹呼舅悌（按：何乔远子何九云，字舅悌）至前，令校订也"⑥。何乔远交代后的第三天辞世而去，时间是崇祯四年十二月二十二日子时末⑦，即 1632 年 2 月 11 日凌晨⑧。

① 林欲楫：《先师何镜山先生行略》，何乔远《镜山全集》卷首，陈节、张家壮点校，第 62 页。

② 何乔远：《镜山全集》卷五〇《张横渠先生祠堂记》，陈节、张家壮点校，第 1325 页。

③ 林欲楫：《先师何镜山先生行略》，何乔远《镜山全集》卷首，陈节、张家壮点校，第 62 页。

④ 林欲楫：《先师何镜山先生行略》，何乔远《镜山全集》卷首，陈节、张家壮点校，第 62 页。

⑤ 林欲楫：《先师何镜山先生行略》，何乔远《镜山全集》卷首，陈节、张家壮点校，第 62 页。

⑥ 林欲楫：《先师何镜山先生行略》，何乔远《镜山全集》卷首，陈节、张家壮点校，第 62 页。

⑦ 林欲楫：《先师何镜山先生行略》，何乔远《镜山全集》卷首，陈节、张家壮点校，第 65 页。

⑧ 林金水：《艾儒略在泉州地区史地详考》，《晋阳学刊》2016 年第 5 期，第 58~68 页。

二　何乔远与《三山论学记》序作者

何乔远交游的泉州缙绅圈中，为艾儒略《三山论学记》作序的有大司寇苏茂相①和大学士黄景昉。黄景昉《三山论学记》序：

读蒙庄氏有云：尧问道于许由，许由问于齿缺，齿缺问于王倪，王倪问于披衣，意谓寓言。今观叶文忠师相之与泰西氏论学也，一晤谈间乃有八万里辽邈之势，洪荒前事，乃真有之耳。泰西氏之学，详具《纪》中。凡吾儒言理言气言无极太极，皆见为执，有滞象，物于物而不化之具。其摈释氏尤力，微词奥旨，大都以劝善忏过为宗。文忠所疑难十数端，多吾辈意中喀喀欲吐之语，泰西氏亦迎机解之。撞钟攻木，各极佳致。语云不发横难，不得纵说。其谓是乎？愚按天之与帝，明分二体。地法天，天法道，道法自然，虽老氏颇亦言及，然降衷昭事，载在《诗》《书》可考也。谓天地之大，别有主之者，理所必然。愚闻之艾思及先生曰："我欧逻巴人国主之外，盖有教化主焉，其职专以善诱人。国主传子，教化主传贤；国主为君，教化主为师。"若然则二柄之难于兼合，即泰西氏亦虑之矣。然其人咸越八万里而来，重译絫期，始习吾中华文字，如痿再伸、如壮再稚。以余所交如思及先生，恭悫廉退，尤俨然大儒风格，是则可重也。嗟乎以彼大儒风格，特见于重译絫期之久，八万里之遥，而吾辈安坐饱食，目不窥井外，乃靦焉议其区区得失，是则可愧也。湘隐居士黄景昉拜题。②

从序中可以看出他与艾儒略之交和对艾氏的推崇。序除了从东西方同心同理、天儒一家来看三山论学的大意外，它切中时弊，直接点出了三山论学的时代意义，把叶向高提出的问题归结为叶向高内心积压的对明末阉

① 因篇幅有限，有关苏茂相与何乔远相交，笔者另文撰写。

② 周駬方编校《明末清初天主教史文献丛编》，国家图书馆出版社，2001，第77~78页。

党的愤憎及对熹宗皇帝的失望。所谓“文忠所疑难十数端，多吾辈意中喀喀欲吐之语”，指的正是当时仁人志士想说而不敢说的一些政治问题。因此，黄景昉《三山论学记》序的政治意义更胜于其宗教的意义。

天启二年（1622），黄景昉在京与何乔远相晤。何乔远长黄景昉38岁，时何乔远年逾甲子，黄景昉方廿岁多。他侃侃而谈，为何乔远所器重，“司空何公乔远，邑名德长者。壬戌余始识之京师，尝夜侍露坐论文，余狂率颇陈所见，公喜。越日以所撰著属余评隲，手柬云：‘前辈文章多因身后被后生驳坏，欧阳公所谓不怕先生骂，怕后生笑也。’余时以学未成，固谢不敢。公诗文有逼真古人处，余夙枕籍其中”[①]。所著指《名山藏》，从何乔远以著求正黄景昉，亦可看出何乔远的师道风范。

黄景昉（1596~1662），字太穉，号东崖。“好古能文，七岁作顾鸿雁麋鹿，时艺即‘博赡陆离’。天启乙丑（1625）进士，选庶常。时阉焰方炽，乃假归。戊辰（1628）授编修，纂《熹宗实录》，历官庶子，直日讲。”[②] 崇祯四年（1631），丁忧归，居家两年，“余以辛未（1631）夏，奔父讣归。家居二载，不复问人世事。值癸酉（1333）秋，伯兄可文举于乡，姑出与应酬”[③]。崇祯十一年（1638）上御经筵，问用人之道，景昉言近日考选不公等事。寻进少詹事[④]。十二年（1639），居家。“余己卯家居，秋忽病，病中屡呓语云：‘魏文帝王索太后册文甚急’，不测何解。愈后为家人所强，姑谬草数语焚之，携药饵行。中途始全平复，以逼腊入都。”[⑤]“十五年（1642）六月，由詹事与蒋德璟、吴甡并相，明年并加太子少保、户部尚书、文渊阁大学士，未几引归。计在阁十阅月，以癸未（1643）九月出都，甲申都城陷。”[⑥] 黄景昉称：“余以癸未（1643）秋谢政归，逼腊抵里。”[⑦]“唐王时召入直，未几，复告归，家居十余年，以著述为事。”[⑧]

---

① 黄景昉：《宦梦录》，收入《罗氏雪堂藏书遗珍》第9册，康熙二十三年抄本，全国图书馆文献缩微复制中心，2001，第71页。

② 道光《晋江县志》卷五六《人物志·文苑》，晋江县地方志编纂委员会整理，第1350页。

③ 黄景昉：《宦梦录》，收入《罗氏雪堂藏书遗珍》第9册，第128页。

④ 道光《晋江县志》卷五六《人物志·文苑》，晋江县地方志编纂委员会整理，第1350页。

⑤ 黄景昉：《宦梦录》，收入《罗氏雪堂藏书遗珍》第9册，第168页。

⑥ 道光《晋江县志》卷五六《人物志·文苑》，晋江县地方志编纂委员会整理，第1350页。

⑦ 黄景昉：《宦梦录》，收入《罗氏雪堂藏书遗珍》第9册，第63页。

⑧ 道光《晋江县志》卷五六《人物志·文苑》，晋江县地方志编纂委员会整理，第1350页。

黄景昉的官宦生涯，从天启四年迄崇祯十六年（1624~1643），“余囊滞公车十年，通籍仕宦者十有九年，至癸未四十八岁而梦醒矣”。[①] 黄景昉著有《馆阁旧事》《读史唯疑》《明史唯疑》《宦梦录》《经史要论》《经史汇对》《古今明堂记》等书[②]。

黄景昉父与何乔远均在崇祯四年西去。十二月，何乔远身故后，黄景昉居家为何乔远作《祭何镜山先生文》，以一饭之谊，毕生不忘，对何乔远为学、为官、为人做出评价：“若乃谏章慷慨，史笔峥嵘，藏副《名山》，负《左》《国》素臣之志；披缨同室，销潢池赤子之兵。虽躬遇四朝，立朝也，不能数岁；虽班跻九列，没之日，无足帛寸镪之或赢。惟是斯文未坠地之铳，与夫一饭不忘君之谊，孜孜矻矻，以毕此生。所以学者有所慕，仕者有所程。”[③] 何乔远一生“盖始终四朝，先后一节。论学以诚意躬行为主，立朝以靖共正直为先。安贫味道以疗饥，译经纂史而忘老”[④]。对何乔远的贡献和奖掖后学，黄景昉的报答为反哺于何氏子孙。他以左春坊左谕德兼翰林院侍读之名联合在京同乡士绅等 20 人上《请复谥荫揭》，“揭为名臣全恤未沾，同乡公论尚郁，仰祈查议，赐复荫子易名，以光大典、以昭公道事”。以“凡侍郎加赠尚书，俱蒙荫子，所援诸例，历历允符”，祈求工部“俯采公道，先将荫典查里速覆，乃移咨礼部，并与议谥”[⑤]。揭中同乡士绅还包括与艾儒略交游的周廷鑨、张维枢弟张维机。

何乔远交游的泉州士大夫中，与黄景昉相交的有苏茂相。苏氏是他难得之友，“司寇苏公茂相初得余乡举牍，颇见奇，手柬奖籍特治具款。余公自学宪家居，文弘奖风流，后起至大官，微有身名，具泰之目，然在世路中犹为难得”[⑥]。黄景昉与苏茂相姻亲李叔元（见下文）亦有结交，“光禄李公叔元家居，数与余通问好。……自云与苏司寇茂相数十年同籍姻

---

① 黄景昉：《宦梦录》，收入《罗氏雪堂藏书遗珍》第 9 册，第 64 页。

② 道光《晋江县志》卷五六《人物志 · 文苑》，晋江县地方志编纂委员会整理，第 1350 页。

③ 黄景昉：《祭何镜山先生文》，何乔远《镜山全集》附录，陈节、张家壮点校，第 1926 页。

④ 黄景昉：《请复谥荫揭》，何乔远《镜山全集》附录，陈节、张家壮点校，第 1941 页。

⑤ 黄景昉：《请复谥荫揭》，何乔远《镜山全集》附录，陈节、张家壮点校，第 1941~1942 页。

⑥ 黄景昉：《宦梦录》，收入《罗氏雪堂藏书遗珍》第 9 册，第 69 页。

好”[①]。此外，黄景昉还与同里人内阁张瑞图交往，张瑞图书法与邢侗、米万钟、董其昌齐名。黄景昉在《宦梦录》中道出了张瑞图为魏珰建祠书碑而悔恨的心情：“旧辅张公瑞图自里中遗余书云，忆初第谒李文节（按：李廷机卒，谥文节），为述所闻于申文定（按：申时行卒，谥文定）者，曰：‘识人多立朝难，又谓不肖字不必写。’此事到底有是非，由今思之，文节公真圣人也。张公以善书名处天启丙寅丁卯间，复用为累。事后盖深悔之，不止韦仲将（按：韦诞，字仲将）头白之恨。”[②] 李嗣玄记载的“蒋相国八公”与“冢宰曾公二云”[③]，前者与黄景昉同年升为礼部尚书兼东阁大学士，黄景昉说：“同邑蒋公德璟，以癸酉（1633）南闱事回奏。时主考丁进业草职，势垂剧。余诣钱公壬升邸力言之，既得旨。钱贻余札云：‘令亲事已奉，处分及于宽政，皆圣恩也。先此奉慰。’蒋得降级照旧，实钱公偕何公吾驺力。”[④] 后者曾樱，字仲含，号二云，崇祯四年任兵巡兴泉道、参政[⑤]，是艾儒略在泉州传教的保护伞。“兵宪曾公樱尝于讲社，极言士大夫宜安贫。余曰：‘以愚所见只安富足矣。’曾驳问：‘何故？’余曰：‘公试观海内仕绅哪个是真贫的？自通籍后，谁无数亩之田、数椽之屋，但肯安心于此，勿复生事旁求，即以称贤士大夫可也。’坐颇称善，谓余言阴中世情。”[⑥] 黄景昉梦宦之言，今人读之仍有其意义。明末状元庄际昌亦赠诗艾儒略，与黄景昉乡试会试同科，二人饮酒吐戏言：“宫庶庄公际昌，余乡举同籍，己未（1619）与之连寓。初得会元，报为色动，即庄亦不自意也。既以鼎元归，每遇观者如堵。尝邀余辈诣其乡，遇署月偏袒行酒，戏云古语：三世仕宦方知著衣吃饭，明吃饭著衣之未易也。性特开爽，以廷试牍一字偶误贻讥，无伤盛德。”[⑦] 黄景昉与何乔远门生郑之玄亦有交往：“宫赞郑公之玄，负绝代才，夙爱余诸生，文比偕计，

① 黄景昉：《宦梦录》，收入《罗氏雪堂藏书遗珍》第9册，第88页。

② 黄景昉：《宦梦录》，收入《罗氏雪堂藏书遗珍》第9册，第88页。

③ 原作“一云”，误。

④ 黄景昉：《宦梦录》，收入《罗氏雪堂藏书遗珍》第9册，第131页。

⑤ 乾隆《泉州府志》卷三〇《名宦》，收入《中国地方志集成·福建府县志辑》第23册，第31页。

⑥ 黄景昉：《宦梦录》，收入《罗氏雪堂藏书遗珍》第9册，第129页。

⑦ 黄景昉：《宦梦录》，收入《罗氏雪堂藏书遗珍》第9册，第70页。

遂与之交。公文视余异趣，顾盛相契洽。”①

何乔远交游的泉州士大夫，除了同里同朝同籍同官之外，还有几位闽中理学家。

三 何乔远与闽中理学家

闽中理学在隆庆、万历之后，灯而燃之，学脉火传，形成了各种学派。《闽中理学渊源考》云：“隆、万后，吾乡宿望老成接踵相起，惟时学术分离，乡前辈尤守旧矩，界限甚严。其扶树世教，底柱狂澜，诸家集中可证也。”② 间尝考当时所推者，按所学所守分类，与本文相关的有吕天池之守正、郑孩如之治经、黄季弢之讲席等，“稽其出处本末，升沉显晦，各成所学所守，而风流余范卓然可以待质后世。据其迹而论其心，盖人物是非必百年论定，一代川岳英灵之萃，亦于是而可征矣”③。吕天池、郑孩如、黄季弢均与艾儒略交游，又都是何乔远至交。

吕天池，名图南，字尔抟，号天池，南安人，居晋江。“万历二十六年进士，授中书舍人，历礼部郎。擢为御史，出按粤西、浙江。寻谢病归。天启初，起为南京通政司右参议。”④ 天启七年二月丁巳，“右通政吕图南为通政使”⑤。“时珰焰方张，有监生陆万龄等请祀珰文庙，李映日等请加九锡封王，俱严驳不上。庄烈帝赐敕有‘心事皎然，守正不阿’之语，加左都御史，旋改南京户部侍郎，总督粮储。是时江宁饥，军士聚众嚣谇，变且不测。上疏乞留漕粮三十万。又截三关税银七万，不俟俞旨，便宜给发，奋然以身家易数十万军民生命，用是忤旨，归。家居十余年，筑白衣洋、清洋陂二水利，乡人赖之。岁时闭影斋居，轶宕书史与修武荣、清溪诸邑志。”⑥ 吕图南与张瑞图、庄际昌、李叔元于 1626 年获交艾

① 黄景昉：《宦梦录》，收入《罗氏雪堂藏书遗珍》第 9 册，第 73 页。

② 李清馥：《闽中理学渊源考》，第 800 页。

③ 李清馥：《闽中理学渊源考》，第 800 页。

④ 李清馥：《闽中理学渊源考》，第 806 页。

⑤ 谈迁：《国榷》卷八八，天启七年二月丁巳，第 5356 页。

⑥ 乾隆《泉州府志》卷四四《明列传》，收入《中国地方志集成·福建府县志辑》第 23 册，第 454 页。

儒略。吕图南《读泰西诸书序》云："家居十余年，户外屦鲜。今春乃与李瑞和、张无画（张瑞图，字无画）、庄景说（庄际昌，字景说）所获交艾先生，把臂最久，领益最微，而所阅最多。"① 李瑞和，笔者考其为李叔元②。"图南善书法，与张瑞图相伯仲，珰皆悦之。然图南以自重完璞，张以轻试贻议。珰既败，张叹曰：'不谓真男子，竟被吕氏做成，天乎？人乎？'卒年七十二。"③ 吕、张二人同为书法家，同时获交艾儒略，但在与魏珰抗忤中，张瑞图因站错队而后悔不已。

吕图南与何乔远"两家至笃挚"。何乔远长期里居，家徒四壁，修何氏祠堂，得到吕图南的捐助，"庚戌（1610），今少司农吕天池先生按粤，念师故贫，为括寄藩幕中俸金，而祠堂成矣"④。何乔远为吕图南父祝寿作《寿吕封公序》⑤。吕图南花甲之年，何乔远作《寿吕尔博序》，"引海以寿先生"，"予与先生皆海客也，而先生所居去海尤近"。⑥ 何乔远对其服官评价云："尔博吕先生起家右省郎仪曹，擢御史按粤、浙二藩，凡文武抡才之役、洗冤泽物之政、绥边靖海之略，悉为朝家毕力竭智。"⑦

郑孩如，名维岳，字申甫，别号还如，南安人。"万历丙子乡荐第二人，博学久不第，铨遂昌教谕。夙学负重名，生徒执经受业，尽诚开导，脱略形迹。转五河知县，立方田法，浚淮河，督赋役平均，升曲靖府同知。以母老归养。"⑧ 所著有《大学存古》《中庸明宗》《论语学脉》《孟子圣谛》《四书正脉》《四书定说》《礼记解》《四书知新日录》《易经密义》《易经意言》《群书考采录》等 11 部⑨。

---

① 刘凝编《天学集解》卷一，第 19~20 页。

② 林金水：《艾儒略与〈闽中诸公赠诗〉研究》，（台湾）《清华学报》第 44 卷第 1 期，第 61~108 页。

③ 乾隆《泉州府志》卷四四《明列传》，收入《中国地方志集成·福建府县志辑》第 23 册，第 454 页。

④ 林欲楫：《先师何镜山先生行略》，何乔远《镜山全集》卷首，陈节、张家壮点校，第 55 页。

⑤ 何乔远：《镜山全集》卷四五《寿吕封公序》，陈节、张家壮点校，第 1204 页。

⑥ 何乔远：《镜山全集》卷四七《寿吕尔博序》，陈节、张家壮点校，第 1252 页。

⑦ 何乔远：《镜山全集》卷四七《寿吕尔博序》，陈节、张家壮点校，第 1251 页。

⑧ 乾隆《泉州府志》卷五四《明列传》，收入《中国地方志集成·福建府县志辑》第 23 册，第 85 页。

⑨ 乾隆《泉州府志》卷七四《艺文》，收入《中国地方志集成·福建府县志辑》第 24 册，第 615 页。

郑孩如为一代名人，学问文章显天下，“一时名士如郑孩如、李衷一（李光缙）、何匪莪诸公并称，许以为后学楷式”[①]。清代南安知县邹召南《新建丰州书院碑记》云：“南邑，古丰州地也，负山抱海，名人代起。自唐欧阳行周与韩、李诸君子同出陆宣公之门，时号为龙虎榜。至宋刘禹谟、柯仲常，明傅锦泉、郑孩如诸公并以学问文章显天下。”[②] 洪启睿《重修九日山石佛亭碑记》称之“有德有言，名重乡国”[③]。南安乡人曾为郑孩如立牌坊：“两科俊彦坊，为癸酉科解元苏浚、丙子经魁郑维岳等立。”[④] 郑孩如治经，“遍窥群书，尤邃于《易》，究心圣学，兼通禅理，每讲经，论辨无穷，恒借禅理以发圣学。又于天文、地理、乐律、兵刑无不究心”[⑤]。他自称“余治《易》者也”[⑥]。

对于郑孩如之治经，与利玛窦交游的汤显祖给予了很高的评价，汤显祖《答郑孩如》云：“尊经数语，琰琬千秋。不佞何幸，徼齿于仁人长者。计最当遂听尚书履声。中州士民更得一迟飞舄否。”[⑦] 郑孩如还同黄季弢在何乔远所修一峰书院讲学。何乔远于每月三、八日，与郑孩如、黄季弢等“诸公及诸门人集讲其中，以‘耻躬’名会。每腊月，则欲会中诸君循省自家一岁之中善念几多，恶念几多，此则渐渐有改过迁善，近裹着己之意”[⑧]。何乔远与郑孩如之深交，还可从《与郑申甫书》中得到佐证。信中二人商谈性命之学问题，“弟‘躬行’二字，盖真见夫实践之难。圣人一生工夫，皆从下学上达做去，而以语诸友，便欲高谈性命，侈言合一。而

① 李清馥：《闽中理学渊源考》，第 797 页。

② 民国《南安县志》卷四六《艺文志》，收入《中国地方志集成·福建府县志辑》第 28 册，第 440 页。

③ 民国《南安县志》卷四六《艺文志》，收入《中国地方志集成·福建府县志辑》第 28 册，第 433 页。

④ 民国《南安县志》卷四六《艺文志》，收入《中国地方志集成·福建府县志辑》第 28 册，第 440 页。

⑤ 乾隆《泉州府志》卷五四《明列传》，收入《中国地方志集成·福建府县志辑》第 24 册，第 85 页。

⑥ 郑孩如：《月令采奇序》，收入《岁时习俗资料汇编·月令采奇》第 8 册，日本内阁藏明万历四十七年己未刊本，台北艺文印书馆影印本，1970，第 9~10 页。

⑦ 汤显祖：《玉茗堂全集》卷五《尺牍》，《汤显祖诗文集》下册，徐朔方笺校，上海古籍出版社，1982，第 1407 页。

⑧ 林欲楫：《先师何镜山先生行略》，何乔远《镜山全集》卷首，陈节、张家壮点校，第 55 页。

吾兄最为潜心学问者”①。

郑孩如于崇祯己巳冬（1629 年 11 月中旬），艾儒略第三次抵泉州时，与艾氏相交。

黄季弢与何乔远为学友，尤受何乔远推重，人称黄布衣先生。黄文照（1556～1651），字丽甫，号季弢，同安人。黄文照为晋江诸生久困，后谢去，“专性命之学，潜心力行，述经谈道，其于朱、陆、王氏异同，一以朱子晚年定论为折衷，郡缙绅皆敬异之，而何乔远尤加推重，尝疏荐于朝”②。何乔远曾向叶向高推荐此人，其《答叶进卿相国书》云：“百世之下，亦知何生当时得追随天下名公如此也。黄友文照，布衣中最号有意思者。”③ 黄文照自比明初漳州理学家陈布衣真晟（1411～1474），“日以谈道为事”④。何乔远第二次归里，邀黄文照等再次兴学讲道，“其所与讲德、问业、求书、辨字，仍接踵至，益与社中切磋躬行之学。朱文公祠故为泉山书院，与黄季弢、张玄中诸公，鸠同志新之，而集讲其中，虽寒暑风雨不辍，郡邑两庠博士咸贽侍弟子列，彬彬如也”⑤。黄文照《泰昌序》亦云：予友稺孝“与余辈讲延平四先生（按：杨时、罗从彦、李侗、朱熹）之学者，月一再回，虽风雨岁除不废焉”。⑥ 黄文照除同上述郑孩如外，还与曾樱等缙绅一起集讲一峰书院。乙亥岁（1635），时何乔远已逝世，“直指张应星偕曾樱率僚属至一峰书院听讲，郡绅士毕集，应昌与曾樱、黄文照各出讲章”⑦。黄文照在乡讲学，得到里人的肯定：“近日黄季弢布衣结社升文，里仁为美。童冠与偕，一歌一咏，犹有先民之典型焉。”⑧ 黄文照著有《道南一脉》《两孝经》《仁诠》《太极图》《理学经纬》诸书。叶向高为《两孝经》作序曰：“《两孝经》者，季弢取礼经之言孝者，汇而列

---

① 何乔远：《镜山全集》卷三三《与郑申甫书》，陈节、张家壮点校，第 886～887 页。

② 乾隆《泉州府志》卷五四《明列传》，收入《中国地方志集成·福建府县志辑》第 23 册，第 92 页。

③ 何乔远：《镜山全集》卷三三《答叶进卿相国书》，陈节、张家壮点校，第 876 页。

④ 李清馥：《闽中理学渊源考》，第 803 页。

⑤ 林欲楫：《先师何镜山先生行略》，何乔远《镜山全集》卷首，陈节、张家壮点校，第 59 页。

⑥ 黄文炤：《泰昌集序》，何乔远《镜山全集》卷首，陈节、张家壮点校，第 27 页。

⑦ 乾隆《泉州府志》卷四四《明列传》，收入《中国地方志集成·福建府县志辑》第 23 册，第 467 页。

⑧ 道光《晋江县志》卷一二《古迹志》，晋江县地方志编纂委员会整理，第 245 页。

之，以俪于孝经，故称两也。孝经大而礼经，详如大学之经传互证，但事不分属，义各自见，故不可为传而并称经，即此两经而六经之蕴具矣。”[①]何乔远为《道南一脉》作序。《道南一脉》又作《道南一脉诸儒列传》，“黄季弢氏辑《道南一脉》，自宋讫我朝缙绅章缝之士，得与斯道志，盖二百九十人”[②]。郑孩如参与卷一之订稿[③]。

黄文照有赠艾儒略诗：“绝徼梯航来献琛，袖珍一箧胜球琳。八行译出全倾橐，六籍参同总盍簪。沧海无波风最远，西方有圣信而今。吾徒休讶亚尼玛[④]，邃古虞廷这道心。”[⑤] 该诗不但肯定耶稣会士进献的珍宝，而且赞扬艾儒略所传播的西方天主教与中国远古人的信仰如出一辙，中西儒耶两种异议学说是可以相融合的。

黄文照“晚又以《易》学著。隐温陵南台山中，尝出游大江以南，至云间访陈氏继儒论业，大相欢契”[⑥]。黄文照隐居南台山，何乔远曾去造访，作《黄季弢修南台山寺诗二首》：“山中已筑读书台，又学杏坛九仞开。大地乾坤收眼底，四天风雨入怀来。峰腰矗矗几悬绠，山骨棱棱绝片苔。老矣何时同一宿，夜深拾得朗光回。”“曾谒文殊上五台，此中不啻彼中开。只缘大内赉金护，不比道人托钵来。终岁白云惟恋树，何年金卵化从苔。请看匡续庐峰隐，终生都绝一来回。”[⑦] 黄文照不仅与何乔远友交至深，与苏茂相亦交好。黄、何二人曾在黄文照斋中对酌，怀念苏茂相，何乔远作《黄季弢菊花下怀苏弘家尚宝》：“踪迹稀疏过草堂，栏楹微见稍更张。白头藉在芳樽满，黄菊参差小径香。南国秋迟开十月，北山烟暖透斜

① 乾隆《泉州府志》卷五四《明文苑》，收入《中国地方志集成·福建府县志辑》第23册，第93页。

② 何乔远：《道南一脉序》，黄文炤《道南一脉》。笔者考为287人。

③ 何乔远：《道南一脉序》，黄文炤《道南一脉》。

④ 亚尼玛：anima（yanima）的音译，灵魂。艾儒略《性学粗述》提到“亚尼玛”：“天地四行金石等物之模，虽皆有形体而无生长，第名曰：‘模’，不名曰‘魂’。若夫活模，西士谓之亚尼玛，此或称之为魂，即属活物之性也。”（载 NicolasStandaert《耶稣会罗马档案馆明清天主教文献》第6册，台北利氏学社，2002，第103页。）

⑤ 叶向高等：《闽中诸公赠泰西先生诗初集》，吴湘湘《天主教东传文献编》，台湾学生书局，1965，第652页。

⑥ 李清馥：《闽中理学渊源考》，第803页。

⑦ 何乔远：《镜山全集》卷一七《黄季弢修南台山寺诗二首》，陈节、张家壮点校，第539页。

阳。南都遥忆无些事，待漏朝靴不上霜。”[①] 何、黄二人唱和的诗还有《黄季弢斋中玉兰花》：“玉兰花发近新阳，一叶未生万蕊香。寒似雪光初晃帐，影疑月色半过墙。谢庭宝树宁他物，隋苑琼枝不异芳。闭户先生翻易罢，披襟相对日为长。”[②]《季弢以大篇贺余儿晬，依韵》：“老怯河魁不在房，舞筵今笑郭家郎。宾朋浊酒难供醉，灯烛茅斋听自光。聊借笑啼娱老目，不求长大继书香。贺诗忽接黄居士，胜听双成奏八琅。”[③]《黄丽甫从予东游而归，逢其生日，子庆之求诗为寿》：“黄子强年赋壮游，遍行江左穷闽瓯。山林礼乐同吾好，奏疏文章藉尔留。此度屐齿兴不浅，将来笔阵滚宁休。我衰百愿未酬一，接轸全资继后遒。”[④] 何乔远与黄文照除赋诗唱和外，还有书信来往，黄文照向他致信欲求知遇名臣，何乔远《答黄季弢问国朝知遇名臣书》云：“本朝人物本自稀少，其一以举业出身，半生尚未问道；其一官员稀少，一人常苦鞅掌，无暇读书明理；其一法度太严，堂陛隔绝，难以展布，国初由甚；其一自外官入者，浮湛外服，意气稍沮，入朝当事，多是模棱；其一内官暗地用事，国朝中叶尤甚。所以欲求终始知遇之人，甚是难得。”[⑤] 何乔远回札既反映出黄文照内心的追求，也真实道出明末官场的实际状况。黄文照“平生至老，手不释卷。性好奖士类，遇人有片善，必极引重念及。朝家宵旰忧勤，内外多故，疏床敝席，不敢自逸，见者皆为之兴感”[⑥]。崇祯十一年（1638），南安内乱，黄文照同兴泉道曾樱以讲学化解内部矛盾：“崇祯戊寅，南安仓猝之变，走者相望，富家巨室不知所为。照与监司峡江曾樱讲学于笋江，出片纸开谕之，立散，人服其德化。”[⑦] 隆武帝在福州建都，吏部尚书张肯堂荐疏曰：“品

---

① 何乔远：《镜山全集》卷一三《黄季弢菊花下怀苏弘家尚宝》，陈节、张家壮点校，第410页。

② 何乔远：《镜山全集》卷一四《黄季弢斋中玉兰花》，陈节、张家壮点校，第454页。

③ 何乔远：《镜山全集》卷一七《季弢以大篇贺余儿晬，依韵》，陈节、张家壮点校，第537页。

④ 何乔远：《镜山全集》卷一七《黄丽甫从予东游而归，逢其生日，子庆之求诗为寿》，陈节、张家壮点校，第584~585页。

⑤ 何乔远：《镜山全集》卷三三《答黄季弢问国朝知遇名臣书》，陈节、张家壮点校，第883页。

⑥ 李清馥：《闽中理学渊源考》，第803页。

⑦ 李清馥：《闽中理学渊源考》，第803页。

高嵩岱，学溯关闽，不但乡邦羽仪，实为盛朝蓍蔡，行年九十，称道不乱，忧国倍殷，屡登荐剡，未受恩纶，允宜特授国子监学正职衔，仍行有司以礼存问。”① 隆武帝授黄文照为国子监学正，黄文照坚辞不就，隆武帝赐给他“天恩存问”匾额，并拨地方官银300两，以供其著书之用，时人称其为“聘君峨山黄先生”②。值得一提的是，黄文照书法亦有造诣，深受琉球国的青睐，“乙酉（1645）年，登九十。琉球国入贡，道温陵者，以币乞书，却之”③。黄文照“屏嗜寡欲，绝识去智，以圣贤之书愉其志，以朋友之聚饬其躬，枯坐一室，著述万卷，八十年来有如一日”④，年九十六终⑤。李清馥《闽中理学渊源考》作“年九十三卒”⑥。黄文照死后不入葬，棺材吊在三秀山的雪山岩中，以示“生不戴清朝天，死亦不履清朝地”的气节⑦。

小结

从以上所述可以看出，艾儒略与泉州诸公之交，除了受他们之间同里同朝同籍同官同学影响之外，更重要的因素是何乔远个人与耶稣会士结下的情结。何乔远对耶稣会士及其所传播的西学和天学的认识和趋同并非一时形成，以天启六年为分界点，大致可分为前后两个时期：早期在京服官对利玛窦传播西学已有所闻，到万历末与龙华民晋接，亲眼看到耶稣会士传入的西方科学技术以及他们为挽救辽宁危机的献身精神；后期何乔远与艾儒略在镜山相处，亲自聆听艾儒略之说教。中国士大夫从信仰上认识西方天主教之真谛固然有必要，但当它从西方向东方移植时，外来文化面临

---

① 乾隆《泉州府志》卷五四《明文苑》，收入《中国地方志集成·福建府县志辑》第23册，第93页。

② 《泉州人名录（黄一四卷）》，泉州历史网，http：//qzhnet. dnscn. cn/qzh429. htm。

③ 乾隆《泉州府志》卷五四《明文苑》，收入《中国地方志集成·福建府县志辑》第23册，第93页。

④ 李清馥：《闽中理学渊源考》，第803页。

⑤ 乾隆《泉州府志》卷五四《明文苑》，收入《中国地方志集成·福建府县志辑》第23册，第93页。

⑥ 李清馥：《闽中理学渊源考》，第803页。

⑦ 《泉州人名录（黄一二卷）》，泉州历史网，http：//qzhnet. dnscn. cn/qzh228. htm。

的是被接纳抑或被排斥的不同命运。它将取决于在中国这个特定的历史处境下，士大夫相互之间对它的考察和认识。万历年间，利玛窦入华之始，之所以得到绝大多数缙绅的肯定，固然与“传播者”一方，“利玛窦规矩”之影响密不可分。但“接受者”这一方，士大夫同样对利玛窦之说作考察和发表他们的看法，但在缙绅中他们所占有的话语的权重指数是不相同的。这种权重指数取决于他们的地位和在明末社会中的威望与影响。如徐光启翻译《几何原本》，他对以利玛窦为首的耶稣会士发出的声音权重指数最高，乃至今天中国的教科书中提到徐光启，仍把他与利玛窦相提并论。同样，天启年间叶向高邀请艾儒略入闽，作为三朝元老，他说话的分量一言九鼎。对泉州士大夫来说，叶向高毕竟远离他们，而何乔远作为叶向高知爱素深之友，又是学界执牛耳的领军人物，就生活在他们中间。明末在泉州“以朋友之聚饬其躬”风气之下，何乔远与艾儒略交善的一言一行，无不影响着泉州诸公对艾儒略的认知，并代替了他们自身的实际考察和评判，从而纷纷与艾儒略结交。因此，由叶向高，而艾儒略，而何乔远，是探讨艾儒略与泉州诸公相交离不开的一条主线。艾儒略个人的魅力与影响毕竟是有限的，何乔远在泉州诸公中亦官亦学、亦中亦西的一代宗师的地位与影响才是最主要的原因。

原载《晋阳学刊》2018 年第 1 期

叶向高致仕与艾儒略入闽之研究

林金水

艾儒略是明末利玛窦殁后又一位蜚声海内外的意大利耶稣会士，有“西来孔子”之称，是福建天主教的创始人。艾儒略在明末大学士叶向高的邀请下，于天启年间入闽。1649 年 6 月 10 日，病逝于福建延平，葬于福州北门外十字山。艾氏在闽活动 20 多年，广交当地缙绅与社会名流，皈依当地士人，在八闽大地引起了很大的反响，留下了以《口铎日抄》为主要代表的几十种明末天主教在华传播的历史文献。20 世纪末，艾儒略成了西方汉学界关注和研究的对象，至今方兴未艾。但在艾儒略入闽时间上，则仁者见仁，智者见智。历史发生的始末，本身就隐含着事物发展的因果规律。明末叶向高的致仕返乡，导致了后来一连串的因果连锁反应。他的致仕使他途经杭州，获交了艾儒略，而邀请艾儒略之入闽，又是艾氏在闽传教活动的起点，从而开创了明末福建的天主教，至今影响未已。

有鉴于此，本文拟分别对叶向高致仕经过与原因、返乡归里的路线以及艾儒略入闽时间，作进一步的阐述和考析。

一　叶向高致仕经过与原因

叶向高作为三朝元辅，有关他的历史资料可谓汗牛充栋，而作为第一手资料，莫过于他自己写的《苍霞草全集》和《蘧编》。

叶向高万历三十五年（1607）五月，擢礼部尚书兼东阁大学士，十一月入朝。首辅朱赓和其他并命的三位大学士，或卒，或辞，或杜门不出，叶向高从此独相七年，至万历四十二年（1614）。据叶向高《纶扉奏草》统计，叶向高从入阁第二年，万历三十六年（1608）四月二十一日，第一疏开始乞休，到万历四十二年八月二十日，乞休第六十二疏，后获旨允准。叶向高在万历年间就想致仕归乡，固然与其病有关，但更重要的原因是他的治国理念和策略未得到万历帝的认可。其入阁想做的第一件事是罢矿税。他入阁后的第一疏，就是《请止矿税疏》。万历帝不从，使得叶向高从万历三十五年（1607）开始，向万历帝自陈告病疏。[①] 此时，叶向高还"不敢言去"[②]。叶向高虽然患有痔疾，但他正式向万历帝乞休的第一疏，是"因人浮言求去"[③]，病不是主要的原因。天启元年（1621）八月，"魏忠贤矫杀前太监王安"[④]，揭开了阉珰[⑤]乱政之始。自王安被害后，阉珰"愈肆滔天，益无顾忌。调奉者登进，忤恨者诛伤，此左悺有回天之名，令孜有阿父之号也"[⑥]。由于天启帝的宠信，魏忠贤正是这样一位有回天之名的"阿父"。叶向高意识到这场党锢之祸，正在酝酿萌发。以其"为人光明忠厚，有德量，好扶植善类"[⑦] 的性格，他并不是魏忠贤的对手，只好以病乞休来抗争。叶向高从天启二年（1622）二月初五日开始乞休第一疏，至天启四年（1624）七月初七日共乞休六十七疏。在前两年时间里，平均约二十一天乞休一疏。天启四年正月二十九日，开始乞休第三十四疏，至最后第六十七疏获准，短短近半年，平均约四天乞休一疏。

天启四年，叶向高六十六岁。正月二十六日，开始以"老病思归"为由，上乞休第三十四疏："臣之年日以老，病日以深。如前所陈不寐，痣疡诸症，皆医治不痊，且加甚焉。又兼以足痛，拜跪艰难，步趋不便。"正月二十九日，得旨："卿辅理忠劳，频岁屡请，具悉忠恳。但以三朝元

---

① 叶向高：《纶扉奏草》卷一《自陈告病疏》，收入叶向高《苍霞草全集》第11册，江苏广陵古籍刻印社，1994年影印本，第179~181页。

② 叶向高：《纶扉奏草》卷一《告病疏》，收入叶向高《苍霞草全集》第11册，第185页。

③ 叶向高：《纶扉奏草》卷二《请处边饷揭》，收入叶向高《苍霞草全集》第11册，第247页。

④ 谷应泰：《明史纪事本末》卷七一，河北师范学院历史系点校，中华书局，1977，第1133页。

⑤ 这里对几个相近概念作一说明。"阉珰"指包括魏忠贤在内的宫里太监；"魏珰"特指魏忠贤；"阉党"指与阉珰同流合污的官员。

⑥ 谷应泰：《明史纪事本末》卷七一，第1171页。

⑦ 张廷玉：《明史》卷二四〇《叶向高传》，中华书局，1974，第6237页。

老表率百僚，当念时事艰难，勉留匡济，伫望即出，慎勿再陈。”[①] 此后，自正月二十九日至二月十九日，又连续乞休七疏。三月二十日，龙体欠安痊愈后，又上乞休第四十二疏：“臣求去苦情，具于屡疏。每当下笔，辄一字一泪。今诵温纶，亦一字一泪。如其不去，即不以病死，定以苦死。”天启则以时艰而慰留他。[②] 此后，叶向高又多次乞休。乞休第四十七疏至第五十疏时，魏忠贤挑起各种事端，刁难叶向高，“忠贤乃时毛举细故，责向高以困之”。给事中傅櫆弹劾东林党人左光斗、魏大忠、汪文言，“招权纳贿，命下文言诏狱”[③]，正好迎合了魏珰伺隙而动的阴谋。四月二十三日，叶向高以“只罪臣一人，而稍宽其他，于以释官府之嫌，而消缙绅之祸”[④] 为由，乞休第五十一疏，并附王文言事。此疏就是想保护东林党人不受陷害。他称自己“在此尸位素飧，一筹莫展，一事难行，误君误国，遗恨无穷，其心之不安，更万倍也”。四月二十六日，天启以“别奏事情，朕自鉴知，卿不必引以求去”[⑤] 来应卯叶向高。四月二十六日，叶向高为东林党人作辩护云：“文言之事，罪实在臣。使臣不为文言题用，史馆则文言必去，文言去，则必无今日之祸，朝廷必无此一番骇人之举动，士大夫亦得相安于无言，不至于贤人君子自相攻击，以开无穷之衅，使素有清正之名，如左光斗、魏大忠者，亦不得免。”[⑥] 此时，魏忠贤毕竟还不敢动到叶向高等旧臣。此案结果是“光斗等不罪，止罪文言”[⑦] 一人，“文言无足惜，不可使祸延缙绅”[⑧]。但是，天启“下文言诏狱”。叶向高预见到，

① 叶向高：《续纶扉奏草》卷一二《上乞休第三十四疏》附圣旨，收入叶向高《苍霞草全集》第16册，第773~775页。

② 叶向高：《续纶扉奏草》卷一二《谢宣谕并乞休第四十二疏》，收入叶向高《苍霞草全集》第16册，第825页。

③ 张廷玉：《明史》卷二四〇《叶向高传》，第6237页。

④ 叶向高：《续纶扉奏草》卷一三《乞休第五十一疏》，收入叶向高《苍霞草全集》第16册，第867页。

⑤ 叶向高：《续纶扉奏草》卷一三《乞休第五十一疏》附圣旨，收入叶向高《苍霞草全集》第16册，第865~868页。

⑥ 叶向高：《续纶扉奏草》卷一三《乞休第五十二疏》，收入叶向高《苍霞草全集》第16册，第870~871页。

⑦ 张廷玉：《明史》卷二四〇《叶向高传》，第6237页。

⑧ 夏燮：《明通鉴》卷七九下，王日根等校点，岳麓书社，1999，第2196页。

“东林祸自此起”[①]。他再疏求去，“断无不放之理，如圣慈犹责以强留，臣唯有泥首阙廷，以待罪而已”。而天启皇帝似乎在敷衍叶向高。四月二十九日旨：“别奏，具悉卿意，朕自裁酌。知道了。卿宜安心勉出，当不以此介怀。”[②] 五月初，叶向高以乞休未允，病情加重，上第五十三疏乞归：“尚未蒙允，中心抑郁，遂成痢疾，肠胃搅痛，腹如雷鸣。又加以痔疡作苦，溺血不休。年老气衰之人，岂能堪此。”初三日旨：“朕倚任老成，主持国是。迩来议论争扰，知卿定能平章。况卿年力康强，何以衰老言去，还望勉出辅理，以副延伫。”[③] 五月初三日，叶向高对于自己作为首辅无控国是之力，乞休第五十四疏。天启皇帝以“知卿定能平章”来搪塞叶向高，刺痛了叶向高的内心，他说：“臣三载于兹，有何国是，力能主持？有何议论，力能平章？他人不知，皇上独不知乎？”五月初六日旨：卿“劝谕朝臣，同心报国，勿作异同，正是平章国是”。天启只好自圆其说，加以解释来挽留他。“留卿自是朕意，勿以言及，愈急求归，伫望勉留，用副倚任。”[④] 五月初九日，叶向高上第五十五疏。称：“杜门乞归，自春初而至夏半，殆将半载。其章疏，则千言万语，笔秃唇焦，其苦情则万绪千端，眼枯肠断。”[⑤] 五月十二日旨：“朕为国家留卿，诸臣自当仰体。日览南北章奏，具见舆论佥同。卿宜勉出，以答中外之望，慎勿再陈。”[⑥] 五月十九日，叶向高以病情已经严重到无法处理日常的国务，上第五十六疏：“近痢为疾所苦，前后闭塞，肠胃作痛，每夜腹中常如雷鸣，又痣疡下坠，溺血不休，遂伏枕呻吟，一人不能见，一事不敢闻。”此时，天启帝只好装糊涂，不予睬。五月十九日旨：“览奏情词恳切。朕岂不鉴念？但卿精神强健，偶病不妨调摄。言官疏留，具见举朝公论，还望勉出佐

---

① 张廷玉：《明史》卷二四〇《叶向高传》，第6237页。

② 叶向高：《续纶扉奏草》卷一三《乞休第五十二疏》附圣旨，收入叶向高《苍霞草全集》第16册，第873页。

③ 叶向高：《续纶扉奏草》卷一三《乞休第五十三疏》附圣旨，收入叶向高《苍霞草全集》第16册，第875~876页。

④ 叶向高：《续纶扉奏草》卷一三《乞休第五十四疏》附圣旨，收入叶向高《苍霞草全集》第16册，第883~889页。

⑤ 叶向高：《续纶扉奏草》卷一三《乞休第五十五疏》，收入叶向高《苍霞草全集》第16册，第891页。

⑥ 叶向高：《蘧编》卷一七，台北：伟文图书出版社有限公司，1977年影印本，第495页。

理，副朕倚眷至意。”[①] 五月二十一日、二十七日，叶向高还是以“百病俱作，危困可矜，苦求允放”为由，再上第五十七疏、第五十八疏。五月二十八日旨：“知卿方理医药，暂需静摄，慎勿亟陈。”[②]

六月初一日，左都御史杨涟，抗疏劾魏忠贤二十四大罪，掀起了一场东林党人与阉珰抗争的轩然大波。面对这种严峻的时势，叶向高采取了惹不起躲得起的策略，以病乞休。六月初五日，上第五十九疏，把病势危急扩大到“且暮且死”之程度。“今七十老翁，且暮且死，思归如此，更复何求。此两日间，欲再具疏，而手不能书，兹伏枕口占，殊不成语。”[③] 此时，天启皇帝倒是看出了，叶向高的病情为郁火所结，特派鸿胪寺堂上官到府邸去慰问。六月初六日，得旨：“今日召卿，何不勉进。览奏知卿，郁火为苦，若肯幡然，一出志意，一纾精神自畅。日来，疆事方殷，议论纷错，边筹国是，赖卿主持。着鸿胪寺堂上官，宣谕朕意。卿宜即出，以副倚眷，幸无再延。”[④] 六月初六日，叶向高又上第六十疏，说他病情不但医治无效，而且已经精神错乱，致归是他唯一的救命之药：“连日延医十余人，百方俱试，茫然无效，闭塞之极，遂成喘急。有时绕室狂奔，家人惊骇，似此病势，必非药物所能疗。但望皇上赐臣一归，便是续命之膏，回生之路，万万无再入阁之理矣。”尽管叶向高把乞休病危的理由，层层加码到尽致，但天启皇帝还是以“朕知道了”来敷衍。六月初八日旨：“还望即出辅理，慰朕倚眷至意。”[⑤] 天启帝又命文书官到叶私寓宣谕，一肯定他“才望兼隆，精白纯粹，清正无私”；一说他“康健有余，还当仰遵朕意。翌日，勉力进阁，竭忠筹划，匡济时艰，弗得再有陈请，勿负朕倦倦伫望之意”。对于天启皇帝对他的眷宠，六月初十日，叶向高上第六十一疏致谢，

---

① 叶向高:《续纶扉奏草》卷一三《乞休第五十六疏》附圣旨，收入叶向高《苍霞草全集》第 16 册，第 893~894 页。

② 叶向高:《续纶扉奏草》卷一三《乞休第五十八疏》附圣旨，收入叶向高《苍霞草全集》第 16 册，第 899~904 页。

③ 叶向高:《续纶扉奏草》卷一三《乞休第五十九疏》，收入叶向高《苍霞草全集》第 16 册，第 910 页。

④ 叶向高:《续纶扉奏草》卷一三《乞休第五十九疏》附圣旨，收入叶向高《苍霞草全集》第 16 册，第 910~911 页。

⑤ 叶向高:《续纶扉奏草》卷一四《谢宣谕并乞休第六十疏》附圣旨，收入叶向高《苍霞草全集》第 16 册，第 918~919 页。

并回应了天启帝提出的政务粮饷空虚问题。再向天启皇帝打悲情牌，希望天启帝赐以他“犬马残生，使得归骨故园，魂魄依先人坟墓，世世衔接，未足为报矣”。旨：“知卿体已平，精神甚佳，还望遵谕进阁，用副朕眷至意。”①

继杨涟之后，上疏者麇至，廷臣相继抗章，不下百余疏，其中包括后来与艾儒略交游的翁正春和朱大典诸臣②，“先后申奏，或专或合，无不危悚激切”，天启“具不听”③，但对天启打击很大。叶向高《蘧编》云：“杨疏上，上震怒。传谕内阁，杨涟本内，妄论诸款，俱系无根蔓词。内谕中宫、皇贵妃并裕妃事，乃宫壶严密。况无指实外庭，何以透知，呈意猜忖，屡屡屏逐左右，使朕孤立于上。朕自嗣位以来，日夕兢兢，谨守我祖宗成法，惟恐失坠。”④ 杨涟“妄指宫禁，欺侮朕躬，屏逐左右，姑不深究。以后敢有尾论的，国法宪典仍存，决不姑息。拟旨来，阁臣润饰以进”。⑤ 天启皇帝一方面希望叶向高来平息这一事件，“宜亟为调剂，镇定纷嚣，释诸臣附和、猜忖之疑，以副朕凭藉倚毗至意”，另一方面对那些上疏者加以迫害，“旨逮系科道官为首的下诏狱”。⑥ 而对于叶向高来说，杨涟和诸臣的奏疏，让叶向高进退维谷，面临两难的选择。言臣希望叶向高能站出来与他们一同抗抵阉珰，“劝向高下其事，可决胜也”⑦。叶向高最清楚不过，以天启帝宠待厚忠贤，是弹劾不了魏忠贤的，反而引火烧身。他唯一能做的事，就是希望言臣不出大祸，“念忠贤未易除，阁臣从中挽回，犹冀无大祸”⑧。但他又不敢把矛头直指魏忠贤，《明史·叶向高传》云：阁臣“乃具奏称忠贤勤老，朝廷宠待厚，盛满难居，宜解事权，听归私第，保全终始”。⑨ 杨涟托人，冀叶向高“力攻忠贤”。⑩ 但“向高

① 叶向高：《续纶扉奏草》卷一四《谢宣谕并乞休第六十一疏》附圣旨，收入叶向高《苍霞草全集》第16册，第921~925页。
② 夏燮：《明通鉴》卷七九下，第2197、2202页。
③ 谷应泰：《明史纪事本末》卷七〇，第1142页。
④ 叶向高：《蘧编》卷一七，第501页。
⑤ 叶向高：《蘧编》卷一七，第501页。
⑥ 叶向高：《蘧编》卷一七，第504页。
⑦ 张廷玉：《明史》卷二四〇《叶向高传》，第6238页。
⑧ 张廷玉：《明史》卷二四〇《叶向高传》，第6238页。
⑨ 张廷玉：《明史》卷二四〇《叶向高传》，第6238页。
⑩ 叶向高：《蘧编》卷一七，第502页。此人即缪昌期叶向高的门人，东林党人，杨涟疏的代草者。

颇以涟疏为率易，又虑上左右无人”①。叶向高该出手时没出手，终于给东林党人留下了无穷的祸患。其云：“余不得已，具揭劝上听，忠贤归私第，解其事权，以保全之，且停止内操，以免疑虑。”② 这实际上是在为魏忠贤解脱。无奈之下，六月初十日，叶向高以“犯上”的口语，乞休第六十二疏，冒死求去：“皇上如不听臣去，臣将自去，以待皇上之斧钺，臣不胜冒死，吁呼之至。”六月十三日旨：“卿精神康健，中外所知。偶恙不妨静摄，何又急于陈奏。”③ 与此同时，给事中朱大典也疏留叶向高，并及魏忠贤事。六月十三日，叶向高以“吁诉已极，时势万无可留”为由，上第六十三疏。对于天启帝不听从他和廷臣关于魏忠贤事之言，并怀疑他庇护杨涟，深受打击。疏云：“涟忠肝义胆，举朝知之，天下人知之。臣等所见，亦与人同，岂能于此外，别有猜度，如圣谕之所云哉?”④ 叶向高还借此疏，与魏珰作了切割，疏称：“惟在一去，若复不顾廉耻腼腼颜，强留则是，真与忠贤比附。此后，忠贤有罪，将尽委咎于臣，生平尽丧，而无以自容于天地间矣。天下后世，传此恶名，百口不能昭雪。臣有死不愿也。且臣既劝忠贤之去，而自己反留，亦何面目见忠贤哉?”⑤ “向者求去，犹出于不肯留之心。今者求去，乃处于必不可留之势。”⑥ 而不可留之势的最根本原因，还是天启帝对魏珰的眷宠，造成执政当局的不作为，“顾缩朒于一忠贤哉。惟念人臣进退语默，各行其意，少有美计。徼名之念，便得罪于天地鬼神”。⑦ 六月十六日，得旨：“览奏乞归，且以昨揭，请批答为言。卿之忠恳，朕所深鉴，亦中外所知，有何可疑？且卿在皇祖时主持大事，今昔一心，可以自信，何乃以此决去。尚望安意勉留，副朕倚眷，慎

① 夏燮：《明通鉴》卷七九，第 2202 页。

② 叶向高：《蘧编》卷一七，第 502 页。

③ 叶向高：《续纶扉奏草》卷一四《乞休第六十二疏》附圣旨，收入叶向高《苍霞草全集》第 16 册，第 945 页。

④ 叶向高：《续纶扉奏草》卷一四《乞休第六十三疏》，收入叶向高《苍霞草全集》第 16 册，第 947~948 页。

⑤ 叶向高：《续纶扉奏草》卷一四《乞休第六十三疏》，收入叶向高《苍霞草全集》第 16 册，第 948 页。

⑥ 叶向高：《续纶扉奏草》卷一四《乞休第六十三疏》，收入叶向高《苍霞草全集》第 16 册，第 949 页。

⑦ 叶向高：《续纶扉奏草》卷一四《乞休第六十三疏》，收入叶向高《苍霞草全集》第 16 册，第 950 页。

勿再陈。”[①] 此时，工部郎中“万燝以劾忠贤廷杖，向高力救，不从，死杖下”。[②] 万燝是东林党人，叶向高原想以首辅之权来申救万燝，上《救万郎中揭》为他辩护[③]。但天启皇帝不买账，“卿奏具见为国忠诚，已有旨了”。[④] 这也是上述叶向高所言“有何国是，力能主持”的又一案例。申救万燝不成，叶向高哀叹地说：“今祸衅已开，事将决裂。臣之不能，已昭然于天下矣。留臣何为？臣之不去亦何为？”[⑤] 六月十九日，上第六十四疏，附万燝廷杖事，并以病情告急，再乞归。“忽然痰壅，眩晕倒地，久方苏醒，一切世事，皆已绝口不谈。纵留在此，亦与槁（槁）木死灰同耳。”六月二十二日，天启以“申救部属已悉卿意”“不必以此介怀”搪塞叶向高。而对于他的病情，刻意淡化，“知卿偶恙，俟稍愈即出”。[⑥]

万燝死后，阉珰以向巡城御史林汝翥诘难，把矛头直接指向叶向高。林汝翥是叶向高的里人，因珰辈“曹大、傅国兴挟人命劫财，斗于涂。汝翥欲参之，皆愿受杖免参。汝翥信其无他也，即杖之”。[⑦] 对阉珰的为非作歹，叶向高申辩云：“汝翥行兵马司，系治之。国兴托其党为谢过，汝翥复笞之十五。诸珰大哄奏闻。有旨：‘杖一百革职。’珰辈恨汝翥甚，必寘之死。集数百人至其家，人持铁锥以待。”[⑧] 珰辈抓住此事，将叶向高府邸团团围住，欲搜捕林汝翥。叶向高云：“先是误传汝翥为余甥，珰辈来问。余谓同里疏亲则有之，甥则非也。比捕汝翥不获，遂疑余匿之，群绕余宅欲搜索。余语诸珰，朝廷逮一御史，而阁臣匿之，是阁臣敢于抗旨，罪浮

---

① 叶向高：《续纶扉奏草》卷一四《乞休第六十三疏》附圣旨，收入叶向高《苍霞草全集》第16册，第950~951页。

② 张廷玉：《明史》卷二四〇《叶向高传》，第6238页。

③ 叶向高：《续纶扉奏草》卷一四《救万郎中揭》，收入叶向高《苍霞草全集》第16册，第957页。

④ 叶向高：《续纶扉奏草》卷一四《救万郎中揭》，收入叶向高《苍霞草全集》第16册，第958页。

⑤ 叶向高：《续纶扉奏草》卷一四《乞休第六十四疏》，收入叶向高《苍霞草全集》第16册，第962页。

⑥ 叶向高：《续纶扉奏草》卷一四《乞休第六十四疏》附圣旨，收入叶向高《苍霞草全集》第16册，第962~965页。

⑦ 谷应泰：《明史纪事本末》卷七一，第1142页。

⑧ 叶向高：《蘧编》卷一七，第510页。

于御史矣。若辈但遍索我家，有则甘罪。珰辈乃逡巡散去。”[①] 至此，魏忠贤从过去“惮向高旧臣”“伺隙动”，到把火直接烧到他身上。这无疑是对他最大的攻击和羞辱。他说：“中官围阁臣第，是国家二百余年所无之事。臣若不去，将何颜以自立。”天启帝优旨安慰，“上慰留余，而尽收回中官，不许在外纷扰”。[②] 但叶向高并没有从优旨中获得慰藉。阉珰包围相国宅邸给他心理造成极大的创伤，使他感到时局已从“时势不可留”转为“时事不可为”。[③] 六月二十二日，他上第六十五疏，并将全家移居城外，以人死骸骨返故丘为由，向天启皇帝打人生悲情的最后一张牌。“入夏以来，为暑热所侵，重以郁火，遂成闭结之患，医治不痊。顷缘多事，转益忧危，病骨欲枯。知余生之无几，惊魂未定，叹百念之尽灰。每诵昔人，知足不辱，知止不殆之言，黯然心折。”[④] 他以自责，望圣上“宽其罪戾，予以骸骨，俾返故丘。使臣得去，就以礼善始善终，勉于损越。臣死且不朽，臣之家人，皆已移居城外，只臣一身孑然旅邸，呻吟床褥，殊可怜悯”。天启帝还是以套话来搪塞敷衍。六月二十九日旨：“还望勉留辅朕，痊可即出，慎勿再陈。”[⑤]

如果说前六十五疏叶向高还未把君臣关系说绝了，至七月初三日，他以时刻难留，生不如死为由，上第六十六疏：“臣之求去，已三十四疏。于同官之心已尽，皇上之眷臣者已至，门面尽好看矣。何必复穷之于无所往乎？且臣一日不去，则罪臣者一日无已。臣之心一日不得明，其困苦殆甚于死。”[⑥] 此疏已经没有了任何转圜的余地。他搬出皇祖万历皇帝的旧例，相逼天启，“向皇祖留臣至切，闻臣移家出城，随即允放。今臣家已行，皇上独不以皇祖之怜臣者，而怜臣乎！”叶向高明知道以城外候命，

① 叶向高：《蘧编》卷一七，第 511 页。
② 叶向高：《蘧编》卷一七，第 511~512 页。
③ 张廷玉：《明史》卷二四〇《叶向高传》，第 6238 页。
④ 叶向高：《续纶扉奏草》卷一四《乞休第六十五疏》，收入叶向高《苍霞草全集》第 16 册，第 975~979 页。
⑤ 叶向高：《续纶扉奏草》卷一四《乞休第六十五疏》附圣旨，收入叶向高《苍霞草全集》第 16 册，第 981~982 页。
⑥ 叶向高：《续纶扉奏草》卷一四《乞休第六十六疏》，收入叶向高《苍霞草全集》第 16 册，第 985~986 页。

既“伤国体”，又“累皇仁”①，但他已无所顾忌了。此时，天启帝只好肯定叶向高为元老“素笃忠诚”②，已无挽留之意。七月初七日，叶向高上第六十七疏，称自己“日日吁天，日日草疏。虽借苏秦、张仪之舌，作告哀诉苦之谈，亦将穷焉，而无所措辞。长安道上，人人知臣之必去，即同官诸臣相对，未尝不叹臣之病苦，可怜有恻”。③ 从天启四年正月开始，围绕着乞休问题，君臣之间一直都在博弈。第六十七疏，可以说是叶向高下的最后一步将棋。他只能以移出城外以就家人这一既成事实，向天启皇帝摊牌，大有今外交上的最后通牒之势，不允也得允。疏称：“臣不得已，于今早，移至僻静处所，稍停一二日，恭候谕旨。”④ 这步将棋，让天启皇帝无步应招。七月初九日，即 1624 年 8 月 22 日，天启终于允放叶向高致政返乡。除给叶向高加官荫子赐赠之外，还派行人护送驰驿归里。旨：“卿辅相皇祖，翼戴皇考以迨朕，躬忠勤茂着，中外具瞻。朕倚毗正殷，乃连章求去。近复移居候命，坚意难移，勉从所请。着加太傅，荫一子与做中书舍人，仍遣行人护送，驰驿归里。加赐银一百两，彩段四表里、大红纻丝坐蟒一袭。地方官以时存问，月给廪米五石，舆夫八名，称朕始终隆眷至意。卿宜为国爱身，伫俟召用。”⑤

七月初十日，叶向高上《奏谢并辞加恩疏》，对他“以私情屡渎天听”，连上六十七疏的乞休原因作了辩解：“年龄衰暮，致病缠绵，分量有限，伎俩已穷，再三筹度，终无分毫可补国家沈浮。”叶向高仅二十字作了概括。前八个字是真实的反映，后十二个字自嘲在与魏珰抗争中，他是一位无计可施的阁臣。时势可以造胜利者，时势同样可以造失败者。但在天启党锢之争中，谈不上赢家和输家。因为他们同在一条即将下沉的大船

① 叶向高：《续纶扉奏草》卷一四《乞休第六十六疏》，收入叶向高《苍霞草全集》第 16 册，第 985~986 页。

② 叶向高：《续纶扉奏草》卷一四《乞休第六十六疏》附圣旨，收入叶向高《苍霞草全集》第 16 册，第 985~986 页。

③ 叶向高：《续纶扉奏草》卷一四《乞休第六十七疏》，收入叶向高《苍霞草全集》第 16 册，第 986 页。

④ 叶向高：《续纶扉奏草》卷一四《乞休第六十七疏》，收入叶向高《苍霞草全集》第 16 册，第 986 页。

⑤ 叶向高：《续纶扉奏草》卷一四《乞休第六十七疏》附圣旨，收入叶向高《苍霞草全集》第 16 册，第 986 页。

上，叶向高也好，魏忠贤也好，他们最终都是落水者。他们唯一的区别是，前者还想修补它，而后者竭尽全力挖空它。叶向高正是以无法挽救国家的心态，离开了京城。

三年乞休的煎熬，使叶向高身心俱伤。昏君与珰祸，让他彻底感悟到了人间的辛酸，表面上他是万人之上，但其力量又是那样微不足道。叶向高遇到挫折时，时常会求神保护。如天启元年（1621）进京，渡黄河遇水浅，他曾乞求水神“黄河龙王”下雨，顺利渡过。[①] 乞休后，叶向高最需要的是精神上的慰藉，让他从京城的政治雾霾中解脱出来。因此，他希望有超人间的力量来抚慰他，惩恶扬善。万历年间，叶向高两次接触过利玛窦，视利玛窦为“极其高尚”“杰出的人物”。除了批地让他葬身之外，还建议为他“修祠堂，立塑像”。[②] 从中可看出他对外来和尚念经的认可，知晓了中国民间神的林林总总之外，还有外来神。历史恰好给他一个机会，在途经杭州时，遇到了利玛窦的同类人艾儒略。叶向高把对利玛窦的好感与赞誉移植到了艾儒略身上，邀请艾儒略到福建，以深入了解外来和尚到底念什么经。

二　叶向高返乡归里之路线

叶向高获准允放，上御门面辞后，七月十三日，“出都城，暂居正阳门外”。[③] 从此踏上返乡之路。明代北京通往福建的“官路”，“迁都以后，则是以北京为中心经南京、浙江的福建路”。“系由北京经山东德州、兖州，而达江苏徐州，安徽凤阳，再往南京、苏州和浙江的杭州、衢州，越仙霞岭，进入福建的浦城、延平顺利到达福州。这一条也叫‘进京道路’。”[④] 叶向高返闽的路程，至杭州走的是大运河线，从通州潞河登舟，经天津，沿着大运河而经淮安、扬州、京口、常州、苏州，抵杭州。在天

---

① 崔来廷：《海国孤生》，江西高校出版社，2006，第224、225页。

② 〔意〕利玛窦：《耶稣会士与天主教进入中国史》，文铮译，商务印书馆，2014，第489、490页。

③ 叶向高：《蘧编》卷一七，第522页。

④ 福建省地方志交通志编纂委员会编著《福建省交通志》，鹭江出版社，1998，第53~54页。

启帝派遣的行人护送下，叶向高沿途得到了地方官员、门人和下属的热情款待，他们大多数是东林党人。

七月十三日，叶向高出京后，“从水路而行”[①]。十八日，叶向高至通州潞河，在船上休整三天。“十八日遂行，百僚皆出祖饯，夜半至潞河登舟。”“廿一日发舟，廿三日与董见龙饮于蔡村。”[②] 董见龙，名应举，字崇相，号见龙，福州人。明万历二十六年（1598）进士。天启二年（1622），擢太仆卿兼河南道御史，经理天津至山海屯务，[③] 故有机会与叶向高相见。二十四日，抵天津，受到天津巡抚毕自严和门人督饷道钱士晋的殷勤接待。[④] 毕自严，字景曾，号白阳，山东淄川人。明万历二十年（1592）进士。天启元年（1621），任天津巡抚。[⑤] 钱士晋，东林党人，浙江杭州人。[⑥] 随后，入山东。“从水路而行，惟山东地方，以有饥民之警，抚按官遣人护送出境。余皆安行无恙。”[⑦] 九月初旬，叶向高过淮安，受到总漕吕兆熊的冷遇。吕兆熊，字渭夫，邢台柏乡人，进士。天启三年（1623）任漕运总督。[⑧] 初九日，下榻扬州。[⑨] 初十，叶向高从扬州渡江抵镇江，受门人万编留居京口两日。巡按张文熙邀请他游花山。[⑩] 万编是丹徒人，万历二十二年（1594）举人。万历年间，曾任长乐知县。[⑪] 张文熙，字念华，广西临桂人。万历五年（1577）进士，历官御史巡按浙江。[⑫] 十三日，抵昆陵，受到门人和当地官员周延儒、陈一教、蒋士奇、毛士龙、万象新等人的款待，同游宜兴著名的张公洞、善权洞景点。[⑬] 周延儒，字玉绳，宜

---

① 叶向高：《续纶扉奏草》卷一四《到家谢恩疏》，收入叶向高《苍霞草全集》第 16 册，第 1010 页。

② 叶向高：《蘧编》卷一七，第 522 页。

③ 乾隆《福州府志》卷三三，福州地方志编纂委员会整理，海风出版社，2001，第 189 页。

④ 叶向高：《蘧编》卷一七，第 523 页。

⑤ 光绪《重修天津府志》卷一一，光绪二十五年刻本。

⑥ 《新校天津卫志》卷二，民国 23 年铅印本。

⑦ 叶向高：《续纶扉奏草》卷一四《到家谢恩疏》，收入叶向高《苍霞草全集》第 16 册，第 1010 页。

⑧ 光绪《淮安府志》卷二七，清光绪十年刊本。

⑨ 叶向高：《蘧编》卷一七，第 522 页。

⑩ 叶向高：《蘧编》卷一七，第 522 页。

⑪ 乾隆《福州府志》卷三三，第 226 页。

⑫ 光绪《广西通志辑要》卷三，清光绪十七年刊本。

⑬ 叶向高：《蘧编》卷一七，第 522 页。

兴人。万历四十一年（1613）会试、殿试皆第一，授修撰，与叶向高相会时，任右中允，掌司经局事。[①] 陈一教，字硐云，宜兴人。子陈于泰与周延儒是姻亲。毛士龙，东林党人，字伯高，宜兴人，万历四十一年进士，授杭州推官。[②] 万象新，字与调，宜兴人，举人。珰败后，官巡抚中丞，工部侍郎。[③] 叶向高在宜兴流连六七日。约九月二十日，抵苏州。在苏州居留十天，受到同年申用懋，门人文震孟、周顺昌、熊秉鉴、吕纯如、李逢节、陈必谦、周宗建、吕克孝、姜云龙等人欢迎。[④] 其中苏州人居多，又多是万历四十一年周延儒榜的同科进士，文震孟、周顺昌、陈必谦、周宗建等均为东林党人。[⑤] 这是叶向高在苏州的一次朋党聚会。文震孟，字文起，吴县人。天启二年（1622）殿试第一。他因上《勤政讲学疏》控魏珰，廷杖八十，贬秩调外，不赴调而归。时叶向高在告[⑥]，未能力争保护。周顺昌，字景文，吴县人。万历四十一年进士，授福州推官。天启中，历文选员外郎，署选事。力杜请寄，抑侥幸，清操皭然，乞假归。为人刚方贞介，疾恶如仇。[⑦] 反抗魏珰最力，他和周宗建的命运一样，都在与叶向高苏州会面后，在京遭阉珰残酷迫害，酷刑虐死于诏狱。周宗建，字季侯，吴江人。万历四十一年进士，除武康知县，调繁仁和，有异政，入御史。周宗建曾詈忠贤“目不识一丁”。天启三年（1623），抗疏直攻忠贤。五年，毙之狱[⑧]。还有因忤魏珰而罢归的官员，如申用懋，字敬中，苏州人，与叶向高为同科进士。累官兵部职方郎中。[⑨] 叶向高在苏州与这些抗魏官员相会，心情上可谓五味杂陈。在他们的陪同下，游历了苏州的名胜天平山、石湖、上方山等。[⑩] 约十月初，抵杭州。叶向高受到东林党人、

---

① 张廷玉：《明史》卷三〇八《周延儒传》，第7925~7928页。

② 嘉庆《增修宜兴县旧志》卷八，光绪八年刻本。

③ 康熙《常州府志》卷二四，康熙三十四年刻本。

④ 叶向高：《蘧编》卷一七，第522页。

⑤ 陈鼎辑《东林列传·党人榜》，收入周骏富辑《明代传记丛刊·学林美三》，台北：明文书局，1991，第15~19页。

⑥ 张廷玉：《明史》卷二五一《文震孟传》，第6495~6496页。

⑦ 张廷玉：《明史》卷二四五《周顺昌传》，第6353页。

⑧ 张廷玉：《明史》卷二四五《周宗建传》，第6356页。

⑨ 张廷玉：《明史》卷二一八《申用懋传》，第5750页。

⑩ 叶向高：《蘧编》卷一七，第522页。

浙江巡抚王恰[①]的款待。“（在姑苏）留旬日方行。过武林，巡抚王公恰招饮西湖，意亦款曲。”[②] 王洽，字和仲，临邑人。万历三十二年（1604）进士，天启三年（1623）冬，以右佥都御史巡抚浙江。后因阉珰指劾，遂夺职闲住。[③]

从京城抵杭州，叶向高沿途受到了同门、同年、同党和下属官员的热情招待，并有雅兴游历了各地的风景名胜，一扫先前的郁闷。旅途的奔波和劳累，并未加重其病情，反而有所减轻。正如他所云：“臣在道路病患稍痊，每逢知交，犹能从容谈笑，扶曳行游。”[④] 除苏州外，杭州也是他返程重要的驿站。他不但会见当地官员，还“与艾儒略成了好朋友。艾儒略向他布道，劝他接受天主教。这位大学士表示出很大的兴趣”[⑤]。叶向高“还承诺说，在有关天主教传教事务方面，他将协助艾儒略”。[⑥] 兑现这一承诺的实际行动，就是邀请艾儒略陪同他返乡。

据隆庆黄汴《天下水陆路程》记载，明代从杭州到福州有两条水陆路程，一条是驿道，从崇安县大安驿入闽，另一条是商道，从仙霞岭入闽。这两条都是水陆交替，水马并应。明人在著述中称前者为“大关”，后者为“小关”。[⑦] 从杭州到福州的驿道，其水陆路程如下。

浙江境内，起于杭州止于常山县草平驿：“浙江布政司杭州仁和县钱塘县北关门武林驿。三十里江口浙江水驿。一百三十里会江驿。富阳县。百二十里桐江驿。桐庐县。过钓台，一百里严州府建德县富春驿。西去衢州府。西南一百里瀫水驿。兰溪县。东五十里至金华府。西南九十里亭步驿。龙游县。七十里衢州府西安县上杭埠驿。南去浦城县。西八十里广济驿。常山县。路三十五里草平驿。江浙界。今革。”“草平驿……在今浙江

① 陈鼎辑：《东林列传·党人榜》，第17页。

② 叶向高：《蘧编》卷一七，第523页。

③ 张廷玉：《明史》卷二五七《王洽传》，第6624页。

④ 叶向高：《续纶扉奏草》卷一四《到家谢恩疏》，收入叶向高《苍霞草全集》第16册，第1010页。

⑤ 光绪《淮安府志》卷二七，清光绪十年刊本。

⑥ 邓恩：《从利玛窦到汤若望》，余三乐等译，上海古籍出版社，2003，第173页。

⑦ 徐晓望：《晚明福建与江浙的区域贸易》，《福建师范大学学报》（哲学社会科学版）2004年第1期，第22~30页。

常山县西南，浙赣二者交界处。”①

江西境内，起于玉山县怀玉驿止于铅山县车盘驿：“三十五里怀玉驿。玉山县。九十里广信府上饶县葛阳马驿。八十里鹅湖驿。六十里车盘驿。并属铅山县。”

福建境内，起于崇安县大安驿止于福州三山驿：“四十里至大安驿。三十里崇安县长平水驿。下水三十里武夷山。四十里兴田驿。并属崇安。五十里建溪驿，建阳县。七十里叶坊驿。属瓯宁县。五十五里建宁府瓯宁县建安县城西驿。属瓯宁。四十里太平驿。属建安。四十里大横驿。属南平。四十里延平府南平县剑浦驿。西北去邵武府。东六十里茶阳驿。属南平。九十里黄田驿。五十里水口驿。并属古田。四十五里小箬驿。八十五里白沙驿。并属侯官。六十五里芋源驿。属怀安县。二十里至福建布政司福州府三山驿。”②

从上所列路线可以看出，闽浙驿道的取向，由浙入闽，从杭州经过浙江的衢州、常山，江西的玉山、上饶、铅山，再到福建的崇安、建阳、瓯宁、建安、南平、古田、侯官、怀安、福州。分水关岭是铅山与崇安之间的必经之道。何乔远《闽书》云：“分水岭，岭界江、闽二省，有分水关。”③ 明代设巡检司。“崇安县分水关检司，巡检一员。司，南唐之闽王寨，宋之大安驿也。辖桐木、观音、寮竹、樵岭、温林、岑阳六小关，境接楚越，地当冲衢。”④

从仙霞岭入闽的商道，即“仙霞岭小关”。⑤ 从衢州府的江山县经仙霞岭到建宁府浦城县：“上杭埠，水。九十里江山县。十五里清湖。路。十五里石门街。十五里江郎山。十里峡口。渡。十里观音阁。十五里保安桥。十里仙霞岭。巡司。十里杨姑岭。十里龙溪口。十里下溪口。十里南楼。闽、浙界。十五里大竿岭。十里五显庙。五里梨园岭。十里鱼梁街。

---

① 黄汴：《天下水陆路程》卷一，杨正泰校注，山西人民出版社，1992，第2、8页。

② 黄汴：《天下水陆路程》卷一，杨正泰校注，第2~3页。

③ 何乔远：《闽书》卷一六《方域志》，厦门大学古籍研究所《闽书》校点组点校，福建人民出版社，1994，第366页。

④ 何乔远：《闽书》卷四〇，厦门大学古籍研究所《闽书》校点组点校，第992页。

⑤ 徐晓望：《晚明福建与江浙的区域贸易》，《福建师范大学学报》（哲学社会科学版）2004年第1期，第22~30页。

十里仙阳街。三十里浦城县。下舡。八十里水吉。巡司。七十里叶坊驿。五十里建宁府。"① 闽浙道的十字路口是"清湖渡"，顾祖禹《读史方舆纪要》云："清湖镇为闽浙要会。闽行者自此舍舟而陆，浙行者自此舍陆而舟矣。"② 闽浙道在明代是一条商道，"明代仙霞岭没有设驿道"。③

叶向高作为大学士致仕返乡，走的应是闽赣驿道，沿途得到驿站官吏的接待和保护。他们从杭州北关门武林驿启程，行三百里至江口浙江水驿上船。然后沿水路过衢州上杭埠驿站、常山县广济驿、玉山县怀玉驿。至上饶县葛阳马驿上岸，行陆路"鹅湖古道"，而鹅湖驿，而紫溪驿，而车盘驿，越闽赣分水岭，而大安驿。然后，从崇安的长平水驿登舟，顺流而下，直达福州的三山驿。艾儒略入闽后，曾在福州共学书院做演讲④，其地点就在三山驿附近。

叶向高到达福州的时间，据他记载是天启四年十一月二十日，即 1624 年 12 月 29 日。其他中西方文献记载则认为叶向高是乙丑年（1625）抵闽。孰是孰非，有必要加以辨析。

三　艾儒略入闽时间之辨析

艾儒略入闽的时间，福建天主教的历史文献均有记载。李嗣玄《泰西思及艾先生行述》云："乙丑，相国叶公致政归，道经武林晤先生，恨相见晚，力邀入闽，先生亦有载道南来意，乃同舫而来。"⑤ 李嗣玄是艾儒略最虔诚的信徒，人们把他的著述看成第一手资料，引用至今。艾儒略《三山论学记》亦云："相国福唐叶公，以天启乙丑，延余入闽，多所参证。"⑥ 以上的记载，把叶向高的致仕时间与艾儒略的来闽时间混在一起，

---

① 黄汴：《天下水陆路程》卷八，第 254 页。

② 顾祖禹：《读史方舆纪要》卷九三《浙江五 · 衢州府》，上海书店出版社，1998，第 617 页。

③ 徐晓望：《晚明福建与江浙的区域贸易》，《福建师范大学学报》（哲学社会科学版）2004 年第 1 期，第 22~30 页。

④ 林金水：《艾儒略与福州书院》，《世界宗教研究》2014 年第 3 期，第 118~129 页。

⑤ 李嗣玄撰，翁震书《泰西思及艾先生行述》，康熙二十八年抄本，法国国家图书馆，中文编号 1017。

⑥ 艾儒略：《三山论学记》，收入吴相湘编《天主教东传文献续篇》第 1 册，台湾学生书局，1986，第 435 页。

把叶向高致仕的时间看成艾儒略来闽的时间。艾儒略天启乙丑入闽之说是否正确，学界尚未作甄别。欧洲著名汉学家、荷兰莱登大学汉学研究院已故教授许理和先生的论文《艾儒略中文传记》（Giulio Aleni's Chinese Biography），把李嗣玄《泰西思及艾先生行述》翻译成英文，并对原文逐段逐字加以考订。原文错误或不详之处，他均笺注加以说明。如译到“先生初由岭表，历豫章、吴越、齐鲁、秦晋、燕赵之区，其化人洗心向道，弃邪归正者，至不可胜计”这一段原文时，作笺注说明如下：

> （艾儒略）1613～1615 年在北京；访问开封（河南）；1616 年前抵江南地区（上海、南京、杭州、扬州）；1616 年教难发生，在杨廷筠保护下，在杭州避难；1620～1621 年抵山西南绛州，建立传教点；1621 年到郑州（河南）；1621～1623 年再次到杭州，寓居杨廷筠家；1623 年居常熟（江苏）；1624 年回杭州，与叶向高相会；1625 年（4月）抵福州。李嗣玄提到的地区包括广东、江西、山东和陕西，但未提到河南和浙江。李嗣玄对艾儒略这些年所到地区，作如此详尽记载的原因，我们不得而知。[①]

可见，许先生指出，叶向高 1624 年到杭州与叶向高相会，1625 年 4 月到福州。但在翻译“乙丑（1625），相国叶公致政归，道经武林晤先生，恨相见晚，力邀入闽，先生亦有载道南来意，乃同舫而来”这段原文时，直译成“1625 乙丑年，大学士叶向高致政归，道经武林”。这或许是译者忠于原文的做法。然后再用笺注，对原文不妥之处作订正：“叶向高作为大学士，是东林党人的坚强后盾。在位十五年。后因阉珰的迫害而被迫辞职。1624 年 8 月 22 日获准致仕返闽。”[②] 此处，许先生所说叶向高致仕的时间，是根据英文《明代名人传》（*Dictionary of Ming Biography*）一书中周

① Erik Zurcher, “Giulio Aleni's Chinese Biography,” in T. Lippiello and Malek, eds., *Scholar from the West*, *Monumenta Serica Monograph Series LXII*, Sankt Augustin: the Monumenta Serica Institute, 1997, pp. 104-105.

② Erik Zurcher, “Giulio Aleni's Chinese Biography,” in T. Lippiello and Malek, eds., *Scholar from the West*, *Monumenta Serica Monograph Series LXII*, p. 106.

道济写的《叶向高传》[①]，确定为 1624 年 8 月 22 日。这与《明通鉴》记载"秋，（天启四年）七月，辛酉（初九），大学士叶向高罢"[②] 可以相互印证。这一结论也与叶向高《续纶扉奏草》与《蘧编》记载乞休赐准的时间完全一致。许先生的笺注，只是对叶向高的致仕与艾儒略的入闽时间作了分割。然而，关于叶向高到达杭州的时间，又把它说成 1625 年。他说："译文所说 1625 年，也许指叶向高抵达杭州的时间，艾儒略正是在杨廷筠的保护下住在杭州。"[③] 笔者推断，许先生认为叶向高既然是在 1624 年 8 月 22 日致仕归乡，北京到杭州路程可能需要 4 个多月时间，所以他判断李嗣玄所说的"乙丑"是他抵达杭州的时间。可是，这种推断又与上述的笺注所说的艾儒略"1624 年回杭州，与叶向高相会"自相抵牾。这里许先生未加辨析。许先生的笺注，纠正了《泰西思及艾先生行述》关于叶向高"乙丑"致仕时间的错误说法，但关于叶向高抵达杭州的时间又自相矛盾。究其原因，可能还未发现其他中文史料来佐证叶向高到杭州的时间。上述提到叶向高抵达杭州时间，约在十月初。从杭州到福州的时间，即叶向高《蘧编》所云："十一月二十日抵三山。十二月初十日（1625 年 1 月 18 日）抵舍。护送中书舍人吕邦瀚以岁暮至。是月十五日（1625 年 1 月 23 日），曾孙进昱生，蕃出。"[④]

可见，叶向高抵达福州的时间再清楚不过。艾儒略与叶向高"同舫而来"，其抵福州时间，就不存在任何异议。[⑤] 若有异议的话则是在杭州赴福州的途中，艾儒略是否与叶向高都在一起。西文著述云："（1624 年）12 月的时候，叶向高坚持让艾儒略陪同他到福建省的边界处，他们走的是水路。但是他们在一起讨论的时间不多，因为叶向高的大部分时间都用来接待来访的官员了。这些官员们来到船上，向叶向高表示敬意，还要呆在船

① L. Carrington Goodrich, et al., *Dictionary of Ming Biography*, New York and London: Columbia University Press, 1976, p. 1569.

② 夏燮：《明通鉴》卷七九，第 2204 页。

③ Erik Zurcher, "Giulio Aleni's Chinese Biography," in T. Lippiello and Malek, eds., *Scholar from the West*, *Monumenta Serica Monograph Series LXII*, p. 106.

④ 叶向高：《蘧编》卷一七，第 523~524 页。

⑤ 林金水：《艾儒略与明末福州社会》，《海交史研究》1992 年第 2 期，第 56~66 页。

上，陪着他们走一程。”[①] 上述叶、艾二人12月离开杭州显然是错误的。可见，对西文资料也要作甄别。但它验证了中文文献关于叶、艾二人是“同舫而来”的事实。若如上所述，艾儒略陪叶向高到福建边界后，分道扬镳，他们分手的驿站，最有可能是崇安的大安驿，然后叶向高由崇安县长平水驿乘船抵福州。他们二人如果是在水路上岸后分手，其驿站可能在浙赣边界的常山县广济驿，即清代仙霞岭驿道的青湖渡。然后二人各行其道，叶向高依然走闽赣驿道，而艾儒略有可能走捷径，沿闽浙道，经仙霞岭入福建。仙霞岭通道是当时最不安全的商道。以艾儒略孤身一人，翻山越岭抵浦城，再沿水路到福州，这种可能性是极小的。从叶、艾二人在杭州结为好友，再以主人身份邀请客人陪同赴闽来看，将客人抛在半路上有违中国礼仪。至于传言，因为叶向高要回避阉党的监视，只让艾儒略陪他走一段路，这种猜测显然不成立。此时，叶向高返乡入闽，是在天启皇帝特遣的中书舍人吕邦瀚的护送下。在苏州，叶向高都敢与魏珰抗争的官员叙旧，现在山高皇帝远，远山峻岭，阉党还不至于如此嚣张。至于西文说让艾翌年来闽，又与中文文献叶、艾“同舫而来”记载相违。从现有的资料推断，他们应是全程在一起，走的是同一条闽浙驿道。叶向高抵达福州的时间，就是艾儒略抵达福州的时间。这与上述许先生所说，艾儒略于1625年4月抵福州时间相左。究其原因如下。

（1）许先生所依据资料之一，是荣振华的《在华耶稣会士列传及书目补编》。但荣振华所说的“1625年4月”，是指艾儒略在这个时间“创建了福建传教区”[②]，并非艾儒略抵福州的时间。

（2）艾儒略所说的“乙丑”，可能因中西日历使用不同而有偏差。1624年12月29日与1625年1月1日元旦，就差三天。西人以1625年元旦为新年，记为天启五年乙丑之始，不是没有可能。实际上，甲子年十一月二十日，离乙丑年正月初一（1625年2月7日）还差36天。

总之，人们不难发现，明清福建天主教文献留给我们的关于叶向高致仕的时间是一个错误的信息，许先生也发现了。而关于叶向高到达杭州的

① 邓恩：《从利玛窦到汤若望》，余三乐等译，第173页。

② 荣振华：《在华耶稣会士列传及书目补编》上册，耿昇译，中华书局，1995，第12页。

时间是一道填空题，西方学者一时还无法找到相关中文资料填上。至于有关艾儒略到达福州的时间的中外文记载，则是一个引起后人说法不一、概念模糊的陈述。众所周知，明清天主教研究离不开明清天主教的历史文献，但同样离不开明清的教外典籍。20 世纪 30 年代，陈垣先生就提出了研究明末天主教运用教外典籍的重要性。现根据叶向高的著述，不仅解决了艾儒略研究中关键的两个时间点问题，还为人们展现出一幅鲜为人知的，清晰、详细的，由浙入闽的路线图。从这份路线图中，我们发现艾儒略所经过的地方，有三处是中国文明史上灿烂夺目的名胜古迹：①宋代理学家朱熹和思想家陆九渊“鹅湖之会”点，江西铅山县的鹅湖镇；②以武夷山为中心的朱熹理学发源地；③建阳麻沙刻书中心。这对熟谙中国传统文化、素有“西来孔子”之称的艾儒略来说，也算是三生有幸吧。

原载《福建师范大学学报》（哲学社会科学版）2015 年第 2 期

图书在版编目(CIP)数据

领先阁史学文萃. 第三辑，福建名人卷 / 叶青主编
. --北京：社会科学文献出版社，2020.6
(福建师范大学史学文库)
ISBN 978-7-5201-6551-8

Ⅰ. ①领… Ⅱ. ①叶… Ⅲ. ①文化史-福建 ②名人-生平事迹-福建-文集 Ⅳ. ①K295.7 ②K820.857-53

中国版本图书馆 CIP 数据核字(2020)第 063295 号

· 福建师范大学史学文库 ·
领先阁史学文萃第三辑（福建名人卷）

主　　编 / 叶　青

出 版 人 / 谢寿光
责任编辑 / 宋淑洁
文稿编辑 / 侯婧怡

出　　版 / 社会科学文献出版社 · 经济与管理分社（010）59367226
　　　　地址：北京市北三环中路甲 29 号院华龙大厦　邮编：100029
　　　　网址：www.ssap.com.cn
发　　行 / 市场营销中心（010）59367081　59367083
印　　装 / 三河市尚艺印装有限公司

规　　格 / 开　本：787mm × 1092mm　1/16
　　　　本辑印张：15.75　本辑字数：242 千字
版　　次 / 2020 年 6 月第 1 版　2020 年 6 月第 1 次印刷
书　　号 / ISBN 978-7-5201-6551-8
定　　价 / 598.00 元（全四辑）

本书如有印装质量问题，请与读者服务中心（010-59367028）联系